JN336619

三部 倫子

カムアウトする親子

―同性愛と家族の社会学―

Parents and Children Who Come Out:
A Sociology of
Homosexuality and Families

Michiko Sambe

御茶の水書房

はじめに

これまで私は日本に生きるレズビアン、ゲイ、バイセクシュアル（以下「ＬＧＢ」）等のセクシュアルマイノリティ、子どもからカムアウトされた異性愛者の親たちにインタビューをしてきた。さらに、そうした親子が集まるグループでは、親へのカミングアウト、子どもからのカミングアウトにまつわる沢山のエピソードに耳を傾けてきた。ＬＧＢたちは、性的指向や同性パートナーとの共同生活を親に認めて欲しいと語っていた。ある人は家族のなかで言えない疎外感を語り、またある人は、カムアウトしても認められなかったと落ち込んでいた。インタビューではうまく整理して話せなかった人もいた。他方、親に認められたという人は、どれほどほっとしたかを教えてくれた。子どもからカムアウトされた親たちは、親戚にどう説明したら良いのかと迷い、子どもの性的指向に嫌悪感を持ったり、いつまでも悩んだり、子どもが理解できなかったりする自分を責めていた。一方、かれらは時に自分の悩みを笑い飛ばし、私を笑わせてくれた。

生身のかれらがもっと広く日本で知られて欲しいと思った私は、五年にわたる質的調査を進め、学会や研究会等で研究成果を発表し、時には、私的な会話で自分の研究内容をつぶやいたりした。そうしたなかで、次のような意見や感想に接してきた。最後の言葉は、知人のゲイ男性の言葉である。

「同性愛者の人たちって、親に認めて欲しいと思っているんですね。自由だと思ったのに、家族にこだわっているのを見ると、意外に保守的だと感じました。」

「子どもがゲイと分かったからといって、息子が気持ち悪くて受け容れられない母親は信じられないです。親なんだもの、自分の子どものことは分かってあげられるはずでしょう。私だったら、絶対に受け容れます。」

「どうして、セクシュアルマイノリティの人たちは親に認められたいってそこまで強く思うのですか？　普通の親子だって、お互いに分かり合えないことの一つや二つぐらいはあるでしょう。」

「子どもを認めない親なんか、捨ててしまえばいい。」

私は調査の現場で紡がれる言葉と、そこを離れた場で接する人々の意見との間に大きな隔たりを感じてきた。こうした質問に私はうまく答えられないでいた。そんな私は博士学位論文（三部 2012b）で、一般の人が理解してくれるように、「なぜＬＧＢは異性愛者の親と向き合うのだろうか」という問いを立て、ＬＧＢとその親たちの気持ちを代弁しようとした。しかし、これから本を書く私はむしろ、右のような言葉を発した人たちにこう問い返してみたい。

そうでなければただの「家族想いの人」かもしれないのに、なぜ、「同性愛者の人」が「家族想い」の発言をすると、「家族にこだわっている」とみなされてしまうのか。なぜ、母親は子どものことを分かってあげないといけないのか。なぜ、性的指向が「分かり合えないことの一つや二つ」に数え入れられるのか。「親を捨てて」しまえば問題は解決するのだろうか。そもそも、子どもは親を「捨て」られるのだろうか[1]。

ＬＧＢも異性愛者の親も、セクシュアリティをめぐって人々が「当たり前」と当然視するなにかを意識している。だからこそ、かれらは日本社会で「カムアウトする親子」となる。その親子が抱える苦悩の出処や、解決がなぜ個人に着せられなければならないのか。かれらの抱える生きづらさの原因は、社会のなかにあるのではないか。日本社会に生きる人たちの多くは、ただそれを知らない――知ろうとしない――だけではないか。博士学位論文を書き終えて二年。この本を書き始めた私は、こう思うに至った。

ＬＧＢなどのセクシュアリティマイノリティ、かれらを産み育てた親を日本社会はどのように扱っているのだろうか。なにかおかしい、生きづらいと感じる「問題経験」（草柳 2004）に親子はどうのように向き合い、対処しているのか。これが本書の問いである。インタビューやセルフヘルプグループ（以下「ＳＨＧ」）への参与観察でえられた語りを主軸に、ＬＧＢと異性愛者を身近にいない他者とし、声をあげにくい場に留めようとする社会を、人びとが語る日常の行為から論じていく。特に着目するのは、差別や偏見の烙印を押される人々と、かれらの周辺にいる人びと――「縁者のスティグマ者」（Goffman 1963 = 2003）――の関係である。差別はいけないことだと、多くの人は思っているだろう。ではなぜ、マイノリティの生きづらさはなかなか改善されないのか。その鍵は、自分が差別されたくないからと、いつの間にか差別をする側にまわる人びとの行為とその自己と他者の関係性にあるのではないだろうか。だとすれば、人々のどのような実践がそうした自他のあり方を変えるのか。

本論に入る前に、本書の構成を述べる。本書は「第Ⅰ部 理論と方法」（1章、2章）、「第Ⅱ部 子どもが経験するスティグマと対処」（3章、4章）、「第Ⅲ部 親が経験する縁者のスティグマと対処」（5章、6章、7章）のⅢ部構成となっている。

Ⅰ部の1章で、ＬＧＢと家族をめぐる先行研究をレビューしながら、本書が取り組む課題を明らかにする。2章では、私が実施した質的調査を整理する。Ⅱ部から、性的指向にスティグマを付与されるＬＧＢの主観的経験を足場に、かれらのスティグマへの対処を析出する。3章では友人への／からのカミングアウト、4章では親へのカミングアウトをとりあげ、カミングアウトの相手によって異なる意味付けを析出する。Ⅲ部では異性愛者の親に焦点を合わせ、5章で子どもからのカミングアウトの受け止め方、6章でカミングアウト後の親の変容、7章で親のためのSHGの実践を紹介する。以上、カムアウトする親子の視点から日本社会がどのようにセクシュアルマイノリティを扱っているかを描写しつつ、スティグマの波及効果を留めるような、人々のつながりの可能性を見いだしたい。

内容が差別問題、親子関係、SHGにわたる本書を手に取られた方の目的は、さまざまだと思う。かなり書き直したとはいえ、本書の元となった原稿は博士学位論文なので、学術書を読み慣れていない方にはやや難しいかもしれない。ここで若干の「読み方」案内をしておきたい。先行研究や質的調査そのものに興味を持たれた研究者・大学院生には、Ⅰ部から通して読まれることをお勧めする。これからセクシュアルマイノリティへの質的調査を始める人には、2章は特に参考になると思う。Ⅱ部以降は生の語りを中心に構成されており、各章の冒頭では内容を象徴する語りを引用しているので、お好みの箇所から読み進めるのも良いかもしれない。セクシュアルマイノリティ、そうかも知れない人、親の立場で読まれる方は、自分や家族の誰かと似たような姿をこの中に発見できるかもしれない。カムアウトする親子の周辺には、常に親子の声を聴こうとする人たちがいる。そして、そうした人々の存在に親子は励まされている。友人からカムアウトされた人、支援や教育の場でセクシュアルマイノリティに関わる人にも、本書が何かしら資することができればと願っている。

本文に入る前に、本書で使う言葉の意味を説明する。

まず確認しておくべきは、ＬＧＢの家族をどう定義しておくかである。本書の中心となる題材は、親子関係である。私がインタビューで投げかけた「『家族』のメンバーをあげてくださいと言われたら、誰までをあげますか」という主観的家族の範囲を聞く質問（上野 1991）に対し、親は子どもを、子どもは親をその範疇に必ず含めていた。そこで、本書では「親子」を家族概念の中核とし、親子関係が生じる場として家族を用いる。この狭義を超えるような関係性が含まれる時は、「家族」と表記する。

次に、セクシュアリティである。本書はセクシュアリティを表すために、調査期間中に研究協力者が使用していた「性を表す四つの指標[2]」、1）「身体の性」、2）「性自認」、3）「性表現」、4）「性的指向」を用いる。それぞれの意味は以下の通りである。

1）身体の性：生まれた際に主に外性器で判断される生物学的な性のことである。戸籍などの法的書類に記載されたこの性は、人々を社会における「男」か「女」に振り分け、人々の性の有り様に強い強制力を持つ。

2）性自認：自分の性別を「男」と思うのか、「女」と思うのか、どちらでもないと思うかなど、自らの性別をどう認識するかを指す概念。性自認と身体の性のずれは、「性別違和感」や「性別違和」と表現される。

3）性表現：服装や仕草によって表現される「男らしさ」「女らしさ」である。

4）性的指向：恋愛や性的欲望の対象がどの性別かという、相手の性別にもとづく分類である。

日本社会で「当たり前」として名付けられないほど無徴化——時に「普通」などと表現——されているセクシュアリティは、身体の性と性自認・性表現が一致し、性的指向を「異性」へと向ける「異性愛者」である。性別二元論、異性愛を規準とし、同性愛を排除する社会を「異性愛規範社会《ヘテロノーマティヴ》[3]」とすれば、異性愛規範のなかでセクシュアリティの面で生きづらさを感じる人物が「セクシュアルマイノリティ」となる。セクシュアルマイノリティを表す言葉を、以下に整理する。

レズビアン・ゲイ・バイセクシュアル：身体の性が女性で、性的指向が女性へと向かう人を「レズビアン」、身体の性が男性で性的指向が男性へと向かう人を「ゲイ」、男性と女性に性的指向が向かう、もしくは相手の性別にこだわらない人を、「バイセクシュアル」と呼ぶ。なお、本書のＬＧＢは性別違和感の少ない人たちとする。

トランスジェンダー：身体の性と性自認が一致せず[4]、何らかの形で性を越境《トランス》する人のこと。男性から女性へ性を移行する人は「ＭｔＦ（MaleからFemaleへ）」、女性から男性へ移行する人は「ＦｔＭ（FemaleからMaleへ）」と表記する。「男」「女」の性別二元論に当てはあてはまらない人は、「ＦｔＸ」「ＭｔＸ」と自称することがある。医学的な名称として「性同一性障害」があるが、こちらは性別移行を疾患として捉える概念である。本書はトランスジェンダーの下位カテゴリーとして、性同一性障害を位置づける。

他にも身体の性が典型的な男女に当てはまらない「インターセックス」（半陰陽・性分化疾患）、性欲や恋愛感情がないか薄い「アセクシュアル」、セクシュアリティを決めない・わからない「クウェスチョナー」なども、セクシュアルマイノリティに含む。略称として、レズビアン・ゲイ・バイセクシュアルは「ＬＧＢ」、トランスジェンダーを加えて「ＬＧＢＴ」、インターセックスやクウェスチョナーも加えて「ＬＧＢＴＱＩ」が用いられることもある。異性愛を表す表現に、「ヘテロセクシュアル」「ストレート」がある。性の多様なあり方を踏まえ、本書で私は異性愛者を「普通」とは表現しない。

では、言葉の確認を終えたところで、1章から先行研究の検討に入る。

注

(1) もちろん、本書に登場するような親子関係上の困難を経験しない人々もいるだろう。しかし、社会が個人にある困難をもたらすのであれば、やはりその社会そのものは問われなければなるまい。

(2) 調査と同時期に作成されたDVD資料でも、4つの言葉が用いられている。例えば、〝共生社会をつくる〟セクシュアル・マイノリティ全国支援ネットワーク制作『セクシュアルマイノリティ理解のために～子どもたちの学校生活とこころを守る～』(二〇一〇年)、QWRC《クォーク》制作『高校生向け人権講座セクシュアルマイノリティ入門』(二〇一〇年)など。

(3) 異性愛規範の概念は、「同性愛／異性愛の二元論によって異性愛から同性愛が分離され、互いに対立的な位置に配置されているが、それは両者が対等な関係に置かれるのではなく、むしろ異性愛という規範を生成するために同性愛を構成的外部として位置づける」ことに注目する(河口 2003a: 53)。

(4) 調査地では身体の性と、性自認の間に揺らぎのない人は、〝ネイティヴ女性〟、〝ネイティヴ男性〟と呼ばれていた。

カムアウトする親子

目次

目次

はじめに……i

第I部　理論と方法

1章　カムアウトする親子を考えるために——先行研究の検討……5
1節　LGBからみる家族……6
1項　定位家族の抑圧性　6　2項　二項対立への疑問　8
3項　同性間パートナーシップをめぐって——日本の現状　9
2節　家族からみるカミングアウト……13
1項　相互行為としてのカミングアウト　14　2項　親子間のカミングアウト　15　3項　スティグマへの着目　17
小括……19

2章　調査方法……21
1節　調査目的と方法……21
2節　調査対象と分析方法……23
1項　「当事者」——LGBと異性愛者の親　23　2項　データとしての調査者　25　3項　倫理的配慮　28
4項　分析方法　29
3節　インタビュー協力者の特徴……30
1項　LGBの協力者　30　2項　カムアウトされた異性愛者の親　34

第Ⅱ部　子どもが経験するスティグマと対処

3章　友達への／からのカミングアウト――可視性をめぐるジレンマと「ｏｔ会」の実践……41
1節　ＬＧＢと異性愛者に関する研究……45
1項　ゴフマンのスティグマ論とパッシング　45　2項　異性愛者の研究　46
3項　リアルな対面的相互行為の分析へ　47
2節　ＬＧＢへのインタビュー調査とｏｔ会への参与観察……48
1項　インタビュー調査　48　2項　ｏｔ会への参与観察　49
3節　可視性をめぐる綱引き――インタビュー調査から……51
1項「異性愛者」に対する否定的イメージ――パッシングの息苦しさと説明責任の負担　51
2項〈あっちの世界〉と〈こっちの世界〉――〝ノンケの話が消える〟場へ　53
4節　セクシュアルマイノリティのＳＨＧの実践――参与観察から……54
1項　異性愛者からの問いかけ――非対称性の自覚と対話　55
2項〈マイノリティ〉と〈マジョリティ〉の「転位」と「融解」　59　3項〈こっちの世界〉内の多様性　61
小括……63
4章　親へのカミングアウト……67
1節　親に求める承認――カムアウトする／しない理由から……69
1項　母・親からの理解　70　2項　家族の代替不可能性　75
2節　家族からの離れがたさ……77
1項　親を介して得られる病院での面会権　77　2項　大切な人の傍に一緒にいる　79
3節　親亡き後の不安――ゲイ男性西さんの事例から……84

1項　父との衝突と和解　84　2項　父の闘病と母亡き将来の不安　87
4節　親の両義性への対処……90
1項　揺れ動く親　91　2項　親への配慮　94　3項　理解からの距離の調整　95
小括……99

第Ⅲ部　親が経験する縁者のスティグマと対処

5章　子どもからのカミングアウト……103
1節　カムアウトされた親を探して――異性愛者の親へのインタビュー調査……104
2節　受け容れがたい理由……107
1項　認知的不協和――自分の子どもをLGBと思えない　107
2項　子どもへの期待崩壊――結婚への道が断たれるショック　113
3項　母親の自責――母親原因説　118
3節　受け容れやすい理由……125
1項　語り手が抱く家族観――「正しいセクシュアリティ」との関連　125
2項　自己認識　136
小括……150
6章　「縁者のスティグマ者」になる親――認識の変容と対処方法……151
1節　理解をめぐる葛藤への対処……152
1項　理解できる／できないの狭間　152　2項　理解との距離の取り方　156
2節　認識変容のきっかけ……163
1項　テクストの調査　163　2項　人への相談　166

3項　セクシュアルマイノリティとの対面的出会い——普通に「いる」と実感する　169
4項　人生設計の変更とユーモアへの変換　172
3節　新たな自己意識——「縁者のスティグマ者」になる親　179
1項　子どもとの立場の違い　179　2項　新しい自己認識——カムアウトされる側からする側へ　183
小括　195

7章　カムアウトする親子——「虹の会」の実践　197
1節　設立経緯と特色　199
1項　設立の流れ　199　2項　活動内容と〝グランドルール〟　200　3項　多様な参加者と役割　201
4項　家族一致団結とクレイム申し立て志向　203
2節　定例会の雰囲気——語り合える場づくりの秘訣　207
1項　混乱を受け止めユーモアで包み込む　208
2項　初心者向けの本人さんの行動——セクシュアル・アイデンティティの明示　211
3項　本音を出すことで救われる　212　4項　親同士のサポート——常連さんと親スタッフからの声かけ　215
3節　疑似親子——実親子への迂回経路　218
1項　疑似親子関係が生成される様子　218　2項　本人さんが語る実親を介して——自己を振り返る親参加者　222
3項　実親子の新たな一歩——複数の視点から関係を捉え返す　226
4節　子どもの仲間とアライさん——明るい未来を描く　229
1項　子どもの仲間がもたらす安堵感　229　2項　アライさんの心強さ　232　3項　アライさんとの連携　235
小括　240

終章　差異ある他者とどう生きるか　243
1節　カムアウトする親子からみる家族――親と子の視点の交差　246
2節　ジェンダーからみるカミングアウト――父と母の視点の交差　248
3節　虹の会とｏｔ会を比較して――セルフヘルプグループにおける同質性と差異　249

あとがき　255

初出一覧　258
資料1-1　LGBへの質問項目　259
資料1-2　親への質問項目　261
資料2-1　依頼書1　264
資料2-2　依頼書2　266
文献　268
索引

表記

〝〟　データからの直接引用。

「INT」は「インタビュートランスクリプト」、「FN」は「フィールドノーツ」からの引用を意味する。たとえば、〝やっぱり家族だからね〟（FN201107）の表す情報は、「二〇一一年七月のフィールドノーツからの引用」となる。長い引用は段落を下げて表記する。

《》　調査地において当事者たちが頻繁に使う「現場の言葉」（佐藤 2008: 27）。

「」　筆者が使用する分析概念、記述概念。（文献情報）は文献からの引用とする。

〈〉　概念の強調。

（略）　省略。

…　語りのなかでの沈黙。

（笑）　笑い声。

なお、語りの中に出てくる人名は、『日本人名大辞典』（上田正昭ほか監修、ネットアドバンス、2003～）を参照した。

カムアウトする親子

―同性愛と家族の社会学―

第Ⅰ部

理論と方法

1章　カムアウトする親子を考えるために

――先行研究の検討――

自分の名前に対しても葛藤があった。私の名前は「康嗣《やすつぐ》」という。康嗣の「嗣」は、「世継ぎ」の「嗣」である。長男である私に、祖父が付けてくれた名前だ。孫思いの立派な祖父の、私が小さいころからの口癖は、「しっかり勉強して、立派な大人になって、いい嫁さんをもらって、小倉家の跡をしっかり継いでくれよ」だった。だが祖父の期待にこたえて結婚するのであれば、自分を偽りつづけて生きていかなければならない。そんな将来に希望を持てない私は、「あぁ、結婚できない自分は小倉家を途絶えさせてしまう。生まれてきちゃいけない人間だったんだ」と思っていた。名前が重かった。（略）ありのままの自分に向き合おうとすればするほど、私という人間は存在不可能になった。もはや自分の「棘」にはフタをし、それを見ないようにするしかなかった。いつも嘘をついていなければならない自分、演じつづけなければならない自分がそこにいた。私は「透明な存在」になっていった。（小倉 2006: 499-500）

異性愛規範社会に生きるＬＧＢは、自ら産まれ育った異性愛の家族（「定位家族」）のなかで苦悩し、そこからのオルタナティヴとして新たな「家族」を形成するとみなされてきた。ＬＧＢの視座にたつ研究は、「同性愛者は異性愛規範に基づく家族から疎外されている」（風間 2003: 34）とし、親をはじめとする定位家族の抑圧面を強調し、同性パートナーや同性カップルが子育てをする「家族」への保障を訴えてきた。では、ＬＧＢを育てた親は異性愛者であるがゆえに、ＬＧＢに対する「抑圧者」だといえるのだろうか。本章では、ＬＧＢと異性愛の定位家族を対置することした家族論の課題を明らかにし、親子間のカミングアウトを性的指向に「スティグマ」（Goffman 1963 = 2003）を付与する日本社会との関係から論ずる本書の方針を示す。

１節　ＬＧＢからみる家族

１項　定位家族の抑圧性

レズビアン・ゲイスタディーズなどのＬＧＢを対象とする研究で、ＬＧＢの定位家族の抑圧面に焦点が当てられてきたのはなぜだろうか。ＬＧＢが置かれてきた歴史的経緯を踏まえながら、この疑問に答えたい。日本では同性愛と家族をめぐる歴史研究が乏しいため、以下より英米の英語圏の先行研究を検討する[1]。

定位家族とゲイ・バイセクシュアル男性の関係性を考察する際に、看過できないのはゲイ・コミュニティ[2]が苦しんだＨＩＶ／ＡＩＤＳの問題である。たとえば、アメリカ合衆国では、一九八〇年代当時、原因不明の病だったＨＩＶ感染[3]がゲイ・コミュニティに広まった（Chauncey 2004 = 2006: 74-5）。異性愛者の親が病に伏している息子の世話を、同性パートナーやＬＧＢの友人に任せていたにもかかわらず、息子の死後、同性パートナーや友人よりも血縁関係者を優先した葬儀や遺産分配がなされることがあったという[4]（*ibid.*: 145-9）。同性カップルに婚姻に準じた権利・義務を与える市民的パートナーシップ法制定以前に行われたイギリスのインタビュー調査[5]では、法的保障がないために、パートナーが亡くなった後の葬儀に出席できるのか、緊急時の病院での面会ができるのか心配するＬＧＢの声が取りあげられている（Weeks 2007: 186）。

男性と比べると経済的自立の難しい女性は、ゲイ・バイセクシュアル男性とは異なる立場に置かれている。竹村和子は「男の場合は、性欲望を有する〈主体〉が構築されているので、家庭の拘束から抜けでるための社会的・経済的条件が整いさえすればよい。だが女の場合は、生殖・性器的なセクシュアリティをおこなうことを期待されつつも、欲望の主体となりえないので、単に家庭の拘束を否定するだけではなく、中産市民階級の性倫理――それによって〈他者〉として表象不可能とされている女の欲望（欲望不在）――も否定するという、二重のプロセスを経過しなければならない」と論じる（竹村 2002: 57-58）。竹村の指摘を踏まえるならば、自らのセクシュアリティを自覚していたとしても、男性と婚姻する女性もいただろうし、これからもいるだろうと考えられる。[6] さらに、離婚後、夫との間に産まれた子どもの監護権をめぐる法的問題が生じることがあった。母親の性的指向が子どもの発達に悪影響を及ぼすとされ、彼女たちは、元夫や親に監護権が奪われるという事態にみまわれたのである（Chauncey 2004 = 2006: 151-65; Weeks, Heaphy, and Donovan 2001: 159）。

一九八〇年代にサンフランシスコでフィールドワークを行ったKath Westonは、同性パートナー、ＬＧＢの友人、子どもなどと定位家族の外で形成するＬＧＢの新しい「家族」――「選び取る家族」――が、ＬＧＢの生活を支える唯一の「家族」であり、異性愛の定位家族へ挑戦するものだとみなした（Weston 1997［1991］）。定位家族とＬＧＢを対置する視座は、資本主義にゲイ・レズビアンのアイデンティティの誕生をみるJohn D'Emilioにも内在している。彼は、産業化と都市化の進展とともに、都市部に住み始めた賃金労働者が家父長的な家族から離れるとともに、都市部に出現したゲイ・レズビアンバーなどのコミュニティ[7]を通し、ゲイ・レズビアンアイデンティティが成立するとした。つまり、ゲイ・レズビアン・アイデンティティに、異性愛の定位家族からの離脱が折り込まれているのである

（D'Emilio 1983 ＝ 1997）。

２項　二項対立への疑問

多くの権利が異性愛の定位家族には認められる一方で、同性カップルには何の保障もされていない現実に直面したＬＧＢたちは、同性愛への差別撤廃を目指すゲイ解放運動をはじめとする社会運動を起した。こうした動きは、二〇〇〇年以降、諸外国での同性間パートナーシップを保障する様々な制度へと結実する。その間、ＬＧＢの利害関係者となり、かれらのセクシュアル・アイデンティティの成立を阻むとみなされた異性愛の定位家族は、ＬＧＢの家族論のなかで抑圧的に描かれてきたのである。

異性愛の定位家族から選び取る家族へと移行した後は、ＬＧＢは主に後者を生きてゆくとする研究視座は、「ステレオタイプ」であるとして疑問が差し挟まれ（Shippy, Cantor and Brennan 2004）、二項対立を問う研究が発表されるようになった。英国の市民的パートナーシップ法が成立する前に「結婚式」[8]を挙げた同性カップルが、誰を式に呼んだのかをインタビュー調査から考察したCarol Smartは、同性カップルがセクシュアルマイノリティの友人と自分の生まれた定位家族をつなげる場として、「結婚式」を執り行う姿を報告している（Smart 2007）。

ＬＧＢはその性的指向ゆえに、定位家族との交流を絶っているわけでもないのだ。たとえばニューヨーク在住の五〇歳以上のゲイ男性への質問紙調査で、かれらがセクシュアルマイノリティの友人を、感情的・道具的サポート（emotional and instrumental support）の源として頼りにする一方で、医療や法律が関わってくる事項は「生物学的家族」に相談したり、毎週別居している親・きょうだいに電話をかけていることなどが報告されている（Shippy, Cantor and Brennan 2004）。

こうした異性愛者の親とＬＧＢの良好な関係を示唆する研究群とは対称的に、親からセクシュアリティを拒絶されて不安定になるＬＧＢの研究もなされている。重要となるのは、年齢と人種・エスニシティという性的指向以外のＬＧＢの社会的属性である。

二一歳未満の若年層へのインタビュー調査では、雇用状況が悪化し、親への経済的依存度を高めている状況下での親へのカミングアウトは、経済的にも精神的にも多大なリスクがあるとされている（Valentine, Skelton and Butler 2003）。Nancy Mezey（2013）によれば、白人と異なり、エスニックマイノリティでもあるＬＧＢは親へのカミングアウトを恐れるという。かれらは親きょうだいとは性的指向が異なっていたとしても、エスニシティの面では同様の問題経験を共有している。エスニックマイノリティの親族集団が、かれらに力強いサポートを提供する。したがって、そこでの親へのカミングアウトは、親族集団からの援助を絶つ危険性を孕んでいるのである。

上記の研究から明らかなのは、ＬＧＢをとりまく法制度、性的指向以外のＬＧＢ内部の様々な差異を配慮することで、初めてＬＧＢと親の関係性を把握する土台が用意されるということである。そこで、次項では、本書が対象とする親子が生きる現代日本の、同性間パートナーシップがどのような状況にあるのか述べる。

３項　同性間パートナーシップをめぐって――日本の現状

二〇〇〇年以降、欧米諸国において同性の恋人関係を保障する法制度が相次いで成立した。これらの法制度はさまざまで、さらに、近年はめまぐるしく変化しており全てを論じることは難しい。ここでは法制度の詳述は避け、「親密で、継続的、家族的な関係をもつ二人の関係を指す言葉」として「パートナーシップ」を使い（杉浦・野宮・大江 2007: 14）、日本の現状を同性間パートナーシップをめぐる議論から整理する。

ＬＧＢは「家族制度の解体を主張するベクトルと家族形成の権利を要求するベクトルの間を揺れ動いてきた」（風間 2003: 35）。論争の火種となっているのは、「近代家族」のもつ異性愛規範である。落合恵美子は近代家族を「（１）

家内領域と公共領域の分離、（２）家族成員相互の強い情緒的関係、（３）子ども中心主義、（４）男は公共領域・女は家内領域という性別分業、（５）家族の集団性の強化、（６）社交の衰退、（７）非親族の排除、（８）核家族」の特徴を備える集団として定義する（落合 1989: 18）。この近代家族は男女の性別役割分業規範という「ジェンダー役割」に加え、家族成員が異性愛であることを前提とする「規範的異性愛を組み込んできた」（風間 2003: 41）。ＬＧＢが異性愛の家族と衝突した歴史をみたように（１項）、近代的異性愛家族はゲイ解放運動にとって攻撃すべき対象となった。男女の近代家族とそこへの「同化」を想起させる婚姻制度への反対論は、運動の中でも根強くあったという（*ibid.*: 35-7）。しかし、同性間パートナーシップが保障されない生きづらさから、ＬＧＢたちは二人の関係性を守るべき正当な「家族」として訴え、婚姻によってつながる「家族」としての権利を獲得しようとしたのである（Chauncey 2004 = 2006）。風間孝はこうした状況を踏まえながら、同性婚の要求は家族と規範的異性愛、そしてジェンダーの結びつきを揺らがせる政治性のあるものとして、その可能性を見いだす（風間 2003）。同性婚の必要性を説く清水雄大は、婚姻制度そのものがもつ同性カップルの「承認」の効果（清水 2008）を期待する。つまり、同性婚の法制化によって、同性カップルの存在が広く認知され、社会の中での承認につながるとみなしている。

同性婚への支持的意見に対して、法制化が招き入れる新たな「規範」を根拠に、同性婚制度の導入に慎重な意見もある。[9] たとえば、日本の戸籍制度を維持したままの同性婚導入は、「夫婦」同姓義務・婚外子差別[10]が同性カップルにもそのまま持ち込まれるため、新たな序列がＬＢＧのなかに生まれてしまうと批判される（堀江 2007; 2011）。一対一のモノガマスな関係性に限らない性愛のあり方といった、セクシュアルマイノリティにみられる様々な性の実践を尊重する論者は、貞操の義務、相互扶助義務、カップル主義などの規範を生み出す婚姻の導入には、慎重であるべきだという（綾部 2007; 志田 2009）。これらの研究は、国家から承認の形式をとる婚姻がＬＧＢの社会変革力を減じ、ＬＧＢの異性愛者への同化を促すと危惧している。

社会運動も盛り上がりをみせず、日本国内での同性間パートナーシップを保障する法制度[11]は、いまだ作られていないのが現状[12]である。こうしたなかで行われているのは、LGBも利用可能な現状の制度を用いる自衛策である。例を挙げると、パートナーが病院へ緊急搬送された際の連絡先として互いのパートナーを記載する「緊急時連絡先カード[13]」の携行、公正証書を作成してお互いの権利関係を文章で残す、法律上の親族になる成人同士の養子縁組などである。ただし、他の親族から異議が申し立てられる場合もあり、運用者の意向に任せられる点も多い（杉浦・野宮・大江 2007; 永易 2002; 2003a; 2003b）。

多くの研究が批判してきたように（2項）、選び取る家族の概念は、定位家族以外に頼れるネットワークを調達できる人と、そうした社会を前提としている。日本ではレズビアン・バイセクシュアル女性がいざという時に親経由で互いのパートナーに連絡が行くのを見越して、親との関係性維持に努めていると報告されており（杉浦・釜野・柳原 2008）、LGBが生活での危機的状況において、定位家族に依存せざるをえない一端が表われている。LGBが定位家族を当てにするのは、同性間パートナーシップになんら保障がないという今の日本の状況を背景にしている。LGBが自らの経験を記述した作品（伏見 1991; 大江 2003; 尾辻 2005）では、異性愛家族は必ずしも抑圧者として描かれていない。かれらは、親の立場を配慮したり、親の愛情を求めたり、親から離れがたい感情を吐露している。

LGBと異性愛家族を対立させるのではなく、異性愛家族を生きる人間としてLGBを捉えなければならない。ただし、異性愛家族内部にLGBが不在とされている状況では、その家族で同性愛をめぐって生起する現象をみることもできない。ここで、異性愛の定位家族のなかにLGBが「いる」ことに「気付く」契機を取り上げる必要がある。そこで次節からは、定位家族にLGBが可視化するきっかけとなるカミングアウトを検討する。

注

（1）二〇〇七年から二〇一一年までの私の調査期間中、セクシュアルマイノリティ関連のニュースとして頻繁に耳にしたのはアメリカ合衆国（特に白人）のものであり、白人中心のイメージが、日本のセクシュアルマイノリティの《コミュニティ》に及ぼす影響の強さを感じた。その頃、ロサンゼルスを舞台にしたレズビアン・バイセクシュアル女性の群像劇を描いたテレビドラマ『Lの世界』（20世紀FOX、原題The L Word）がレズビアン・バイセクシュアル女性の間で流行っており、かれらは登場人物のなかで誰が好みかを互いに聞いていた。

（2）先行研究ではゲイやレズビアンのなんらかの集合性は、「コミュニティ」と表現され（新ヶ江2013、杉浦2009、森山2012）、セクシュアルマイノリティの当事者たちの間でも《コミュニティ》はよく使われる。

（3）HIVとは、Human Immunodeficiency Virusを表し、「ヒト免疫不全ウィルス」と訳され、病名ではなくウィルスを指す。AIDSとはHIV感染により起こされる様々な症状のことであり、病名である（新ヶ江 2013: 19）。

（4）HIV／AIDSのさまざまな治療方法が開発された今日は、HIV／AIDSの感染経路や予防策が明らかになり、原因不明の病に対する恐怖は当時ほどないだろう。しかし、差別や偏見がなくなった訳では決してない。日本のHIV／AIDSと公衆衛生、「ゲイ」男性とのつながりは、新ヶ江章友（2013）に詳しい。

（5）Civil Partnership Act（2004）のこと。同性同士のカップルが互いにパートナーとして登録する制度で、法的な親族関係を結び公認するのが目的。概略については杉浦郁子ほか（2007: 121-9）参照のこと。

（6）離婚後、同性パートナーと子育てをするようになったからといって、レズビアン・バイセクシュアル女性の異性との結婚が、不本意なものだったとは必ずしも判断できない。

（7）ゲイ解放運動などのアクティヴィズムもゲイ・コミュニティとして参照されるが、コミュニティが指す内実は地域によって大きく異なっている（Altman 2001 = 2005）。

（8）市民的パートナーシップ法は「婚姻制度」とは異なるため、市民的パートナーシップ以降であっても結婚式には法的な意味はない。しかし、市民的パートナーシップ法以後に挙式をしたカップルは、自分達は「結婚した」と認識している人が多いという（Weeks 2007）。

（9）本書では、婚姻制度は男女間に限定するべきとする同性婚反対論には触れていない。反対の論拠を検討することは重要な仕事ではあるが、別の機会としたい。

（10）二〇〇七年当時の状況を受けたもの。婚姻していない男女の間に生まれた子「婚外子」の遺産相続の取り分を、婚姻した男女の子「婚内子」の半分とした規定（民法９００条第４号前半部分）を削除する民法改正案が二〇一三年一二月五日に成立している。二〇一三年一二月には広く報道された。

（11）同性カップルに「配偶者からの暴力の防止及び被害者の保護等に関する法律」（通称DV防止法）に基づく保護命令が地裁から出さ

れたと報道された（二〇一〇年八月三一日『日本経済新聞』）。ＤＶ防止法第一条には「この法律にいう『配偶者』には、婚姻の届出をしていないが事実上婚姻関係と同様の事情にある者を含み」とあり、報道されたケースでは同居していた女性パートナーが「配偶者」とみなされたといえる。だが、同性間のＤＶ（ドメスティック・バイオレンス）は、専門機関にさえ相談しにくいため、この事例は氷山の一角に過ぎないだろう。私は参与観察時、同性パートナーに暴力をふるった女性が、ＤＶ相談専門窓口に電話したが、セクシュアリティが判明すると、相談員に突如電話を切られてしまったという話を聞いたことがある。

（12）ただし、「性同一性障害」と認定され、戸籍上の性別を変更した人は、戸籍上の異性と婚姻することができる（「性同一性障害者の性別の取扱いの特例に関する法律」二〇〇三年施行）。

（13）Queer and Women's Resource Center（通称ＱＷＲＣ《クォーク》）が制作。クォークは二〇〇三年四月大阪市北区に事務所を開き、セクシュアルマイノリティ向けの様々な活動をしている。緊急時連絡先カードの他に、ニュースレターや医療・福祉関係者向けの冊子の制作、電話相談などを行っている。詳しくはホームページを参照されたい（http://qwrc.jimdo.com/ 二〇一四年二月二六日閲覧）。

2節　家族からみるカミングアウト

ＬＧＢは、「他の社会的マイノリティ集団に比べても比較にならないほど、異性愛者、つまりマジョリティとして通る可能性」に開かれており、「積極的に明示しない限り、彼女たちは異性愛者として承認・誤認される」（岡野 2007: 54）。こうした状況を、ＬＧＢのいる定位家族に適用してみると、こう想像できるだろう。ＬＧＢ本人からなにかしら性的指向を他者に伝える行為――カミングアウト[14]――をしなければ、親・きょうだいは自分の家族成員のなかにＬＧＢがいる現実に気づかない。

カミングアウトの先行研究の多くは、カムアウトをする側の意味づけに着目する傾向がある。本節ではする側の行為者だけではなく、受け手側も含める相互行為としてカミングアウトを捉える。その上で、カミングアウトを親子という舞台に乗せた場合に、注目すべきものとして「スティグマ」（Goffman 1963 = 2003）を論じる。

1項　相互行為としてのカミングアウト

カミングアウトという言葉そのものは、「coming out of the closet」（クローゼットから出てくること）が由来とされる。closetとは衣類をしまう押し入れのようなものを指すが、「自らの性的指向を秘匿しておく〝場〟の隠喩」（河口2002: 82-3）であり、「ただ単に同性愛の隠れ家なのではなく、同性愛そのものが不可能にされる場所」（ヴィンセント・風間・河口1997: 108）だという。クローゼットから出てくる人物にとって、カミングアウトは単なる「秘密の告白」ではなく、性的指向を明らかにし「社会に広がるゲイの表象をその身に引き受け」（松村1998: 171）、その表象に伴う社会からの同性愛嫌悪《ホモフォビア》にさらされるリスクを伴っている。

日本では、カミングアウト後に表出する同性愛嫌悪を論ずる研究が蓄積されてきた（ヴィンセントほか1997; 風間2002a; 2003b; 河口2003b; 堀江2004; 2006）[15]。カミングアウト後を射程圏内とする分析視座には、カムアウトする人物だけでなく、それをとりまく社会やカムアウトされる他者の反応が含まれている。しかし、受け手を想定しながらも、する側とされる側の相互作用は充分に取り上げておらず、もっぱらする側の意味付けに関心が寄せられてきた。カムアウトする子どもと、される親をテーマとする本書では、される側も含めたカミングアウトの相互行為性により注意しなければならない。

そこで、カミングアウトを共同行為と位置づけたKen Plummer（1995 = 1998）を足がかりにする。Plummerはカミングアウトを単なる言葉としてのテクストとは違い、語る（telling）ことに絡んで出現する「相互行為」の「ストーリー」、つまり物語[16]として位置づけ、ゲイ・レズビアン、レイプなどの「セクシュアル・ストーリー」が広く語られるようになる社会に着目する。ストーリーの「生産者」がライフヒストリーを提供し、「人々からストーリーを引き出す力」をもつ「第二の生産者」である社会学者、医者、セラピスト、新聞記者などがストーリーの生産にかかわる

（Plummer 1995 = 1998: 40-1）。さらに周囲には、ストーリーを受け取る「消費者」、つまり、性生活の告白をするバラエティ番組の視聴者、「性的スキャンダル」の読者などがいる（*ibid.*: 42）。注目すべきは、ストーリーが生産者と消費者の二者の間のみでなく、「結び付けられるコンテクスト」のなかで生成され、意味も絶えず変化する点である（*ibid.*: 43）。

Plummerはコンテクストに着目した上で、ゲイ解放運動におけるカミングアウトは、ある「支配的なナラティブ」（*ibid.*: 170）を作り上げたという。それは、「同性愛者」なのかと悩む苦難を乗り越え、自分以外の「仲間」との出会いを転機に、沈黙を破り自己と他者にカムアウトし、「可視化」を目指す運動の主体となるという「カミングアウト・ストーリー」である[17]。このようにカミングアウトは、文脈に埋め込まれた相互行為であり、解放運動の文脈で主流となるものと、親子間のそれとでは必然的に異なる。

では、親へのカミングアウトは日本ではどれだけなされているのだろうか。参考として日本で実施されたインターネット調査によれば、ゲイ・バイセクシュアル男性の回答者のうち四四・四％が親以外の人にカムアウトをしている一方で、親にカムアウトをしている回答者は、一三・八％にとどまっている。両親ともには七・三％、母親のみが六・〇％、父親のみは〇・六％となっている（日高・木村・市川 2007）。ＬＧＢの周囲へのカミングアウトの程度と、自尊心の関連を論じた研究（石丸 2008）はあるが、ＬＧＢやゲイの子がいる母親による書籍を除き（Ryoji・砂川 2007、伊藤 2010）、日本のＬＧＢと親を扱う社会学の研究は管見の限り見つけることができなかった。

２項　親子間のカミングアウト

英米の心理学では、カムアウトする側のＬＧＢと、される側の親それぞれに着目した研究がある。まずは、子どもの調査をもとにした、親へのカミングアウトを取り上げたい。

カミングアウトに否定的な親に調査するのは難しいため、ＬＧＢへの量的調査から親の反応を規定する様々な変数を特定しようとする研究がある（Collins and Zimmerman 1983; DeVine 1984）。こうして親へのカミングアウト後のリスクを、ある程度予測しようとするのである。子どもの性別と親の性別との組み合わせから、ゲイ男性と比べてレズビアンの女性は、同性である母親からの虐待のリスクが高く（D'Augelli, Grossman and Starks 2005: 479）、逆にゲイの場合は、母親が息子を守ろうとすると指摘され（D'Augelli, Hershberger and Pilkington 1998: 336）、ＬＧＢにおけるジェンダー非対称性が示唆されている。

では、親の視点からはどうだろう。親の心理的葛藤を段階論的に論じる研究がある。カムアウトされた親は、同性愛に対する「否定的概念」を自分の子どもに当てはめて考えてしまうがゆえに、自分の子どもが突如、得体の知れない他人になったようなショックに襲われ、つぎに、強い罪悪感と失敗の感情に襲われる。典型的には、「わが子を同性愛にした原因は自分にある」という自責などがあげられる。これらは、親たちの心理的変化を「悲嘆の過程」になぞらえて分析している（Robinson, Walters and Skeen, 1989; Stormmen 1989a; 1989b; Ben-Ari 1995; D'Augelli et al 1998; D'Augelli et al. 2005）。「悲嘆の過程」は不治の病等で死に面した患者や、配偶者の死に直面した人々の、死の受容過程を表している（Kübler-Ross 1969; デーケン 2000［1984］）。これらの研究ではＬＧＢからカムアウトされた親は、ショックのあまり子どもを拒絶するが、やがては娘・息子のセクシュアリティを受け容れてゆくとされている。

「悲嘆の過程」を援用する研究への協力者は、「ＰＦＬＡＧ」（Parents, Families and Friends of Lesbians and Gays）というセルフヘルプグループから多く採用されていた。このグループの構成員には白人中流階級で、ゲイの息子を持つ母親が多いとされており、グループの主流派の解釈が調査結果に反映されていると考えることもできる（Murray 2010）。つまり、「悲嘆の過程」に沿った語りは、特定の人種・階層から生まれた一つのストーリーの型（Plummer 1995＝1998; Boyd 2008）といえるのである。

1節2項で論じたように、ＬＧＢ内にある年齢、エスニシティ・人種、学歴などさまざまな社会的指標は、親子関係をある程度外部から規定する。ＬＧＢと異性愛者の親の問題経験を捉えるためには、かれらが置かれている文脈、外部社会との接点を考慮しなければならない。

3項　スティグマへの着目

ＬＧＢと異性愛者の親の親子関係で、看過できないのは偏見・差別の存在である。偏見・差別はある人の属性——同性愛者、障がい者など——を定義づけ、それに従って行動する人々の相互行為のなかで生起する（坂本 2005）。本書では、**Erving Goffman** のスティグマの概念から、偏見・差別を考え直してみたい。

スティグマとは、人の信頼をひどく失わせる属性を形容している。しかし、それは単なる属性ではなく、関係性のなかで成立する（Goffman 1963 = 2003: 16）。スティグマの成立過程にかかわるのは、「社会的アイデンティティ」である。社会的アイデンティティとは、最初に目につく外見からわかるカテゴリーや属性のことで、1）「対他的な社会的アイデンティティ」——予想された行為から顧みて行われる他者からの性格づけ——と、2）「即時的な社会的アイデンティティ」——求められれば本人が明らかにしえるカテゴリー——とに分けられ（*ibid*.: 14-5）、二つの組み合わせの乖離をもたらすのがスティグマである。

性的指向を何らかの形で他者に伝えない限り、ＬＧＢは外見からはスティグマを付与されにくい。したがって、ＬＧＢはスティグマを付与されるかもしれない自己を他者にどう呈示するか考え、「印象操作」を行う。印象操作の一つに、当該社会の「常人」として自己を呈示する「パッシング」がある。パッシングとは、スティグマを付与されうる者が、ある境界を「越境する」（pass）ことを言い当てている。つまり、常人とスティグマ者の間に設定される（とみなされる）境を通り抜け、常人側にいる人のように振舞う行為を表している。Goffman は、スティグマを付与される側に関心を持っており、男性同性愛者が、日常的な会話の中で女性をナンパしたと嘘をつくような「自分の女性征服物語をでっちあげ」たり（*ibid.*: 149）、女性同性愛者と「〈擬装〉a cover」結婚したり（*ibid.*: 160）することで、自らを異性愛男性として周囲に認知させるパッシングを分析している。

人々の関係性に着目するGoffmanは、スティグマが直接付与される人の周りにいる、配偶者、娘、親などの家族にも触れている。

> 精神疾患者の貞実な配偶者、刑余者の娘、肢体不自由児の親、盲人《ママ》の友、絞首刑執行人の家族は、みなかれらが関係しているスティグマのある人の不面目をいくらか引き受けることを余儀なくされている。（Goffman 1963 = 2003: 58）

彼は、家族が「縁者のスティグマのためにスティグマをもつことになった人びと（the individual with a courtesy stigma）」（Goffman 1963 = 2003: 59）となると論じる。では、ここでスティグマのある人と縁ある人々が無視しがたいスティグマを、「縁者のスティグマ」としよう。しかし、なぜ家族が縁者のスティグマ者となるのだろうか。Goffmanは精神疾患患者の妻、絞首刑執行人の家族を例に挙げるだけである。

ＬＧＢにスティグマを付与する社会では、異性愛者の親も縁者のスティグマになりうるが、親が自分へのスティグマを意識するようになるのは、子どもの性的指向を認知した後になるだろう。したがって心理学が指摘したような、親子間のカミングアウト後に様々な感情的葛藤を引き起こすのは、ＬＧＢへ付与されるスティグマではないだろうか。縁者のスティグマがあるがゆえに、ＬＧＢは親へのカミングアウトを躊躇するのではないか。そこに、カムアウトする親子の困難があると考えられる。

注

（14）「私はレズビアンです」「私には同性のパートナーがいます」とはっきりした形で、相手に性的指向を伝えることだけに限らない。金田智之は、カムアウトによってクローゼットから出る／カムアウトしなければクローゼットに留まるとみなすカミングアウト論に対し、カミングアウトに先立ち「バレバレ」の状態にいるゲイ男性のインタビューを紹介し、その状態は必ずしもクローゼットにいることと同じではないと論じている（金田 2003）。私の調査協力者の中にも、家族で共有しているパソコンを使った後に、敢えてインターネット閲覧履歴を残し、LGBT関連のサイトをみていたことが他の家族成員にわかるようにしていた人もいる。

（15）金田（2003）はカミングアウト論の多くが、カミングアウトを「非常に政治的な意味を帯びた行為であるかのように」（金田 2003: 63）論じる問題点を指摘する。彼によれば時にカミングアウトは、「同性愛者にとっては取ることのできる選択とは、カミングアウトを行うか、さもなくばクローゼットの中にとどまるかのどちらかである、ということが示唆」（*ibid.*: 64）されている。そして、クローゼットを「自分をゲイとはみなさない人々がゲイに押しつけた社会的強制に身を屈すること」（Halperin 1995 = 1997: 48）として捉えるべきではないと述べている（金田 2003: 64）。

（16）時に、「語り」や「物語」とも表現される「ナラティヴ」とは、「出来事や経験の具体性や個別性を契機にしてそれらを順序立てることで成り立つ言明の一形式」（野口 2005: 6）である。

（17）Plummer（1995 = 1998）はこの「カミングアウト・ストーリー」の支配的なナラティブは未だ強いとみているが、「1．宗教や科学といった権威によるものから当事者によるストーリー」「2．『本質』『基礎』『真実』のストーリーの崩壊、差異、多元性、複数の宇宙のストーリー」「3．明瞭なカテゴリーから脱構築のストーリー」など、他のカミングアウトの形も併走しているという理解を示している。

小括

本章ではLGBが異性愛の定位家族と対置して論じられてきたために、LGBと異性愛者の親の間で生起する問題経験が、二項対立の陰に埋もれてきた経緯を確認した。「悲嘆の過程」を用いた研究は、カミングアウト後の親の変化の可能性を予見させるものである。しかし、外部社会を通して、生起する親子の問題経験には着目していない。もし、親が他者との関係、他者からの評価を意識して、子どもへの態度やカミングアウトの受け止め方を変えるのであれば、社会学はその変化の契機こそを捉えなければならないだろう。さらに、これまでの研究は、子どもか親のどちらか一方の視点に基づいていた。双方の視座を交ねることで、初めて親子の問題経験の共通点を可視化し、親子をとりまく社会がかれらに付与しているものを明らかにできるのではないか。

マスメディアではゲイと思われる芸能人が出演する機会が増えているが、日本社会に生きる生活者としてみなされているとはいえないだろう。ＬＧＢの親は、子どもからカムアウトされない限り、自分の子の性的指向を認識しにくい。そのような日本で、ＬＧＢは親とどのように向き合っているのか。親は、子どもからのカミングアウトをどう受け止め、対処していくのか。この親子が経験する感情的もつれや葛藤を適切に把握するには、カミングアウト後の相互行為と、そこにかかわるスティグマが鍵となる。

2章　調査方法

本章では私が実施した質的調査に関して、1節で調査目的と方法、2節で調査対象者と調査者がデータとして登場する理由、私が倫理的に行った配慮と分析方法を述べる。最後に、インタビュー協力者の表を示す(1)。

1節　調査目的と方法

日本ではLGBだと自認する人物が統計上把握されていないため、基礎的情報の不足から量的調査の実施は難しい。また、かれらの日常生活からスティグマが付与される契機と、それへの対処を把握する本研究には、主観的経験にアプローチできる質的調査が適している。そこで、私はLGBをはじめとするセクシュアルマイノリティと、かれらを産み育てた親の主観的経験を把握するため、子どもと親へのインタビュー調査(2)と、二つのセルフヘルプグループ（SHG）に参与観察を行った（調査期間二〇〇七年二月〜二〇一一年七月）。

LGB、親へのインタビューの目的は、それぞれ次の通りである。まず、LGBへのインタビューは、かれらがどのように親やきょうだいなどの産まれ育った家族との関係、パートナーや友人関係を調整しているのかを探るために行った。親には、子どものカミングアウトをどう捉えたのか、その後どのように対処していったのかを聞いた(3)。

インタビュー調査は、調査者である私一人に対し一人か二人の協力者（カップルや夫婦でのインタビュー）で行い、事前に質問項目を用意し、インタビューイーの語りやすい順序に適宜併せる半構造化インタビューとして設計した。ただ、インタビューは予定通りに進まないこともある。予期しない内容を協力者が語ってくれたときは、内容に無関係とみなして切り捨てるのではなく、その場でさらに質問をする「アクティヴインタビュー」（Holstein and Gubrium 1995 = 2004）の手法も採用した。所要時間は一時間から三時間程度で、場所は喫茶店、カラオケボックス、協力者の自宅などで、インタビュー後に昼食や夕食をともにすることもあった。インタビュー中は協力者から承諾をえてメモを取り、ＩＣレコーダーで録音した。調査当日中にメモをもとにインタビュー記録を作成し、外見の印象や協力者に出会うまでの流れを書き留めた。

参与観察をした二つのグループは、セクシュアルマイノリティ向けのＳＨＧ「ｏｔ《オーティー》会」と、子どもからカムアウトされた異性愛者のために設立された「虹の会」で、両グループと話し合ったうえで、それぞれこの仮名を付けている。グループへアプローチした理由は当初、インタビュー協力者を募るためだった。参加し続ける中で、ＬＧＢと親が日常生活で感じる悩みに対してグループが果たす役割を知りたくなり、参与観察に移行した。両グループは関西で活動をしており、ｏｔ会のメンバーが虹の会が定期的に行っている定例会に参加したり、虹の会に参加していたセクシュアルマイノリティが、ｏｔ会メンバーと交友を深めるなど、双方に交流がみられる。グループの共通点は、定例会で参加者が自分の経験を話し合うという、語り合いに重点があること、当初の設立目的では想定外の人物が参加している点である。インタビュー協力者の募集方法とかれらの特徴、ＳＨＧの設立経緯、私と協力者の関係性については、それぞれ該当する章で詳述する。

注

（1）各章の中に表を挿入したほうが理解しやすいかもしれないが、本書ではインタビューのデータが章にまたがって分析されるため、2章でまとめて表示することにした。

（2）LGBと異性愛者の親、容姿の変化を伴うトランスジェンダーと異性愛者の親とでは、親子の経験に違いがあると考え、トランスジェンダーとその親へのインタビューは実施しなかった。ただし、参与観察先のグループにはトランスジェンダーと親もかかわっていたため、SHGの分析では（3章、7章）考察対象に含まれている。

（3）質問項目は巻末の資料1を参照。

2節　調査対象と分析方法

1項　「当事者」——LGBと異性愛者の親

次章以降、様々な立場の「当事者」が語りを紡ぎ出す。私の対象としたフィールドでは、参与者が「当事者」か否かが相互行為上、重要視されることがあるため、本書が誰をそれとして設定するかを述べておきたい。

これまで、「当事者」をめぐる議論が繰り広げられてきた（宮地 2007; 宮内・好井 2010）。背景として社会的に不利な立場におかれたマイノリティたちが、「当事者」として名乗り始めたことが大きい。ゲイ解放運動の影響を色濃くうけたゲイ・スタディーズには、学問の担い手を「当事者たるゲイ」に限定しようとするものもあった（ヴィンセント・風間・河口 1997: 2）。研究の担い手であれ、その対象であれ、「当事者」を基盤とする研究の利点は「当事者」が声をあげなければ、不可視に留められていた社会的な抑圧・差別状況を、「当事者」の側から「いまここに問題がある」と指摘する、「クレイム申し立て」（Kitsuse and Spector 1997 = 1990）に直結しやすいことにある。しかし、そもそも「当事者」とは一体誰を指すのか、かならずしも明確ではなかった。

当事者定義としてしばしば引用される中西正司と上野千鶴子（2003）は、「障害者《ママ》」の社会運動を参照しつつ、ニーズを持った人物を「当事者」とする（*ibid.*: 2）その上で、家族当事者と障害者当事者を区分し、「家族としてのニーズ」と「当事者としてのニーズ」が時に相いれない可能性、そして、より立場の弱い障害者のニーズが、家族によって代弁されてしまうパターナリズムを指摘する（上野 2011）。かれらは障害者当事者と家族当事者が、同じ「当事者」でありながらも時に利害関係者となることを看破した。

しかし、関水徹平（2011）は「ニーズ」に当事者の根拠を置くことに批判的である。彼は「みずからのニーズを引き受けていない人びとは、『これから当事者になる存在』あるいは『いまだ当事者になっていない存在』として、当事者の手前に位置づけられ」（関水 2011: 116-7）[4]てしまうと述べる。だからこそクレイム申し立てにつながらない生きづらさ、「問題経験」（草柳 2004）を抱える人物を当事者とみなすべきだという。

私は関水の意見に賛成する。なぜならば、クレイムを申し立てるニーズの主体として当事者を捉える立場では、スティグマが他者に伝わらないように「パッシング」（Goffman 1963 = 2003）をするセクシュアルマイノリティを当事者と認識しにくいからである。草柳千早（2004）が過去のデータを引きつつ論じるのは、既成の性のカテゴリーでは自分を表現できない女性たちの曖昧な生きづらさである。本書には、「レズビアン・ゲイ・バイセクシュアル」に自分は当てはまらないと感じるけれども異性愛者といわれてもピンとこない人や、子どもからのカミングアウトに対して、親として何をどうしたらよいのか分からないが、とにかく不安がいっぱいという親が登場する。例として、二組の女性カップルを想像して欲しい。「レズビアン」アイデンティティを持ち、生活上の困難に直面した女性カップルは、その解決策として同性間パートナーシップを保障する制度を求めるかもしれない。他方、特に問題なく生活を続け、「レズビアン」自認のない女性カップルは、そのような制度は自分たちには不要だと捉えるかもしれない。しかし、事前にニーズを認識しているかどうかにかかわらず、突如、交通事故でパートナーが意識不明の重体となったとき、搬送されたパートナーに会えるかどうか、搬送されたという連絡が自分に来るかどうかと両者ともに心配するだろう。ニーズ主体の当事者論では、自らのニーズを認識していない後者の女性カップルは、当事者ではないとみなされてしまうかもしれない。

以上の人々を包摂するためにも、私は問題経験を抱えている人を当事者とし、社会から付与されるスティグマにその問題経験の由来があると考える。さらに、スティグマを直接被る人、間接的に被る人を区別するため、本書ではLGBを「当事者」、カムアウトされた親を「家族としての当事者」とする。

2項　データとしての調査者

本書の分析の中で、調査者の私と協力者との相互行為を登場させる。その理由を、生身の人間を対象とした質的研究と、私の研究テーマそれぞれの特徴を踏まえて述べたい。

質的研究にかかわったことのある人は、研究協力者に自分がどう受け容れられるか、かれらの前でどう振る舞ったら良いか悩んだことがあるだろう。佐藤は暴走族への綿密な参与観察から、「現地社会における自分の位置づけ」が、「現地社会の人びとはどのような受け取り方をしているのか」（佐藤 2006: 165）によって左右され、調査者の立ち位置がえられるデータの質を変えると指摘している。インタビュー研究のなかには、聞き取り内容をインタビューの場における研究者と協力者の相互行為から生みだされる構築物とみなし（桜井 2003; Holstein and Gubrium 1995 = 2004）、対象者とのやり取りの中で抱く研究者の思いが記入される論述もみられるようになった（蘭 2006; 西倉 2009; 石川 2012）。さらに、研究者が調査の対象と重なる、すなわち研究者と協力者間の主体と客体を分離できない「当事者研究」が日本でも発表されるようになっている（小倉 2006）。セクシュアルマイノリティを対象にした研究に限れば、同性愛者の研究者の登場（Kong, Mahoney, and Plummer 2001: 243）、はっきりいえば、研究者自身のカミングアウトが、調査主体と客体の区別を大きく揺らがせてきた（ヴィンセント・風間・河口 1997; 堀江 2006）。
インタビュー調査、参与観察ともに、質的研究には構築性が内包されており、テーマによっては調査主体と客体を明確に切り分けることが難しいという見識は、ある程度共有されているといえるだろう。ただ、調査者が研究成果にどこまで自己を書き入れるべきか、入れないべきかに唯一の答えはないだろうし、研究者の自己が書き込まれた研究の評価は読み手に任される部分が大きい。

私の実施したようなマイノリティへの質的調査では、現場の人々から調査者は何者なのかが問われる場面に遭遇することが多く、調査の客体に対置される「主体としての研究者」の役割だけにはなかなか安住できない。「あなたは何者なのか」という問いは、私にも向けられた。インタビューで私は、調査者としてその場の方向性を決定する自由を感じたが――その点で調査者と協力者の関係はより非対称的である――、複数の人が出入りする参与観察の現場では、同程度の自由を感じることはなかった。さらに、時間の限られたインタビューでは、協力者から私の個人的な経験を聞かれることは少なかったが、何度も足を運ぶ参与観察の場では、私はいったい何者なのかを頻繁に問われた。協力者と関係をつくるなかで、私は研究者以外の何らかの別の役割を担うことになった。ＬＧＢの子がいる親は、私をかれらの子と同世代、もしくは、《先輩》や《仲間》とみなし、ご飯やお酒をしょっちゅうおごってくれた[5]。私は時に調査者であることを忘れ、親の年代に聞いて欲しい愚痴をこぼし、〝三部も大変だな〟とねぎらってもらったりもした。私と同年代か年下のセクシュアルマイノリティからは、恋愛相談を持ちかけられたり、〝三部姉さん〟として飲み会に呼ばれたりもした。かれらとは、より友達に近い立場で付き合ってきたように思う。

本書のなかで私は、このように、複数の他者といた「私」を希に登場させる。あるとき、「私」は親からかれらの子どものように接してもらい、ＬＧＢと「私」は友達になった。そうした役割は私個人で決められるものではなく、かれらとの相互行為のなかで生じたものである。

調査地での「私」が、語りの産出プロセス全体に影響を与えてきたのは間違いない。ただ、本書の主な目的はＬＧＢとその異性愛者の親の経験から、日本社会を見ることにあるため、「私」の「出演」頻度は、ほぼ脇役のそれである。かれらの語りを整理、編集し、社会学的な分析をする私は本書を統括する「監督」であって、作品中に登場するときは脇役ぐらいでいい。研究者として、私は自分の情報を書き込むことに慎重でありたい。なぜなら、研究者の「自己」の記入は、逆に研究者の特権性を強調する事態を招きうるからである。「簡略に自分の履歴や個人情報を挿入するだけでは、ただ研究者の権威を立証して主張することにつながってしまう」（Fine, Weis, Wessen and Wong 2000＝2006: 89）ことは避けたいと思っている。「私」が調査地で研究協力者たちといくら良好な関係を築いたとしても、そこを離れた私は、アカデミックな世界のルールに従って、かれらをこうして書く「対象」とする（宮地 2007）、博士号を持った研究者としての生活に戻る。少なくとも、私個人の名で研究発表する限り、私には書く側だけが持つ力があり、研究者と協力者はこの地平において平等になりえない。さらに、研究者と当該研究の協力者との間にいかに多くの共通した問題経験があるようにみえても、両者の関係は非対称的であり、同じ当事者にはなりえない[6]。

私が自己をそれほど書き込まない理由は、もうひとつある。それは、書き手が当事者か非当事者かで、読み手が解釈を変えてしまう可能性にかかわっている。本書の執筆中、大手メディアもこぞって特集を組んだ「障がい」ある作曲家に、実はゴーストライターがいたというニュースが駆け抜けた。ここで問題とされたのは、他人が作った曲を自分の名で発表し続けた事実だけでなく、彼がもしかしたら「障がい者」ではないかもしれないということだった。では、もし彼が「障がい者」ではなかったとしたら、人々は曲の何に感動していたのだろうか。

調査地における研究者の立場は、確かにデータの質を変える――質の善し悪しではなく、違いがあるということ――。しかし、研究の上で開示される研究者の自己が、研究評価に影響してしまうかもしれない。そう考えると、自己を記入することに対し、私はなんとなくもやもやした気分におそわれる。仮に、研究者が研究の中で、テーマに該当する「当事者」だと明示したとしても、それは「研究のひとつの要素」にすぎず、「それを理由に貶められたり、差別を受けたりすることがあってはならないように、不当に高く評価されるべきでもない」（中村 2011: 13）。私はここで自己を呈示するのではなく、各章の分析の中で調査地での「私」を他の人々とともに登場させたい。私が引き受けたいのは、私個人に対する評価や感想ではなく、私の研究である本書へのそれである。こうした記述スタイルへの評価は、読み手に委ねたいと思う。

3項　倫理的配慮

セクシュアルマイノリティをテーマとする本書では、いくつかの倫理的配慮をしている。かれらの人間関係は狭く、当事者間で個人が特定されないよう、適宜データに修正を加えている。親子の互いのプライバシーを守るためにも、親子ペアデータの分析はしていない。

インタビューで録音した音声データは、二〇〇九年以降は専門業者に文字起こしを依頼した。業者への依頼について、インタビュー前に協力者に説明し、了承をえてから業者に委託した。完成した文字起こし原稿の確認を望む協力者には原稿を送付、内容の確認と研究への使用を避けるべき箇所を指示してもらい、該当箇所を削除し修正を施した。二〇〇九年以前に実施した調査協力者には、インタビューで聞きとった内容を博士学位論文（三部 2012b）へ使用してよいかどうか問い合わせ、許諾をえた。本書で使うインタビューデータは、以上の過程を経た文字起こし原稿である。

二〇一一年六月にｏｔ会および虹の会の主要メンバーとスタッフに、博士学位論文（*ibid.*）の概要と、それぞれのグループに関する部分を明示し、どのようなことを書くかを説明し、博士学位論文へのデータ使用許可をえている。本にする過程で、改めてインタビュー協力者と会関係者に連絡を取り、本が出版されることを伝えている。

インタビュー調査では協力者の了承をえてからＩＣレコーダーで録音したが、ＳＨＧへの参与観察での録音は、参加者、特にはじめて参加する人に無用な緊張をもたらしてしまう。安心を損なう行為は慎むべきだと考え、参与観察時には録音せずメモをとり、後に場所を変えてメモ書きを元に清書して記録をつくった(7)。

４項　分析方法

分析の材料としたのは、匿名化したインタビューの文字起こし原稿、参与観察は清書版フィールドノーツである。「事例―コードマトリックス分析」（佐藤2008）を参考に、語りを中心的な分析対象とし、それぞれの個別性やライフストーリーに配慮しながら、協力者の間にみられる共通項に名前をつけ、コードとして析出した。

具体的な作業は次のように進めた。調査当日に作成したインタビュー記録と、文字起こし原稿を全て読み返し、ＬＧＢと親のインタビューデータをまとめ、報告書を作成した。報告書から事例の全体図を思い描きながら、ＬＧＢのデータ、親のデータ、それぞれに共通するパターンを探した。その上で、質的データ分析用ソフトウェア「MAXQDA10」(8)に文字起こし原稿を読み込み、共通性に概念名を付け、コード化を進めた。概念のなかに見られる類似パターンを分類し、さらに下位カテゴリーを作成した。参与観察のデータも同様に、報告書の作成、全体傾向の把握、MAXQDAでの共通項の作成と進んだ。作成した概念にしたがって、章の目次を構成している。

注

（4）人びとの間で誰が「似非《エセ》当事者」で、誰が「正当な当事者」になりうるのか（鶴田2008）と、当事者間の線引きと序列ももたらすことにもなる。

（5）調査協力者へ謝礼を渡す／ないべきか、渡すとしたら何をどれぐらいかの判断は、調査の行われる文脈に併せるしかない。私の場合、菓子折を持参したり、喫茶代の支払いをするようにしていたか、反対にかれらにおごられたり、お土産をもらうこともあった。

（6）私は、問題経験を多くの人へ伝達できる研究に素晴らしさを感じる。自分が経験しえない経験を他者に了解可能な形で伝える、ここに、社会学の学的営為があるのではないか。

（7）参与観察中は書記係に立候補したり、トイレに行くたびにメモ帳や携帯電話でメモを取ったりした。書記はノートを取る姿が不自然に見えない利点があった。携帯電話内のメモをパソコン用のメールに送信することで、清書版のフィールドノーツをまとめる時間を短縮した。週末を中心に月に数回東京から関西に出張した。できる限り現場を離れてすぐにフィールドノーツの清書に取りかかったが、疲労しているときは、一度寝てから翌朝や朝早く東京の自宅に戻ってきてからまとめることもあった。参与観察後に清書する時間も、疲労を回復させる時間も確保できない時は、体力的にも精神的にもかなり疲弊した。ハードな調査は、日本学術振興会やお茶の水女子大学ＧＣＯＥプロジェクトからの助成に支えられた。研究支援を受けられなければ、本書をこうしてまとめることもできなかった。ここで、改めて感謝いたします。

（8）MAXQDA10は質的データを自動的に分析せず、データやコードをツリー構造で表示する。操作者は複数のウィンドウを眺めながらデータを整理できるので、作業効率が格段に上がる。したがって、操作者のコマンドに従って分析を行うSPSS等の計量分析向けのソフトウェアとは質的に異なる。新しいバージョンMAXQDA11も発売されている。詳しくは、製品会社VERBI GmbHのホームページ（http://www.maxqda.com/products/maxqda10二〇一四年二月二四日閲覧）を参照されたい。

3節　インタビュー協力者の特徴

では、インタビュー協力者の特徴を、章末の表を交えながら確認したい。

1項　LGBの協力者

セクシュアルマイノリティの協力者たちは、レズビアン・バイセクシュアル女性一一名、ゲイ・バイセクシュアル男性八名の計一九名である(9)（表1）。名前は全て仮名である。なお、表中の「パートナー」とは、両者が継続して恋人として認識している相手のことであり、性交渉だけを目的とした相手は含んでいない。表の右には、カムアウトした時の親の年齢を記載している。「二」は親にカムアウトしていない場合である。プライバシー保護のため、カムアウトをした詳しい日時と親子の職業は記さない。女性カップル一組と、男性カップル一組はカップルでのインタビューに応じている。パートナーの前で過去の恋愛経験は話しにくいと思われたので、カップルインタビューでは過去のパートナーについて質問していない[10]。

表から読み取れるレズビアン・バイセクシュアル女性と、ゲイ・バイセクシュアル男性の共通点は、調査時の年齢が二〇代から三〇代と若いことが挙げられる。相違点は、女性の場合、性自認や性的指向の対象に揺らぎがあるが、男性は揺らぎがほとんどないこと、また、男性は親へのカミングアウト時の年齢が女性より若く、他方で女性は二〇代以降に親へ伝わっている点である。

セクシュアリティの表記について、補足しておく。表1のセクシュアリティの項目には、性別二元論ではない「バイセクシュアル」、〝レズビアンとかバイセクシュアル〟、自称〝おばさん〟が混在している。まず、バイセクシュアルの中にある差異について触れておきたい。

男女の二つの性別を意味する「バイセクシュアル」では、自分のセクシュアリティをうまく表現できないと感じている北村さんは、本当は〝パンセクシュアル〟という言葉を使いたいという。パンセクシュアルを使う意味を聞いてみたところ、彼女はこのように答えている。

三部：で、（北村さんが自分のセクシュアリティを）パンセクシャルとかハンセクシャルだとかって言ってたような気がするんだけど。

北村さん：ああ。

三部：どういう意味で使ってるのかな、と思って。

北村さん：ああ。えっと、今あんまりパンセクシャルって言ってないけど、なんかバイ（注：バイセクシュアル）て言うとトランス（注：トランスジェンダー）の人を（恋愛対象に）含まないようなイメージがあって、で、（トランスジェンダーも）別に含まないわけでもないし、（相手が）ビアン（注：レズビアン）だと思ってたら（見た目は「女性」に見えたけど、性自認に違和感があって実際は）、トランス（注：トランスジェンダー）だったとか別に全然いいから、そういう意味で、好きになった人を好きになるっていう意味で「パン」ていうふうに使ってたけど、「パン」って言ったら「え？　パン？」て（言った相手に）言われることが多いから。

三部：はっはっは（笑）。

北村さん：なんか、なんていう、「え？　なにそれ？」みたいな、「なにそれ？」みたいな目で、何か、ある意味また変な眼で見られるから、もう言わんようにして、「私は性別あんまり関係なくまあまあバイみたいな感じかな」みたいな感じで言っています、いまは。

以上のように北村さんは、納得してもらえるよう聞き手にあわせて自己を変えて語っている。加藤さんも同じく、恋愛対象を男女に絞っているわけではないので、〝パンセクシュアル〟という表現を用いていた。他方、田中さんはトランスジェンダーを恋愛対象にしないと断言し、太田さんは男の男らしいところ、女の女らしいところを好むと話していたので、二人は北村さんらと比べるとよりバイセクシュアルという言葉でセクシュアリティを表現することに、違和感がないのだと考えられる。

さらに補足したいのはレズビアンやゲイとは違う悩みを、バイセクシュアルの人は抱えやすいことである。太田さんは、男性と交際するようになってから、過去の女性パートナーに対する周囲の反応があまりに違うのに気づき、却ってつらいと話している。

太田さん：なんかあれやね、急にすべてが普通やんか、普通やんかっていうけど、普通にカップルと見なされ、で、ノンケ（注：異性愛者）と思われているから、普通のストレートの人も「ちょっと同性愛者っているんやこの世の中に」みたいな会話も（私のいる目の前で）してくるし、まさか私のことを（そうだとは）思わないから、そんなことも絶対思わへんやん、彼氏がいるわけやから「結婚したい」とか言って（いるのもあって）。それがやっぱり、自分の中でつらいというか。

佐々木さんは、〝一応、レズビアン〟と自分を表現し、場に応じて〝レズビアンとかバイセクシュアル〟と言い分けるという。なぜ〝一応〟がついたのか後に問い合わせたところ、男性と恋愛関係になったとき、周りからはヘテロセクシュアルと扱われる。それでは女性との性愛やともに生きることがないとみなされてしまう気がして、抵抗がある、だから「レズビアン」という言葉を使ってみえなくなる部分を強調した、という内容のメールを送ってくれた。

最後に西さんである。かれは性別違和感がある訳ではないので、自分をゲイだと思っている。しかし、ゲイばかりの集まる男っぽい空間が苦手で、職場ではカムアウトしていないがおネエ言葉を使うおばさんキャラとして通っており、その自分に居心地の良さを感じている。

以上のように、セクシュアル・アイデンティティに対する意味づけは協力者たちのなかで、必ずしも一致しているわけではない。かれらは文脈や聞き手にあわせて、自己の語り方を変えている（浅野 2001）。本書でもかれらの自称に従い、LGBT以外の言葉を使った方が良いのかもしれないが、例えば《パンセクシュアル》という言葉が、数年後、使われているかどうかわからない。私が参与観察中に出会ったトランスジェンダーの子どもがいる母親は、「L

ＧＢＴ」を初めて耳にしたときは〝都市ガスかと思った〟と話していた。アイデンティティの流動性に研究は自覚的でなければいけないが、あまりにたくさんの用語は、「研究対象はせっかく現れ始めたと思ったら、また消え始めた」（Gamson 2000 = 2006: 295）という事態を招きかねない。「アイデンティティの複雑性がなんであれ、ゲイ、レズビアン、両性愛者、トランスジェンダーの主体が生きている社会や制度は、簡単に彼らを認識し、対象として定める」（*ibid.*: 306）ことを踏まえると、ＬＧＢＴという言葉を用いる研究の意義はいまだにあると考えられる。(11)

2項　カムアウトされた異性愛者の親

インタビューをした異性愛者の親たちはレズビアンの娘のいる母親四名、バイセクシュアルの娘のいる母親一名、ゲイの息子とクウェスチョナーの娘のいる母親一名、ゲイの息子のいる母親四名、レズビアンの娘のいる父親一名、バイセクシュアルの娘のいる父親二名、ゲイの息子のいる父親三名の計一六名である。セクシュアルマイノリティと比べ、親が集まる場は限られているため、協力者のほとんどは虹の会スタッフからの雪だるま式サンプリングでの紹介である。また、ｏｔ会や虹の会の定例会に参加していたセクシュアルマイノリティに、親を紹介してもらう方法でも、数名の協力者をえている。親のインタビュー協力者を示すのが表2である。名前は全て仮名、調査日時はプライバシー保護のため、月までの表示としている。子どもの年齢は、カムアウトされた当時のものである。

父親と母親では語り方に違いが見られた。母親はインタビューの開始とともに自分の経験を振り返り、思い出したことやそこから関連する内容を筋立てて話してくれた。彼女たちの語りには、調査者が用意した項目の大半は入っていたため、質問項目から大きく外れない限り自発的語りの流れに任せ、無理に介入はしなかった。一方、父親の協力者たちは自分の考えや感情をあまり表現せずに、会社での出来事に喩えて話す傾向があった。あまり話さない夫に配慮した妻がインタビューに同席したケースでは、妻から促されて夫がぽつぽつと話し始めた。

母親の参加が多い虹の会を足場に協力者を募ったためか、母親の協力者が大半を占めた。子どもの性別では、息子からは高校生のとき、娘からは二〇代以降にカムアウトをされている人が多い。

協力者たちの特徴を踏まえ、いよいよ次章から、ＬＧＢと異性愛者の親へのインタビュー、参与観察を分析してゆく。

表1　ＬＧＢの協力者　計19名

日時	仮名	セクシュアリティ	パートナー	虹の会接点	年齢	学歴	当時の本人年齢	当時の親年齢
2007.3	阿部	バイセクシュアル女性	FtM	なし	20代	大学生	20代	父：60代 母：――
2007.3 2007.7	井上	トランスジェンダーよりの「レズビアン」	いない	なし	30代	大学卒	30代	母：他界 父：70代
2009.12	上野	レズビアン	女性	あり	20代	大学卒	20代	母：50代 父：――
2011.2	江川[12]	レズビアン	女性	あり	20代	大学卒	20代	母：50代 父：60代
2010.2	太田	バイセクシュアル女性	男性	なし	30代	大学院卒	20代	母：50代 父：――
2010.3	加藤	性別二元論ではない「バイセクシュアル」女性	いない	あり	20代	大学生	20代	母：40代 父：40代
2010.3	北村	性別二元論ではない「バイセクシュアル」女性	男性	あり	20代	大学生	20代	母：40代 父：40代
2010.3	久保	レズビアン	いない	なし	40代	大学卒	していない	――
2010.4	甲田	レズビアン	女性	あり	20代	専門学校卒	していない	――
2010.5	佐々木[13]	“レズビアンとかバイセクシュアル”	いない	あり	30代	大学卒	曖昧	曖昧
2010.12	坂上	レズビアン	女性	なし	20代	専門学校卒	10代	母：40代 父：50代
2007.3 2007.8	下田	ゲイ	いない	あり	20代	大学生	10代 （高校生）	母：40代 父：40代
2007.6	瀬川	ゲイ	男性	なし	30代	大学卒	10代 （高校生）	母：40代 父：40代
2007.8	曽賀	ゲイ	男性	あり	20代	高校卒	10代 （高校生）	母：40代
	田中	バイセクシュアル男性	男性	あり	20代	高校卒	20代	母：50代 父：――
2009.10	津山	ゲイ	男性	あり	20代	大学卒	10代 （高校生）	母：40代 父：――
2010.3	寺田	ゲイ	いない	あり	30代	大学院卒	20代	母：60代 父：――
2010.3	波平	ゲイ	いない	なし	20代	大学院生	20代	母：70代 父：他界
2010.4	西[14]	ゲイ 自称“おばさん”	いない	なし	40代	大学卒	10代 （高校生）	母：曖昧 父：40代

表2　セクシュアルマイノリティの子がいる親の協力者　計16名

日時	仮名	子どもの セクシュアリティ	配偶者	虹の会 接点	年齢	学歴	当時の 本人年齢	当時の 子年齢
2007.4	原田（母）	娘：レズビアン	あり	あり	60代	大学卒	50代	20代
2009.6	早見（母）	娘：レズビアン	なし (離婚)	なし	50代	高校卒	50代	20代
2009.6	火野（母）	娘：レズビアン	あり	あり	50代	高校卒	40代	20代
2009.7	深川（母）	娘：バイセクシュアル	あり	なし	40代	大学卒	40代	20代
2009.8	塀（母）	娘：レズビアン	なし (離婚)	あり	50代	短大卒	50代	20代
2009.8	和田（母）(15)	娘：クウェスチョナー 息子：ゲイ	あり	あり	40代	大学卒	40代	10代 (高校生)
2007.3 2007.6	渋谷（母）(16)	息子：ゲイ	あり	あり	50代	大学卒	40代	10代 (高校生)
2007.3 2007.8	大塚（母）(17)	息子：ゲイ	あり	あり	50代	大学卒	50代	10代 (高校生)
2007.8	石川（母）(18)	息子：ゲイ	事実婚 (離婚)	あり	50代	大学卒	40代	10代 (高校生)
2007.8	豊嶋（母）	息子：ゲイ	あり	あり	70代	高校卒	60代	20代
2007.4	小川（父）	娘：バイセクシュアル	あり	なし	60代	大学卒	50代	20代
2009.7	鈴木（父）	娘：レズビアン	あり	なし	50代	高校卒	曖昧	曖昧
2009.7	落合（父）	娘：バイセクシュアル	あり	なし	40代	大学卒	40代	20代
2007.6	渋谷（父）(19)	息子：ゲイ	あり	なし	50代	大学卒	40代	10代 (高校生)
2007.8	豊嶋（父）(20)	息子：ゲイ	あり	あり	70代	専門学校卒	60代	20代
2007.9	品川（父）(21)	息子：ゲイ	あり	なし	50代	大学院卒	50代	10代 (高校生)

注

（9）倫理的配慮から一部のデータを使用しなかったため、分析対象となった男性関連のインタビューデータは実際の協力者数よりも少なくなっている。
（10）現在直面しているカップルとしての生きづらさや、それぞれの親・きょうだいとの間の葛藤を聞くことができるという面で、カップルインタビューのデータは貴重だといえよう。
（11）インタビュー調査とは、調査者の前でセクシュアルマイノリティとしての語りを要請する行為であり、そのようなストレスのかかる状況をいとわない人が応じるものである。異性愛規範社会での悩みが大きい人や異性愛規範と性別二元論から影響をうけた言葉では自分のセクシュアリティを語りえない人も、本調査ではひろいあげることは難しい。「本当に大変な経験」圧倒され、言葉を発することができない状況（宮地 2007）にある人々に想像力を働かせながら調査を進めた。
（12）江川さんは一回目のインタビューから、二回目のインタビュー実施までの間、父親にカムアウトしていた。上野さんと江川さんは、二〇〇九年一二月はカップルとしてインタビューに応じてくれた。二〇一一年二月に再度、カップルでのインタビューの依頼をしたが、応じたのは江川さんのみであった。
（13）佐々木さんの場合は、親にははっきりと伝えていない。しかし、母親から何度か確認され否定しなかった。父親には母親経由で伝わっていたようだが、これもいつのことかは分からないという。ただ、中学生から女性と交際しているのでそれ以降であるのは確かである。
（14）西さんが、先にカムアウトしたのは父親であった。その父親から母親には言わないよう口止めされていたが、西さんが知らない間に父親本人が妻に伝えていたようである。その時期ははっきりしていない。
（15）現場では、自称するセクシュアリティを決めていない、言わない人を〝クウェスチョナー〟としていたので、和田さんの娘のセクシュアリティはそれに倣っている。
（16）二回目の二〇〇七年六月のインタビューは、夫のインタビューに同席する形となった。渋谷さんが二回目に話した内容と、一回目のそれとに変わりがなかったこと、他の家族の目に触れる可能性を含め、データ使用の了承をえたことから、プライバシー上問題がないと判断し、夫が誰か分かるように明記した。
（17）二〇〇七年三月のインタビューには息子も同席している。
（18）離婚後、別の男性と事実婚関係となる。なお、ゲイの息子の父親は元夫。
（19）妻が同席しているなかで、夫へのインタビューを行っている。
（20）夫婦でのインタビュー。なお、息子は病気で他界している。
（21）息子が同席している。

第Ⅱ部　子どもが経験するスティグマと対処

3章　友達への／からのカミングアウト

——可視性をめぐるジレンマと「ｏｔ会」の実践——

加藤さん：やっぱりあの…なんだろ、ストレート（注：異性愛者）の友達には、なんか「好きな人がいる」、で、「今どういう感じで進んでる」しか言えへんけど、ビアン（注：レズビアン）の友達とかセクマイ（注：セクシュアルマイノリティ）の友達には、なんか、なんだろう、なんか、もうちょっと詳細な、なんか、相談ができるとか。（異性愛者とセクシュアルマイノリティの友人との違いを聞かれて答えるバイセクシュアル女性）

「逸脱認定の社会学」（Conrad and Schneider 1992 = 2003: 68）を掲げ、さまざまな事象が「逸脱」と定義づけられていく社会的構築過程を分析したPeter ConradとJoseph Schneiderは、「逸脱」が、宗教上の「罪」、国家の成立以降は法による「犯罪」、産業化社会と共に発展した医療制度によって「病」とみなされる主要なパラダイムの変遷を整理している。同性愛も「罪」から「犯罪化」、そして治療対象となる「医療化」を経たが、現代西欧社会では正当な「ライフスタイル」として承認を求める当事者たちのクレイム申し立て（Kitsuse and Spector 1977 = 1990）によって、逸脱化の定義が挑戦をうけた。その結果、一九七三年には『精神障害の診断と統計のマニュアル』（Diagnostic and Statistical Manual of Mental Disorder, 通称 DSM）[1] から同性愛という診断名が削除されている（Conrad and Schneider 1992 = 2003: 379-91）。

一方で現在、同性間の性行為を犯罪とする法は日本にはない。[2] こうした日本の現状は、同性愛者に「寛容な日本」説の根拠としてよく持ち出される。風間（2013）は「寛容」を「他人に危害を加えないかぎりで、あなた自身の生き方をしなさい」（Mendus 1989 = 1997: 8）とする定義を用いて、同性愛を語る際に持ち出されるこの「寛容」が現代日本のホモフォビア（同性愛嫌悪）の一形態であると指摘する。彼が題材とするのは、「青春リアル」というＮＨＫのドキュメンタリー番組に登場したゲイ男性「サル」と、異性愛女性「かんちゃん」の一連のやりとりである。番組では、まず、一〇人前後の登録メンバーがそれぞれ関心あるトピックを番組のウェッブページ上の掲示板に書き込み、他のメンバーがそれに呼応する。その議論の一部が編集され、書き込みをしたうちの何人かにテレビカメラによる取材が行われ、テレビ番組として放映される（風間 2013: 102）。

サルは、男性の親友にカムアウトした後に感じた「違和感」を掲示版に書き込む。それは、カミングアウト後に親友に「同性愛者だからって何も変わらないよ」と言われて嬉しかった一方で、サルが好みの男性の話をすると親友が「よくわからないから…」と押し黙ってしまう中で感じたものである。親友は、好きな女性とはどうしたら付き合えるか聞いてくる。しかし、サルの同性の好みについては耳を閉ざす。親友を次第に避けるようになったサルは、「でも、『何も変わらない』なら、なぜ僕や仲間の多くが異性愛者と深くかかわるのを避けているんでしょうか」と問題提起したのだった。対するかんちゃんは、「サルが同性愛者と聞いても驚かない」と同性愛への「寛容」な態度を示しつつ、親友の立場を「同性愛者って受け止めるだけで、精一杯な時に、いきなり自分の分からない話をされても、余計に受け止めるのが難しくなっちゃうよ」とサルの親友を擁護し、サルはその話題を持ち出すべきではなかったと答えている（*ibid.*: 102-4）。

風間は、親友とかんちゃんの意見の中に「男性同性愛者が性的な嗜好[3]を語ること」に、「寛容」の臨界があるとみなす。それは、「かんちゃんが引いた境界線の内側、すなわち好みの男性の話をしないうちは寛容な態度を示すが、それを超えたときには一転して受け止めがたいことが示され、不寛容な態度」（*ibid.*: 105）が取られたことを根拠にする。好みの男性の話を拒否する親友、そしてその話を、サルがするべきではなかったというかんちゃんの態度は、境界を設定する権力をこの二人が持っていること、すなわちサルと二人の間に非対称的な関係性があることを示しているのだ（*ibid.*: 106）。

風間が引用したDennis Altmanは、寛容する／される側に潜む関係性をこう述べる。

> 寛容《トレランス》と受容《アクセプタンス》の差異はとても大きい。というのも、寛容は優越した者から劣った者に対して与えられるものだからである。ある人が「彼は寛容だ」と語るとき、われわれが理解するのはその人の見解の内容ではなく、社会的位置についてである。このような態度は他者に対する憐れみ——憐憫は今日の社会において同性愛者に示される感情のなかでも支配的なものになった——であり、等しく正当なライフスタイルとして受け容れる受容とは大きく異なるものである。（Altman 1971 = 2010: 55）

その後、「異性愛者とは違う人間であることをわかった上で、関係性を築いていけるか考えて」とサルに求められたかんちゃんは、「カミングアウトされた瞬間、気持ち悪いと思ってしまう。…深く考えたこともないのに知っているつもりになっていた」と正直な気持ちを告白する（風間 2013: 109-11）。このように一見何気ない友達同士のやりとりを規定する「寛容というホモフォビア」の析出が風間の目的であり、その後の二人の関係性やサルの異性愛者に対する考え方の変化は触れられていない。だがここに、ＬＧＢの生活を保障しないが法的に罰しもしない日本社会で、かれらの生きづらさを捉えるヒントが隠されているように思われる。

外見からはスティグマを付与されにくいＬＧＢは、カムアウトをするかしないのか考え、カムアウトした相手との関係を維持したり、再構築したりする。本章はＬＧＢの生活世界にわけいり、かれらの日本社会での問題経験を浮かび上がらせると同時に、かれらの生きづらさを改善する手立てになりうる、ＬＧＢと異性愛者が紡ぐ関係性について考察してみたい。

では、以下の構成を述べよう。まず、Goffmanのスティグマ論をはじめとする先行研究を検討し、問題の所在を明確にする。分析に先立ち、私と協力者の関係性を明示し、語りのえられた背景を紹介しておきたい。その後、ＬＧＢへのインタビューデータと、ｏｔ会への参与観察データを順に検討していく。インタビューの分析では、異性愛者との間でＬＧＢが日々経験している可視性をめぐる困難に着目し、ｏｔ会以外の日常生活において、ＬＧＢが異性愛者とみなす人々にどのような想いを抱いているのかを析出する。これを踏まえ、日常生活とは異なるリアリティが構成されるｏｔ会での異性愛者とＬＧＢの対面的相互行為に着目し、ＬＧＢが異性愛者に対する像をどのように変化させ、さらに、両者がそうした相互行為から何をえているのかを考察する。

注

（1）ＤＳＭは病院のカルテに使われ、精神科医、保険会社や関連する官僚組織の標準的なレファレンスとなっている。一九五二年のＤＳＭ初版は同性愛に関する直接的な言及はなかったが、一九六八年の第二版には「性障害」の下位分類として同性愛が記載されていたが、ゲイの活動家グループが、アメリカ精神医学会に同性愛は精神障害とはみなしえないという証拠を提出し、一九七三年には「性志向障害」（edo dystonic homosexuality）のカテゴリーに置き換えることを残し（Kitsuse and Spector 1977 = 1990: 30-3）、一九八七年の再改訂版（DSM-Ⅲ-R）において、edo dystonic homosexuality の診断名もなくなり、同性愛はＤＳＭから姿を消すことになった（石田 2008: 12）。

（2）日本でも、同性愛者を中心としたグループの活動を受け、同性愛を「異常性欲の一種」としていた岩波書店出版の『広辞苑』が一九九一年に、同じ項目を「同性の者を性的愛情の対象とすること。また、その関係」に修正している。日本では同性愛は専門家による治療対象とみられるよりも（稲葉 1994; 稲葉・Kimmel 1995）、むしろ、「変態」として語られる言説が多いと指摘されている（赤川 1999; 古川 1996, 1997; 杉浦 ; 2005）。日本の男性同性愛と、男らしさ、女らしさのジェンダーの変遷については、前川直哉（2010）が詳しい。

（3）「どの性別を好きになるか」の性的指向ではなく、「どんな異性・同性が好きか」という話題であるために、性的嗜好の漢字が使われている。

1節　ＬＧＢと異性愛者に関する研究

はじめに、ＬＧＢが生活世界においてどのような自己を他者に対して呈示しているかを論じるため、Goffman のスティグマ論を検討する。次に、異性愛者に関する先行研究を整理する。これらの作業を通して、ＬＧＢを含むセクシュアルマイノリティと異性愛者の対面的相互行為を分析する本章の方針を示す。

1項　ゴフマンのスティグマ論とパッシング

Goffman が男性同性愛者を事例に論じているように、ＬＧＢはスティグマとみなされる指標——同性への性的指向——を潜在的に持つ者である。見た目ではわからないスティグマ者と「常人」——「当面の期待から負の方向に逸脱していない者」（Goffman 1963 = 2003: 19）——が「同一の〈社会的場面〉にある場合、すなわち双方が直接相手を目のあたりにしている場合」（*ibid.*: 30、傍点引用者）の、スティグマ者側のアイデンティティ管理を Goffman は論じる。彼は精神疾患の病歴のある人がその情報を隠すこと等を例に、自分についての偽りの仮定に基づいた処遇を人から受け、自分でもそれを許容する「パッシング」という印象操作を考察している。これは「まだ暴露されていないが

〔暴露されれば〕信頼を失うことになる自己についての情報管理／操作」（*ibid.*: 81〔　〕は訳注）であるとGoffmanはいう。

他方でGoffmanは、スティグマ者がパッシングしない二つの状況に触れる。一つは、同じスティグマを付与された「同類」を前にした状況、もう一つは、「正常」であるがスティグマをもつ人びとに同情的で、かれらに受け容れられている「事情通、わけしり」との交流場面である（*ibid.*: 55）。つまり、他の状況ではスティグマとみなされうる社会的指標が、両場面では否定的に評価されないため、人はパッシングの必要性を感じなくなることをGoffmanは指摘しているのである。

以上のようにGoffmanは、スティグマ者側からの印象操作を描写しているが、スティグマ者がパッシングをしない対面的相互行為を具体的に論じているわけではない。そこで、Goffmanが潜在的スティグマ者の事例としている同性愛者と、常人である異性愛者の関係を扱った先行研究を検討してみよう。

2項　異性愛者の研究

異性愛者以外が存在しているという前提のもとで「異性愛者」という名付けが可能となる。むしろ、社会でマジョリティとされる人物は、自らのセクシュアリティが「異性愛」と表現されることさえ知らずに過ごしている。つまり、かれらのセクシュアリティは当たり前、名付けるほどもないものとして無徴化しているといえよう。このように自らのセクシュアリティを意識することなく生活している人物を、上野千鶴子は「慣習的異性愛者」と呼んでいる（上野 1997）。

こうした慣習的異性愛者を、セクシュアルマイノリティは《ノンケ》と呼ぶ。この言葉はある人物が同性愛かと「疑われ」、「お前はその気があるのか」とからかわれる現象を逆手にとったもので、セクシュアルマイノリティをからかう人物を、その気がないという意味で《ノンケ》と表現している。「どうせあの人、ノンケだよね」のように、《ノンケ》にはセクシュアルマイノリティ側から異性愛者を突き放す意味が込められることが多い。

慣習的異性愛者が知人からカミングアウトされ、身近にいるセクシュアルマイノリティに気づき、変容していく様を捉える先行例に〝ally〟の研究がある。〝ally〟とは同盟者を意味し、セクシュアリティではマジョリティでありながら、セクシュアルマイノリティを擁護する異性愛者を指す言葉として英語圏で使われるようになった（Ji, Du Bois and Finnessy 2009: 402）。例えば、セクシュアルマイノリティと異性愛者が共に参加するGay-Straight Alliance（ＧＳＡ）という、米国の学生サークルの事例研究がある。Maria ValentiとRebecca Campbellは、ＧＳＡの顧問となったallyへのインタビュー調査から、かれらが1）セクシュアルマイノリティの若者を守ろうとする姿勢をもち、2）セクシュアルマイノリティやかれらの抱える課題と個人的つながりを持っていると指摘している（Valenti and Campbell 2009）。日本のセクシュアルマイノリティのコミュニティ周辺でも、かれらの活動を支援する異性愛者は、《アライさん》と呼ばれている（木村 2012、三部 2012a）。さらに、ＳＨＧ研究の視座からは、非当事者が加わる社会運動のあり方が検討されている（本郷 2011、三部 2012a）。

先行研究を踏まえ、本書では中立的な概念として「異性愛者」、自らのセクシュアリティを意識したことのない人物を「慣習的異性愛者」、慣習的異性愛者に対するセクシュアルマイノリティからの呼び名として《ノンケ》を使用する。《アライ》は、異性愛者としてセクシュアルマイノリティの支援に関わる人物を指す。

3項　リアルな対面的相互行為の分析へ

身近なセクシュアルマイノリティに気づくことで、異性愛者が変化するというallyの先行研究は、セクシュアルマイノリティが身近にいるというリアリティを介して、異性愛者が自己変容を経験する側面を指摘している。

Goffmanの議論から、右記の変容が可能となる場面を考えてみたい。彼は「対面的相互行為」のうち、「人々が、互いに相手と身体的に直接的に居合わせる場合におきるあるタイプの社会的配置」を「出会い」と位置づけ（Goffman 1961 = 1985: 4）、「共同作業などにおいて一時のあいだ、認知的および視覚的注目を単一の焦点に向ける人びとが、その持続を事実上同意するときに成立」する行為を「焦点の定まった相互行為 focused interaction」（*ibid.*: ii）としている。この「焦点の定まった相互行為」においては、「他人と何かに共同して投入でき」、「個人が注目することによって構成されたリアリティが強化」（*ibid.*: 80）されるという。

以上、出会いという対面的状況のリアリティがもたらす、異性愛者とセクシュアルマイノリティの変容の分析という本章の課題を明確にした。次より分析材料となるのは、ＬＧＢへのインタビューと、ＬＧＢを含むセクシュアルマイノリティがパッシングの必要性を感じないセルフヘルプグループ（以下「ＳＨＧ」）ｏｔ会の実践である。

2節　ＬＧＢへのインタビュー調査とｏｔ会への参与観察

具体的な分析に先立つ本節で、ＬＧＢへのインタビュー、参与観察までのプロセスを明記し、調査地で築いた私と協力者の関係性について触れておきたい。

1項　インタビュー調査

私はインタビューに協力してくれそうな人を求めて、関西を中心に活動をする虹の会とｏｔ会へアプローチした。両グループには交流があり、虹の会は異性愛者の親のために作られたＳＨＧであるが、セクシュアルマイノリティも常にかかわっていた。虹の会に参加したことのない人たちからも話を聞くために、セクシュアルマイノリティ向けイベントで依頼書を配布し、関連団体の事務所に依頼書を置かせてもらい、関東在住のセクシュアルマイノリティへも調査を実施した。

調査開始時、私は自分のセクシュアリティを積極的に開示しなかった。協力者とのやりとりのなかで私の〝立場〟、より明確に言えば、〝セクシュアリティ〟を問うメールを受け取ったこともある。当時私は女性と交際していたので、そのように返信している。話の内容から、もしかしたら私を異性愛者と想定していると感じたときもあったが[4]、調査後にインタビューの記録をつけている時にそれに気づくことが多かった。これから述べるように、ｏｔ会の主催者に出会った時、私は自分のセクシュアリティを話していたので、ｏｔ会を経由してインタビューに協力してくれた人のほとんどは、私のセクシュアリティを認識した上で語っていたと思われる。調査協力者の表は2章をご参照いただきたい。

2項　ｏｔ会への参与観察

ＳＨＧは、共通の問題を抱えた人たちが専門家集団の力を借りずに自主的に結成する、自分自身の問題を自分自身で解決するための集まりであり（岡 1988）、メンバーには一定の同質性が求められている。ｏｔ会はある二〇代のレズビアンのカップルが、〝レズビアン同士〟で語り合う〝シェルター〟として始めた点で、ＳＨＧの性格を備えている。当初は異性愛者の参加は見込まれていなかったが、レズビアンだけの話し合いの〝行き詰まり〟を避けるため、様々なセクシュアルマイノリティへ門戸を開き、そうした友人から誘われた異性愛者が参加するようになっている[5]。会の趣旨は、こうして集まった〝みんなが仲良く〟なるための場を作ることである（FN200707）。

私がｏｔ会主催者の女性カップルと初めて会ったのは二〇〇七年三月の虹の会定例会で、一から二ヶ月に一度開かれるｏｔ会の定例会へ参加するようになったのは、二〇〇九年六月からである。その経緯は次のようになる。

修士学位論文（三部 2008）や博士課程進学準備のため調査を休止した後、私は二〇〇九年四月の虹の会定例会でｏｔ会主催者に再会する。その日、私は会場入り口近くに設置された受付で、刷新された虹の会パンフレットを配布用に折り込む作業と、来場者の受付を手伝った。その際、スタッフから許可をえて、机上に「インタビュー調査ご協力のお願い」（資料2）[6]を置かせてもらった。定例会終了後、依頼書を見たｏｔ会主催者の一人から、〝ｏｔ会のメンバーに（インタビューを）頼めると思うんで、ｏｔ会に来てください〟（FN200904）と誘われ、連絡先を交換した。主催者というキーパーソンの仲介によって、前項で述べたようなｏｔ会関係者へのインタビューを実施することができたのだった。

インタビューを続けながら、虹の会でみかけたｏｔ会メンバーの仲の良さを見て、私は徐々にｏｔ会がどんなグループなのか、かれらはそこで何をしているのかと興味を抱くようになっていった。虹の会定例会で出会うたびに、かれらから私はｏｔ会の定例会や、飲み会、茶話会へ誘われた（FN200906）。時には、筆者が関西に来るタイミングにあわせ——〝三部会〟と称し——主催者がメンバーを集め、ゲイバーなどがあつまる地域で飲み会を開いてくれたこともあった。やがて私は、大阪、東京で開かれるセクシュアルマイノリティのための街頭パレード、ＨＩＶ／ＡＩＤＳ予防啓発イベントにメンバーと参加したり、虹の会の運営やイベントの手伝い等をするようになった。

ｏｔ会と私はこのように様々な場で付き合いを続けてきたが、4節ではフィールドノーツがよく整理された、定例会での語り合いを中心に分析を進めたい。

注

（4）私は調査地で使われる言葉の知識を調査前から持っていたが、インタビュー中、ある女性は〝ビアン〟は「レズビアン」を表すことなど、フィールドで使用される用語の意味を丁寧に解説してくれた。おそらく彼女はインタビュー中、私を異性愛者だと思っていたと考えられる。

（5）ｏｔ会にはトランスジェンダーや、性欲や恋愛感情が希薄なアセクシュアルも参加者している。本書ではＬＧＢ、トランスジェンダー、アセクシュアルも含めて、「セクシュアルマイノリティ」と表記する。

（6）当初はトランスジェンダーも含めたＬＧＢＴへの調査を計画していた（資料2-1）。しかし、性別違和感と性的指向の問題経験に違いがあると考え、途中でインタビューの調査対象をＬＧＢに絞っている（資料2-2）。

3節　可視性をめぐる綱引き――インタビュー調査から

本節からインタビューデータを検討し、日本のＬＧＢたちが不可視化されている状況と、かれらが異性愛者に対して固定化した像を抱くプロセスを析出する。次節で、異性愛者も参加するｏｔ会での対面的相互行為の分析に移る。これらの作業を通して、異性愛者の固定化しているイメージが、対面的相互行為を通してどのように変容するのか、セクシュアリティの〈マイノリティ〉と〈マジョリティ〉の関係がどのように変化しうるのかを論じる。

1項　「異性愛者」に対する否定的イメージ――パッシングの息苦しさと説明責任の負担

ＬＧＢたちのインタビューからは、1）スティグマが潜在的であるがゆえに経験する他者からの否定的言動、2）パッシングをした後の罪悪感、3）性的指向が顕在化したときに、他者に対して説明しなければいけないかれらの負担感がみえてくる。

外見では判断できないゆえに、かれらは身近な人が発するセクシュアルマイノリティを否定する発言に遭遇する。男性協力者は〝女の腐ったの〟（西さん）、〝ホモ〟（曽賀さん）等とからかわれ、いじめを受け、性的指向を隠す学生生活を振り返っていた（下田さん、瀬川さん、波平さん）。

他者からの否定的評価を避けるため、ａ）性的指向を周囲に言わないことによるパッシング、ｂ）自己を「異性愛者」と周囲に呈示するパッシングが語られていた。バイセクシュアル女性の太田さんは、知人のゲイ男性と〝偽装結婚〟を計画していた。相手の親から仕事を辞めるよう求められ、〝嘘の結婚〟でそこまですることはないと結婚には至らなかったが、結婚する予定だと伝えた職場ではもう〝疑われることはないだろう〟と、〝変に安心した〟と話している。

以上のような異性愛者としての自己呈示をＬＧＢたちは〝嘘〟（下田さん）と表現し、〝嘘〟を重ねることが辛いと話す。Goffmanがいうように、告白をしない「罪悪感」（Goffman 1963 = 2003:133、153-55）は、ＬＧＢたちを常人である異性愛者から遠ざけていく。

こうした状況を打開するために性的指向の他者への開示――カミングアウト――がなされる。しかし、これは性的指向がスティグマとして顕在化する恐れを伴う。バイセクシュアル女性の阿部さんとレズビアンの甲田さんは、カムアウトしたにもかかわらず、相手から恋愛対象がつねに男性に置き換えられること、一時的なものだとされることに触れている。二人とも、セクシュアリティを相手に何度も説明しなければならない人間関係は〝めんどくさ〟いだけでなく、〝わかって〟もらえない感覚に襲われると話す。他にもカミングアウト後の〝ノンケ〟の反応として、男性から〝治してあげる〟（上野さん、江川さん）と言われる、同僚の女性に言い寄っていると勘違いされて、その女性が交際している男性に殴られる（甲田さん）、ゲイは男性であれば誰でも性的対象にするとみなされる（津山さん）、会社の就業規則で配偶者と同性パートナーが同等に扱われない（佐々木さん）等が言及されていた。レズビアンの井上さんは、カムアウトした男性に性生活を詮索され、常に性的な存在のように見られたことから、異性愛者に〝もう期待しません。期待すると裏切られるから〟と語っていた。意を決してカムアウトしても、伝えたいことが伝わらない。時には見当違いの解釈をされる。しかし、説明をしなくては、伝わることもないから説明をするという説明責任の負担がここに表われている。可視化、不可視化のいずれにもリスクと負担がある。こうした可視性をめぐるジレンマをＬＧＢは日々経験しているのである。

2項　〈あっちの世界〉と〈こっちの世界〉——〝ノンケの話が消える〟場へ

セクシュアルマイノリティに否定的な言動をし、カミングアウト後に不快な反応をする他者への意味づけは、《ノンケ》という言葉に集約されている。他方、こうした〝ノンケの話が消える〟（津田さん）場として立ち現れるのが、ゲイバー等の〝こっちの世界〟（津田さん）である（北村さんも同様の語り）。

森山至貴（2012）はゲイ・バイセクシュアル男性へのインタビュー調査から、かれらが「こっち」と名指すことで、ゲイコミュニティが出現する様を析出する。さらに、石丸径一郎（2008）はダイアリー法[7]による調査で、ＬＧＢ同士での気のおけない付き合いを、かれらが「こっちの世界」と呼び、「ノンケ」との日常生活を「あっちの世界」と形容することに着目している。本書もこれらの分類にしたがって、セクシュアルマイノリティであることがスティグマとなりうる場を〈あっちの世界〉、セクシュアルマイノリティであることが直ちにスティグマ化されない場を〈こっちの世界〉と概念化する。

インタビュー協力者たちは、〈こっちの世界〉では〝悩むところの観点が一緒〟（久保さん）の人びとと、〝会話を通して安心できる〟（寺田さん）と話す。この〈こっちの世界〉からみる〈あっちの世界〉は、ＬＧＢたちにとって生きにくい場として写る。しかし、二つの世界に生きるＬＧＢたちは、異性愛者に理解されないことが必ずしも良いことだとは捉えていない（石丸 2008: 84）。

友人や家族にカムアウトした後も、実家がある地元に住んでいるレズビアンの坂上さんは、異性愛者の男性の友人について、〝結構何年もかけて話してきて、親とおんなじで、理解はできないし、したくもないんだけど、○○（坂下さんのニックネーム）が言いたいことは分かるよっていう感覚まで持ってこれて。で、そのうちの一人は、本当に理解できてると思う、理解できてるというか、近づいてくれてる常に〟と触れている。では、このような異性愛者とLGBとの良好な関係性は、どのようにして実現するのだろうか。

注

（7）ダイアリー法とは「質問紙法のような一時点のみの記入とは異なり、ある一定の期間にわたって日記のような冊子を携行してもらい、その期間中に複数回の記録をしてもらう方法」（石丸 2008: 61）。

4節　セクシュアルマイノリティのSHGの実践——参与観察から

LGBたちは、可視化に伴うスティグマのリスクと、不可視化による〝嘘〟をついた罪悪感の板挟みのなか、〈あっちの世界〉を生きている。本節では、LGBたちがこうした可視性をめぐる綱引きをせずに済む〈こっちの世界〉を舞台にした、異性愛者とセクシュアルマイノリティの対面的相互行為として、ｏｔ会定例会における語り合いを分析する。

典型的な定例会は、次のような流れで進む。一〇から三〇人ほどが集まって週末の夕方から会は始まる。定例会は関西にある男女共同参画関連施設や、セクシュアルマイノリティ向けの貸し会議室で開かれる。セクシュアルマイノリティの参加者たちは、〈あっちの世界〉では話しにくい悩みや、同性との恋愛話等の自己体験を話し、休憩を挟み夜の九時頃まで会は続く。参加者は大学生と、大学卒業後数年経過した関西在住の二〇代の年齢層に偏りがみられる。職業はさまざまであるが、プライバシー保護のために記さない。

私は参与観察時に研究目的であることを伝え、ｏｔ会から許可をえてフィールドノーツをとらせてもらった。分析では、対面的相互行為のリアリティを提示するため、定例会での参加者同士の語り合いをフィールドノーツから引用しながら考察を進める。なお、表記は次のようにしている。「レズビアン」はL、「ゲイ」はG、「バイセクシュアル」はB、「異性愛者（ヘテロセクシュアル）」はH、セクシュアリティが曖昧、もしくは決めない人である「クウェスチョナー」はQ、性自認と身体の性が一致しない「トランスジェンダー」はTで表し、その後に続く大文字アルファベットは「女性」、小文字アルファベットは「男性」を意味する。(8) 引用部中の（　）は、前後の文脈をわかりやすくするための筆者の補足で、（（　））は語り以外に確認できた補足情報である。

1項　異性愛者からの問いかけ――非対称性の自覚と対話

前節で示した〈あっちの世界〉の《ノンケ》批判を、〈こっちの世界〉のｏｔ会でセクシュアルマイノリティたちは繰り広げる。

LBさん：会社って「ホモレズ《ママ》話(9)」大好きだよ。飲み会でも、うちの社長とか言うもん。独身の男の人に向かって、「おまえ、これか～」って（（手の甲を内側にして頬の横にかざす））。（（私は））遠くの席に座ってたけど、それ聞いて私「良いんじゃないですかー‼」って言って。（（その場は））シーーン。私はこうして場を凍り付かしてる。そしたら慌てて（（社長が））「俺の友達にもホモ《ママ》おるわ」って。このヘテロ（注：ヘテロセクシュアル）たちと、分かち合える訳がない。

〈あっちの世界〉の異性愛者が非難される定例会で、異性愛の参加者たちはセクシュアルマイノリティたちとどのような会話をかわすのだろうか。次は、初参加の異性愛女性の質問から生じたやりとりである。

ＨＪさん：まわりの友人から聞かれて傷ついたことは何ですか。私は当事者じゃないのでー、何気に言っていることで傷つけていることがあったら…。
ＬＢさん：あるっ！
ＢＣさん：（ＬＢさんを見て）怒ってるぅー。
ＬＢさん：「私〜、そういうの差別心ないけどな」から始まる。
ＱＡさん：差別（心）あると言われてのと同じやな。
ＬＢさん：「自分は差別心はないよ」ってなんでわざわざ言うの？

こうして、異性愛者の参加者たちはそれまで知りえなかったセクシュアルマイノリティの苦悩と、それをもたらしうる異性愛者の立場性に気づくことになる。さらに、ＬＧＢたちの語りから異性愛の参加者たちは、〈あっちの世界〉でカムアウトする対面的状況の恐怖を知ることもできる。

ｏｔ会メンバーは、同性愛者への差別反対運動の一環として、「アイダホ」（IDAHO）[10]にかかわっていた。メンバー数人が街頭でセクシュアルマイノリティとして生きてきた体験を話すなか、ゲイ男性のＧａさんは緊張のあまりみんなと同じようには話せなかった理由をこう述べている。

Ｇａさん：「ちょっとでも気持ち悪いと思われたらどうしよう」って、本人（注：聞いた相手）がどう思っているか関係なく。精神的にダメージが怖い。みなさんがアイダホに参加してマイク持っていろんなことをしゃべるなか、私も（話すことを）紙にまとめてきたの。でもまったくマイクを握れない。（通行人に）「何？」っていう目で見られたら、そういう想像しかできない。私、何が言いたいのかしら。自分でも認めてるけど、外に発信するとき、「変」、「気持ち悪い」と感じられたらどうしようと思って、外に出せないの。

Gaさんの話を聞いていた異性愛男性のHdさんとHeさんは、こう応じている。

Hdさん：ここに参加してる自分の友達、「おまえゲイやん？」「ホモ《ママ》」ってお笑いを取ろうとする子もおって、前は何も思わんかったけど、こういう風に参加するようになると、複雑な気持ちになった。本人たちは重くはとってないかも、冗談で、軽く言っている。けど、当事者？　当事者っていうのかな？　実際の人らに言わしたら、傷つくんじゃないのかなぁ。「下手に言ってしまったら傷つけるかも」と思うと。
Gaさん：（おネエ言葉で）いいわヨーー!!（絶叫）
Hdさん：（Heさんと肩を組んで）俺ら異性愛者やん？　ここだけじゃなくて、どんどん広げていこうぜ、みんなのこと。
Heさん：架け橋が必要、社会を変えていくため。
Hdさん：絶対そうー。ひとつ言いたいのは、（異性愛者の）みんながみんな（セクシュアルマイノリティを）気持ち悪いと思ってない。そういうのは一部。みんなそんなに重く捉えてない、（異性愛者にも）こういう人もおるんやと知るのが大事やと思う。

〈あっちの世界〉でセクシュアルマイノリティを傷つける《ノンケ》とは異なる異性愛者がいることを、異性愛参加者たちがここで身をもって示す。かれらは友達の中に介在する非対称性をみつめ、セクシュアルマイノリティたちの〈あっちの世界〉での苦悩に耳を傾ける。こうして異性愛者とセクシュアルマイノリティが、それぞれに対する固定化したイメージを修正した先に、対話可能性を見いだすと考えられる。

Tさん（FtM）：感覚的に理解できないけど、共通、共感できる場があれば（いい）、マジョリティ、マイノリティ（で別れる）だけの場じゃなくて。お互いに雰囲気で話してしまうところもあるかな。友達の話でヘテロに対して「ヘテロはこういう人」って勝手に作ったイメージに対して怖がったり、驚いたりしているのって（ある）、向こうも同じ。一人一人じゃなくて、同性愛全体に対していろいろイメージしちゃって、困ったりしてるのではないかなーて思って。異性愛という性質、同性愛という性質もあるけど、一人一人としてつながっていけたらと。

職場でカムアウトしているバイセクシュアル女性のBMさんは、異性愛の参加者たちがセクシュアルマイノリティを〝傷〟つけないようにする様子を見て、次のように話している。

BMさん：会社でカムアウトしてても深く話してはいない。Hd君の話を聞いていてマジョリティとの対話を、どうせ傷つくからって私自身拒否していたところがあったかもしれないと気づきました。セクマイ（注：セクシュアルマイノリティ）のこと一緒に取り組みたいという人たちと出会っていく中で、ヘテロの人が支援するのではなく、一緒に、ヘテロがセクマイを知るというのはヘテロの人にとっても住みやすい社会になっていくんやな、友達が住みやすい社会は自分も生きやすい社会、話し合うの大切やなというシンプルなところに行き着きました。

こうしてセクシュアルマイノリティたちは、セクシュアルマイノリティに歩み寄る異性愛の参加者に、対話の意向を示すようになっていく。

2項　〈マイノリティ〉と〈マジョリティ〉の「転位」と「融解」

ｏｔ会において、異性愛者とセクシュアルマイノリティの参加者の非対称性が緩和される背景は、二つあると考えられる。一つはセクシュアルマイノリティの経験を異性愛者が「疑似体験」すること、二つ目に異性愛者の苦悩をセクシュアルマイノリティが知ることである。「疑似体験」を、会の中心的話題となる「恋バナ」から検討しよう。

ＬＣさん：どうしたら彼女とかできるのかな？
三部：素敵になることやな。
ＬＤさん：三部姉さん、厳しいな。
ＬＢさん：みんなどうですか、恋愛遍歴は？
Ｇｂさん：恋愛遍歴を言うの？（一同、爆笑）

〈あっちの世界〉では異性との恋愛が当然視されるのとは対照的に、〈こっちの世界〉では恋愛相手は同性が前提となる。さらに、ｏｔ会で異性愛者が少数派となる事例をみてみよう。

ＬＢさん：ヘテロ（注：異性愛者）ですか？
ＨＡさん：そーですね。よく分かんない。自分の話していいですか？

ここで、自分のセクシュアリティを明かさず話し始めた初参加の女性ＨＡさんは、レズビアンのＬＢさんからセクシュアリティを名乗るように促されている。つまり、〈あっちの世界〉では慣習的異性愛者として、自らのセクシュアリティが問われることもない人物が、定例会の場ではカミングアウトを強いられ、立場が「転位」しているのだ。異性愛者の参加者は、少数派の立場をこうして「疑似体験」することになる。次は、常連参加者の異性愛者女性ＨＬさんの語りである。

ＨＬさん：こないだ友達にカミングアウトされてびっくりした。結婚願望はないのは知っていたけど、女の子で彼氏がいたから、鈍感やった。異性愛者としてここにいるときは敏感になれるけど。日常生活ではみんな異性愛者だと思ってるから、まだまだ。（略）ここにいると自分がマイノリティで、気づいたら「あ、今同性愛が前提になってる」（〈他の参加者笑う〉）っていうときがあるし。前提が違うということを疑似体験させてもらってる。だいたいＢさんがフォローしてくださっているので。
ＬＢさん：セクマイじゃなくてもいいし、自分自身のことを話してもらえば、一人一人が違う人間でいいのよ。

異性愛者とセクシュアルマイノリティの参加者、双方の歩み寄りを促す二つめの背景に、自らの生きづらさを話す異性愛者の姿勢がある。先ほど登場した異性愛女性のＨＡさんは、セクシュアリティを問われ〝自分の話していいですか〟と確認した上で、遠距離恋愛中の男性から突如プロポーズされた違和感を話している。

ＨＡさん：結婚するだけでもお金がかかるし、その先に何したいかも分かってないのに。「愛があればいい」って（彼は言うが）「それでいいの?」って、そんなことを考えたときに、「なんで結婚っていう話になるのかな」と。「結婚しなきゃいけないの?」「結婚して子どもを産むのが普通と思っている自分ってなんなんだろう」って思って。家庭守るのってたぶん女の人、たいへんなのも女の人、考え出してもやもやして。

ＨＡさんの他にも、〝○□人（外国人）とのミックス〟〝母子家庭で育って、異父の三人きょうだいです。マイノリティとして生きてきました〟と語る男性、体調不良の親を心配する女性等、異性愛者の常連参加者の多くは何かしらの生きがたさを定例会で吐露する。セクシュアリティではマジョリティであるはずの異性愛者が、セクシュアリティ以外の面で抱える悩みを、セクシュアルマイノリティたちはここで聞くことになる。異性愛者が〝自分自身のことを話す〟ことで、参加者たちの間には説明する側とされる側という二項対立が揺らぎ、〈マイノリティ〉と〈マジョリティ〉の境界が「融解」する瞬間がここにみられるのである。

３項　〈こっちの世界〉内の多様性

「異性愛者」のなかはもちろん、「セクシュアルマイノリティとされている」点で同質性が求められる〈こっちの世界〉にも、それぞれ個人間に差異があるのは当然といえば当然なことである。しかし、メンバー間の同質性が求められるＳＨＧ内では、共通性――ｏｔ会ではセクシュアルマイノリティであること――に隠れた差異が、あまり意識されなくなることがある。ｏｔ会に参加した当初、異性愛者と自認していた女性ＱＺさんと、バイセクシュアル男性の田中さんを事例に、同質な空間でかれらが感じる他者との差異を考えてみたい。

ｏｔ会にかかわるようになってから、ＱＺさんは女性と交際を始めたという。彼女はそれまで自身をセクシュアルマイノリティと意識したことはなく、「ホモ」「レズ」ネタでセクシュアルマイノリティをからかう《ノンケ》側にいたと振り返っていた。会ではセクシュアルマイノリティへの嘲笑によって学生時代に傷ついた過去の体験への共感が、セクシュアルマイノリティの参加者に求められる。過去に同様の経験をしていないＱＺさんは、〝私はないの。気づいたのが遅かったから。みんなの持ってる壁がない〟と述べ、定例会で語られる内容全てには同意できない様子だった。

田中さんは、ゲイ向けのスポーツサークルに入っている。電車で移動中、おネエ言葉で大声で話す他のメンバーをみると、〝こっちまで、そうしたらええんかなっとか〟と〝しんどく〟なると言い、〝皆一緒って思われるのがいや。皆それぞれ生き方があるし〟と語っていた。異性愛規範的な〈あっちの世界〉から逃れた人々が、〈こっちの世界〉で新たに作った人間関係において、同じような振る舞いを求める圧力を感じている。同質の経験を元にする〈こっちの世界〉への参与基準は、ときにＬＧＢへの同化圧力に転化する。

セクシュアルマイノリティ内の多様性は、それぞれのライフストーリーの違いも内包している。悩みの共有を求めた〈こっちの世界〉でも、互いに完全には分かりあえないと気づくことは、セクシュアリティが異なるからといって、異性愛者とセクシュアルマイノリティが相互に歩み寄りができない訳でもないことを逆照射する。

注

（8）私は本人の自認を重視しているが、本人が名乗らなければ外見ではセクシュアリティはわからない。調査者である私からみたその場の容姿で、「男」か「女」かを判断している点をお断りしておく。なお、トランスジェンダーで男性から女性へと性別を移行する人物を「ＭｔＦ」、女性から男性へと性別を移行する人物を「ＦｔＭ」と表記する。

（９）「ホモ」や「レズ」という言葉は、〈あっちの世界〉では同性愛者の蔑称として使われる場面が多いことから、異性愛者とみられる人物がこの言葉を使うことを、セクシュアルマイノリティたちは好ましく思っていない場合が多い。

（10）IDAHOとは「国際反ホモフォビア・デー（International Day Against Homophobia）」の略称。毎年五月一七日に、世界各国で反同性愛差別を掲げてさまざまなイベントが行われている。日本で組織的イベントが行われるようになったのは、二〇〇七年からである。ちなみに、五月一七日は世界保健機構の精神疾患リストから「同性愛」がなくなった日とされる（「やっぱ愛ダホ！」http://yappaidaho.blog.shinobi.jp/ 二〇一四年二月二七日閲覧）。

小括

本章の目的は、潜在的スティグマとなりうる性的指向をＬＧＢがパッシングせずに済む、ｏｔ会での〈マジョリティ〉と〈マイノリティ〉の対面的相互行為から、両者の関係性の変容を検討することにあった。変容を記述するため、まずはＬＧＢたちが日常生活で異性愛者に抱くイメージをインタビューデータから析出し、ＬＧＢたちが〈あっちの世界〉の可視性をめぐる葛藤のなかで、異性愛者に良くない印象を抱いていることを明らかにした。しかし、否定的な異性愛者像は、ｏｔ会における異性愛者参加者との対面的相互行為を経て変化し、対話の出来る一人の人物として認識されるようになっていたのである。

異性愛者とセクシュアルマイノリティ参加者の対話の糸口を紡ぐｏｔ会には、二つの相互行為上の特徴があると考えられた。一つは、〈あっちの世界〉で少数派であるはずのセクシュアルマイノリティが多数派となり、多数派であるはずの異性愛者が少数派となる「転位」である。「転位」は、異性愛参加者にセクシュアリティの面で〈マイノリティ〉となる「疑似体験」をもたらす。さらには、多数派であるはずの異性愛参加者がセクシュアリティ以外での生きづらさを語ることで、セクシュアルマイノリティたちは異性愛者の別の側面をうかがい知ることができたのである。〈マジョリティ〉の異性愛者、〈マイノリティ〉のセクシュアルマイノリティ間の境界が、ｏｔ会では「転位」や「融解」によってひき直され、消える契機が確かに存在する。その一瞬一瞬に、一人と一人の人間同士が対話する舞台が表れていた。

友人からのカミングアウトを拒絶せずに、セクシュアルマイノリティの友人とともにｏｔ会に参加する異性愛参加者は、もともと「理解」ある人たちかもしれない。だが、この限界を認識した上で残る本章の意義は、〈マジョリティ〉と〈マイノリティ〉というカテゴリーを超えた対話の可能性であった。その対話の中で、性的指向はスティグマとして扱われていなかった。

しかし、対立するカテゴリーの「転位」や「融解」の契機に、対話の糸口があるという知見の一般化には、ある程度留保をつけなければならない。なぜなら、両者はまったく同じ地平に立ちえないからである。ｏｔ会での出会いをきっかけに、異性愛者とセクシュアルマイノリティの参加者が手を取り合うにせよ、〈あっちの世界〉では両者を分断する制度が現前とある。異性カップルであれば享受できる権利のほとんどは、同性カップルにはもたらされない。だからこそ、様々な立場の人びとが安心して対面的状況にいることができるｏｔ会のようなＳＨＧの存在意義は、未だ大きいのである。

本章では異性愛者とみられる友達へのカミングアウトをめぐって、ＬＧＢが悩んでいる様と、両者の歩み寄りの可能性をＳＨＧの実践から論じてきた。好ましくない異性愛者を《ノンケ》とカテゴライズすることで、ＬＧＢは自らの生きづらさを自分のセクシュアリティという個人的属性に帰属させず、異性愛規範社会の問題に変換することに成功しているといえるだろう。

Goffmanが、スティグマを付与される人物がパッシングをしない相手として位置づける「事情通」は、二つに分けられていた。まずは本章で考察した《アライさん》のように、1）「正常《ママ》であるが、このスティグマを持つ人々の秘密の生活《ママ》に内々に関与して、その生活に同情的」で、「ある程度〔彼らに〕受け容れられている」（Goffman 1963＝2003: 55）人であり、もうひとつは、2）「社会構造上スティグマに関係をもっている人」（*ibid.*: 58）となる、配偶者や親子などの家族である。

それでは、後者に対するパッシングの放棄、つまりカミングアウトはどういうときになされ、どういう意味が込められるのだろうか。次章からは、ＬＧＢ自身が友達と異なる集団と意識する、異性愛の定位家族にまつわるインタビューをとりあげ、分析を続けたい。

4章　親へのカミングアウト

西さん：「（きょうだいの）結婚が破談になるかもしれない」（と父親が言う）。別にお見合いでもないし家同士の結婚でもなんでもないただの恋愛結婚なんだけど、父親はそれが一番引っかかってたみたいで。（結婚するきょうだいのために父親に〝治せ〟と言われたゲイ男性）

これまでの研究で私が着目してきたのは、セクシュアルマイノリティが日本社会にいるだろうと他人事のように捉える認識と、かれらを身近な人間として捉えるそれとの間に横たわる大きな溝である。本章では、子どもの視点をたどる前に親の語りを少し紹介して、家族におけるセクシュアルマイノリティの不在を考えてみようと思う。

カムアウトされる直前まで、異性愛者である親たちは、子どもを「普通」、つまり、異性愛者として捉えていたため、「まさかうちの子が」となる。母親の堀さんは、娘からレズビアンだと伝えられた驚きをこう振り返っている。

堀さん（母）：びっくりしちゃって。あの、全然、「もしかして」なんて思ったこと一回もなかったんですよ。「ちょっとこの子変わってるかもしれん」とか、そんなんも一回も思ったことなかって、考えたらそやったんかもしれんなと思うけど、まあ、「そんなもんじゃろ」と思ったんで、とにかくあの、青天の霹靂っていうやつで、こっから先も思ったことなかったけん、「何、なにそれ？」って感じで、びっくりしたんだけど。

ここで、子どもの性的指向に気づかなかったかれらが、親として鈍感だということを言いたい訳ではない。改めて確認したいのは、「自分の家族」という身近な人のなかに、異性愛者以外は存在していないとする認識の強さである。この認識枠組みは、インタビューに応じた親たちだけが持っているものではないだろう。

私が大学でセクシュアルマイノリティについて教えるようになって驚いたのは、「異性を好きにならない同性愛者は、結婚ができないし、家族をつくれない」と学生たちが思っていることだった。この「同性愛は家族を形成できない」という思考方法は、息子からゲイだと言われた母親、豊嶋さんも持っていた。

豊嶋さん（母）：息子やった（か）ら、「あ、これでうちはもうここで途絶えてしまうんだ」と。「名前も」。

学生やこの母親が前提としている家族とは、異性愛者の男女が婚姻で結びつき、自然生殖による子どもの誕生とともに形成されるものである。ここに、家族という言葉と、異性愛の強固な結びつきを指摘することができる。さらに、興味深いのはゲイ男性の文章にも、「自分には家族を形成する機会を持つことも許されず」（小倉 2006: 499）と書かれていることである。

以上をまとめよう。まず、大多数の人々は、「自分の家族」にはセクシュアルマイノリティがいると想定していない。さらに、セクシュアルマイノリティは異性愛ではないから「家族を形成できない」とみなされている。こうした二重の意味において、セクシュアルマイノリティは家族という文脈において不可視となっているのである。

本章では、ＬＧＢが異性愛者の親との間での経験を、子どもの視点に沿って追っていく。1節では、親への可視化の契機となるカミングアウトからみる理解の葛藤を検討する。2節では、ＬＧＢの生活にとって親の存在が大きくなる場として、病院を舞台に考えてみる。3節ではとあるゲイ男性の事例を通して、ＬＧＢが置かれている日本社会の状況を描き出し、4節では親へ求める理解を相対化する実践について触れる。

1節　親に求める承認——カムアウトする／しない理由から

家族において同性愛が不可視ということは、セクシュアルマイノリティが産まれ育つ異性愛の定位家族の成員たちが、自分の家族の中にセクシュアルマイノリティがいるとは思わずに生活していることを意味する。ほかのマイノリティ集団と異なるセクシュアルマイノリティの大きな特徴は、大半の親・きょうだいは異性愛者であるため、定位家族と経験を共有できない点にある。

共有できないにもかかわらず——もしくは共有できないからこそなのか——セクシュアルマイノリティは、異性愛者の親に〝理解〟して欲しいという思いを少なからず抱いていることが、私がインタビュー調査をしているなかで感じてきたことである。インタビューで、親にカムアウトした理由としない（しなかった）理由を話してもらった。すると、反対の事象——カムアウトするvs.カムアウトしない——にもかかわらず、語られた内容があわせた鏡のようになっていることに気づいた。本節では、ＬＧＢが語る親にカムアウトする／しない理由から、かれらが家族に何を求めているのかを検討したい。

1項　母・親からの理解

異性愛の定位家族のなかで、不可視化されているＬＧＢたちは親へのカミングアウトにどのような意味を込めるのだろうか。語りのなかで大きな比重を占めるのが、親からの〝理解〟をめぐるものである。ＬＧＢは「親に理解して欲しかったからカムアウトした」とする一方で、「親に理解されないのでカムアウトしない」と話す。ここにおける「理解」は二つの位相をなしている。詳しくみていこう。

両親にカムアウトしたゲイ男性の下田さんは、親に〝自分を知って欲しかった〟と言い、カミングアウトの意味を問われてこう答えている。

下田さん：カミングアウトするっていうことは、自分を知ってもらうっていうこと。…自分を知ってもらうっていうことと、自分の、人生とか、生き方を知ってもらうことやと思います。（略）ま、自分を知ってもらう、本当の自分を知ってもらう。

逆に、定位家族の誰にもカムアウトしていないレズビアンの久保さんは、〝いつか言いたい〟と望んでいる。娘は異性愛者だと親が思っているままにしている理由を聞いたところ、〝本当の私じゃないけども〟と、彼女も〝本当の自分〟を認めて欲しい気持ちがあるからだと教えてくれた。母親へカムアウトしたゲイ男性の曽賀さんは好きな家族からの理解が、〝自分の中の礎〟を作ると話す。

曽賀さん：その人が理解してくれることが生死の境目になると。
三部：あーあーなるほど。

曽賀さん：まぁ、（家族の中で）一人でいいんやと思う。一人でいいんやと思う、たっちゃん（パートナーのあだ名）みたいに（注：パートナーの田中さんは、母親にだけカムアウトしている）。一人、自分が思う人、「この人が分かってくれてたらいい」っていう人が分かってくれてたら。それだけでやっぱり、自分の中で礎みたいになるん違うかな。

レズビアンの甲田さんは、心配や迷惑をかけたくないから親にはカムアウトしたくないと話した。私は、親はどういう心配をすると思うのかと問うと、甲田さんは〝本当の〟訳を話してくれた。

甲田さん：心配させたくないっていうのはすごい、いい子ぶってる意見で、本当のところは傷つきたくない。「おまえはレズ《ママ》か」って（母親に）言われたように（注：女友達を家に泊めた後に、母親に「レズか」と詰め寄られたことがある）「なんか気持ち悪いから、もうほんま、縁切る」とか、言わざるをえない親なんよ。私のイメージでは。分からないけれども。お母さんはだから、例えばだから、オカマ《ママ》と呼ばれるような人がテレビに出てたら笑って「気持ち悪いな」って言ったりとか、普通に平気でする人だし。もう、自分が正しいって思っていること以外の、正しいことっていうのは正しくないことだから、そこ、うーん、それをなんか、そこまでの、なんていう、リスク、やっぱリスクがあるから、カミングアウトするって、そのリスクをおかしてまで言うような状態にない。

同性への性的指向を個人から切り離すことができるのならば、親が性的指向を〝気持ち悪い〟と言っても、ＬＧＢが〝傷〟つくことはないだろう。ＬＧＢが親に性的指向への理解を求める、と同時に、拒絶されるのを恐れるのは、性的指向というセクシュアリティが同性への性欲や恋愛感情だけでなく、それを内包する総体としての〝本当の自分〟に連なっているからに他ならない。

かれらは自分だけでなく、親に同性パートナーの存在とパートナーとの共同生活も認めて欲しいという。ただし、パートナーは親へのカミングアウト後に予想されるリスクと天秤にかけられる。ゲイ男性の寺田さんは、昔、パートナーから同居しようと誘われたことがあるが、しなかった。その理由として彼は、一見すると接点のない年上男性との同居は、〝親に説明がつかないから〟だと話した。バイセクシュアル女性の太田さんは、親に〝ばれる〟ことを恐れ、女性パートナーとの同居が親に知られないようにそれぞれが別々の賃貸アパートを契約し、実際は片方のアパートで二人で生活していた。しかし、そんな太田さんも自分が入院したとき、献身的に看病したパートナーを〝親友〟とみて感謝する母親に、実は彼女は〝付き合っている人〟だと伝えたくなりカムアウトした。

太田さん：全部言ったけど、なんか、（母親は）無反応というか、あまりに、今から思うとよく言ったなと思うけど、あそこまで今は親に正直になるつもりはないけど、二〇代だったし、全部話したけど、それが実質カミングアウトなんやけど、まあ、母としたら、「あなたが幸せならそれでいいから」っていうふうな、ぎりぎり言ってくれたけど。（略）その時うちの母親がものすごい感謝を、私の彼女に「一晩中看病してくれて」（と言った）、だから「もう言ってもいいかな」って思って。

三部：あーそうかそうか「いい子やな」みたいな。

太田さん：「あれが。あれが、今付き合ってる人です」って言いたくなっちゃって、で、言った。

パートナーの存在が大きくなるにつれ、かれらは親にカムアウトする必要性を感じ始める。たとえば、バイセクシュアル男性の田中さんは親に隠すことで、二人の交際がやましいものと捉えられたくないので、母親へのカミングアウトを決断している。

曽賀さん：「曽賀ちゃんとの付き合いは恥ずべきことじゃないから、親に言いたい」みたいなことを（田中さんが）言って、ほんで言ってんな？（田中さん頷く）…お母さんも一般家庭やったからな、（息子が）普通にこう結婚して子ども持つもんやと思ってたらしいやから。そやな、すごいショック受けてはったな。

田中さん：「青天の霹靂や」って言われた。

ここで、かれらが承認を求める「親」が、ほぼ母親であることに注目したい。ここで紹介した田中さんは、〝罪悪感〟を持ってしまうので、母親にはカムアウトしなければいけないと感じたと述べる。母親に隠し事ができないという坂上さんは、母親を頼っている部分があると自覚する。彼女は〝自分のメンタル面を知っておいて欲しい〟という気持ちを強くもつがゆえに、母親には交際しているパートナーや、将来、パートナーと子育てをしたいこと、なんでも話してしまうため親の反対にもあってしまう。母親へ伝えたいという気持ちを、レズビアンの甲田さんはこのように表現してくれた。

甲田さん：今日誰と会い、誰とお付き合いし、誰と運命的な出会いをして涙が出、そういうようなこと全てを親に言う必要はないけれども、自分の子どもが人生最大の喜びを感じているということも親は知らないから、まあそういうなんか、そのことに対して、寂しさは感じますよね、なんか。私はこのお母さんのお腹の中から産まれてきた子どもであるにもかかわらず、自分が本当に大事に思っていることとかを、あの、伝えられないっていうのは、自分が幸せであることを伝えられないっていうのは、すごく寂しい。

一方では、母親以外にはそれほど理解が求められない。レズビアンの江川さんは、〝家族にはもうお母さんに知ってもらったらそれでいいかなというのがあって、言う気はない〟と話す。特に父親は、かれらにとって〝理解〟が見込めない人物とされているため、あまりカムアウトされない。

三部：お父さんの方は、全然知らない？
太田さん：もう絶対に受け付けないと思う。
三部：保守的な感じなんですか？
太田さん：もうすごいそういうのバカにしたようなこともすごい言うから。

レズビアンの佐々木さんは、母親の方が話しやすいと述べている。(1)

三部：どういう点が話しやすいなぁって感じていますか？
佐々木さん：一応、あの、一応、母は話を聞く人だし。まあ、なんか、あんまり…。母の方が…。そうですね、なんででしょうね？　でも、よく言いますよね。母の方が話しやすいって。

以上、まとめよう。ＬＧＢが親に求めているのは、１）性的指向と、２）同性パートナーとの暮らしへの理解である。つまり、ＬＧＢは性的指向という「性」と、同性パートナーとの共同生活という「生」への二重の理解――これを「承認要求」とする——を家族、特に母親に求めているのである。

2項　家族の代替不可能性

ＬＧＢたちは、親に少なからず承認要求を抱いていることがわかった。親からの承認が大切となるのは、他に代えがないからだとかれらは話す。友人と対比されることで、家族の代替不可能性はより強調されることになる。

ゲイ男性の瀬川さんは、カミングアウト後、友人とは関係が切れても他を探せば良いが、〝やっぱ家族はそうはいかない〟と言い、下田さんも同じく理解しない友人は向こうから離れていくが、〝親とか、家族っていうのは、あの、切っても切れないと思いますよね、やっぱり〟と話す。ゲイ男性の波平さんは、母親ときょうだいには泣きながらカムアウトしたと振り返る。友人にも感情的になるのか私が聞くと、友人には〝もうちょっと落ち着いた感じで〟できると言う。

波平さん：まあ、やっぱりなんか、家族だから、何て言うか、その、うーん。家族だからっていう前提があって、なんだろう？　甘えじゃないけど、うーん。なんかその、感情、感情をぶつけてしまうという点があるのかもしれませんね。親密な、親密な関係だから。

「代えの利かない家族」という語りは、〝やっぱ恋人とはえられない、何かがあるよ、家族の、血つながってるしね。その人の理解は、やっぱり大きい。〟（曽賀さん）のように、〝やっぱり〟の反復によってトートロジー的に表現される。家族の誰にもカムアウトしていないレズビアンの久保さんは、家族の大切さをこう表現する。

久保さん：それでもやっぱり私は家族を愛しているし、あの…ねえ、父も昔の男だからそんなね、話もしないけれども、でも、あの、ある意味しかたないってかね、家族だしね、それはなんやろ、しかたないって言い方もおかしいけども、まあもう、縁が切れる訳でもないしねえ、あの…。今はもう（きょうだいともに）二人独立してあれしてるけれども、何かあったらねえ、私も子どもとしてできる範囲のことはしないと、というのはありますよね。

母親へのカミングアウト後、わだかまりが消えないと話しながら、レズビアンの江川さんは、いざという時は親が助けてくれると信じている。

江川さん：親は、親なんで、まあ、一生切れないもんなんで、まあずっとね、ずっと死ぬまでね、親族とか家族っていうのは切れないし、たとえ私に何かがあっても多分、親っていうのは助けてくれるもんなんで。

親からの承認は、友人やパートナーからのそれでは代えられないとみなされる。かれらが家族を重要視するようにみえるのは、なぜだろうか。

注

（1）幼いころから相談相手がいつも父親だったゲイ男性の西さんは、カミングアウトの初めての相手も父親だった。

西さん：父親としかしゃべんなかったんです。

三部：あー、そうなんですか？

西さん：父親としか喧嘩しなかったし。まあ、母親もいたかもしれないけど、そばで見ているぐらいな感じで口は挟んでこなかった。うん。

2節　家族からの離れがたさ

代替のない親からの承認の有無は、ＬＧＢの自己も生活も揺り動かす。瀬川さんが言うように、家族が理解してくれない場合は大変だが、〝家族がちゃんと理解してくれれば、困ったときに力になってくれる〟。親からの手助けによって、ＬＧＢカップルの生が保障される事例を通して、なぜかれらにとって親からの承認が重要性を増すのか、家族には代替がないと感じるのかという問いへの一つの解を出してみたい。

家族が持ち出される生活場面は数多くある。本節では親からの承認がもたらす影響の大きさを、医療現場における面会を通して捉え返してみたい。

1項　親を介して得られる病院での面会権

患者本人にかかわるさまざまな個人情報の集積場である医療機関において、患者が安心して医療を受けられるよう、病院側はプライバシー保護に敏感になる。誰にどの程度患者の情報を伝えるのか、患者本人に意思決定ができないとき、誰に判断を任すのかは病院側にとって重い決断であり、そこで責任の引き受け手として「家族」が登場する。

厚生労働省の「終末期医療の決定プロセスに関するガイドライン」（2007a）およびその「解説編」（2007b）に、

「家族とは、患者が信頼を寄せ、終末期の患者を支える存在であるという趣旨ですから、法的な意味での親族関係のみを意味せず、より広い範囲の人を含みます」と書かれており、家族が必ずしも親族や血縁者に限定されている訳ではない。セクシュアルマイノリティたちの多くは、同性のパートナーに「万が一のこと」があった場合、同性パートナーである自分のところに連絡が来ないのではないか、病院では手術の同意や説明を自分は受けられないのではないかと不安を抱えている（永易 2002）。今日も、こうした心配はＬＧＢＴの間に根強くあると考えられる。

誰に手術の説明や同意、意思決定を任せるのかは医療機関の裁量に任されており、同性パートナーシップがここでいう「家族」として尊重されるかどうかは予見できないだろう。こうした「万が一」の状況でかれらに頼みの綱とされているのが、親だと指摘されている（杉浦・釜野・柳原 2008）。

そこで、万が一の事態が起こる場として言及される医療機関において、親がどのような状況でセクシュアルマイノリティたちの手助けとなったのかを、みていきたい。以下で検討する五つの事例（江川さん、瀬川さん、北村さん、坂上さん、佐々木さん）の共通点は、１）交際期間が二年以上（過去のパートナーを含む）、２）入院した側の親が、子どもとパートナーの恋人関係を認知していることである。

レズビアンの江川さんは、パートナーの上野さんと同居して三年がたつ。入院した場合、同性カップルが病院で面会できないときがあると知人から聞き、万が一に備えて母親にカムアウトしたと述べている。

江川さん：例えば、お互いが病気になって、例えば、私に事故があったときに、多分連絡が来るのは、親。でも（パートナーには）連絡しないとか、たんに（病院や関係機関にパートナーだと）言わないといけないので、その時にお母さんが知ってたら、（パートナーに）連絡してくれるから、そういう面でもやっぱ言っておいた方がいいかなというのがあったんで、言いました。

同性同士の婚姻が制度化されていない日本において、江川さんには法的な「配偶者」はいない。彼女は、配偶者がいない人が「事故」に遭って病院に搬送されると、真っ先に親に連絡がいくことを見越し、同性のパートナーがいると母親に話したのである。

実際に、親にパートナーを事前に紹介していたことで、病院での面会がスムーズにいったケースをみてみよう。ゲイ男性の瀬川さんは、仕事帰りに体調が悪くなり、そのまま入院したことがある。以前より、瀬川さんの母親と彼のパートナーの仲は良好である。入院先の病院に、瀬川さんの母親とパートナーが駆けつけたとき、母親はパートナーを病院側に〝親しい友人〟として紹介した。

三部：そのときは、「親しい友人」ってことで、（病院側は病室にパートナーを）中に入れてくれたんですね？
瀬川さん：うん、そう。ただ、でも、たぶん誰もいない状態で「親しい友人」と言っても、たぶん入れてくれなかっただろうけど。母が一緒だったたっていうところもあって。

母親は二人がパートナー関係にあると伝えなかったが、病院側は母親が面会を仲介した人物なので、難なく瀬川さんの病室にパートナーを通したと考えられる。

2項　大切な人の傍に一緒にいる

さらにここから注目したいのは、パートナーが相手の親とともに病院での面会を重ね、一緒に看病をすることによって、両者が互いに特別な感情を抱くことである。好きになる相手の性別は関係ないというバイセクシュアル女性の北村さんは、過去にＦｔＭトランスジェンダーと交際していた。パートナーが「男性」への性別適合手術を受けることになり、北村さんは相手の両親とともに入院先の病院を訪れている。北村さんは、病院で過ごした相手の親との時間を、次のように振り返る。

北村さん：なんだろな、（パートナーとは）本当に家族に対するのと近いような感情があったっていう。
三部：相手の親御さんにも家族的なものを感じる時がありました？
北村さん：あーありましたね。……というのは、そのなんか、二〇ＸＸ年の夏に胸オペ（注：乳房を取る手術）を向こうがして、その時に私、△△病院でやってて、私が△○にお見舞いに行ったときに、そのご両親が付き添いでいてはって、すごい良くしてくれはったりとか、一緒にご飯食べに行ったりとかもしてたので。
三部：なるほどね、お見舞いに行くという形で行ってたのね？（病院に）泊まったりとかはなかった？
北村さん：あー泊まりました。泊まって、最初、退院する日の前日に私が行って、「もうついでだから泊まって、一緒に車で帰ればいいじゃん」みたいになって。
三部：あーなるほど。相手の親御さんが車でね、へえ、駅までみたいな感じ？
北村さん：△○から△□まで。
三部：嘘、すごーい、それ相当じゃない。何時間、四、五時間ドライブ？

このとき私が驚いたのは、遠く離れた他県の病院から北村さんの家まで、パートナーの親が彼女を車で数時間もかけて送っていったことである。このことからも、相手の親が子どものパートナーである北村さんを暖かく迎えていることがわかる。北村さんは、パートナーとしてその両親と看病というケアの時間を共有することで、〝家族に対するのと近いような感情〟を持ったと考えられる。

このようにパートナーの定位家族との関係性が、医療機関のパートナーの位置づけに影響する例は、レズビアンの坂上さんも触れている。坂上さんは医者には治らないだろうと言われた病に罹ったパートナーを、パートナーの親・きょうだいと共に見舞いと看病を続けた。集中治療室に入ったパートナーと会うとき、坂上さんは親・きょうだいと一緒にお見舞いにいくか、一人のときは〝いとこ〟と病院側に自己呈示して、パートナーと面会していたという。

坂上さん：「親戚だって書いて、書けばいい」って（パートナーの家族が）言って、家族と一緒に、一緒じゃなきゃ入れないんだよね。だから（相手の）妹とか知ってるから入れた。（略）
三部：一人だったら入れてくれない？
坂上さん：一人だったら入れてくれない。
三部：ああ、そうなんだ。
坂上さん：あ、あ、一人だったら、でも、「いとこです」って言い張れば、入れるよ。
三部：ああ、そっかそっか。とにかく家族じゃないと入れてくれない感じだった、そこの病院は？
坂上さん：そこはそうだね。
三部：うんうん、友達なんて言える雰囲気じゃなかった？　友達っていうか。
坂上さん：友達だと入れない。
三部：そりゃまあ入れなくて、「パートナー」と言ってますます、なんかこう、面倒くさくなったら面倒くさいなみたいな？
坂上さん：ああ、もうパの字も出せない（笑）。

坂上さんのパートナーは奇跡的に回復したが、その後二人は別れることになった。そのとき、相手の親が次のように言っていたことを、パートナーから聞いたという。

坂上さん：別れた後に、その、彼女が、結局、「別れなきゃよかった」ってずっと言ってた期間があって、そんときに（相手の）母ちゃんが言ってたのが、まあ、いずれにしても「私は、その、ああいう、あんたが死にそうだった時期に、同じような時間を過ごした人を、やっぱり、失うのは、つらい」っていうふうに言ってくれたみたいで。

三部：ああ、そっかそっか。娘を支えてくれた大事な人って感じ、だったんだろうね。

坂上さん：そうだね。で、母ちゃんも本当に自分の娘が死ぬと思ってたから、そういうときに、一緒に闘ったじゃないんだけど。

パートナーの親にとって、娘が生死の境をさまよった時に献身的に看病をした坂上さんが、特別な人となっていったことがわかる。

最後の事例として、佐々木さんの語りをとりあげたい。お互いの親に紹介し、女性のパートナーと同居していた佐々木さんは、パートナーが入院した際に、相手の両親が〝入院について任せてくれた〟のが嬉しかったと話している。

佐々木さん：本当に、その、なんか、紹介してくれてて良かったなと思ったときはありました。あの、パートナーが入院したことがあって、まあ、なんか急に入院しないといけなくなったんですよね。で、そんときに、その、向こうの親にもカムアウトして、で、一緒に暮らしてるのも知ってはる、知ってたんで。なんか、その入院についても任せてくれたっていうか。安心。反対に、あの向こうの親はちょっと遠くに住んでたんで、反対に、まあ、「傍にいてくれる人がいてありがたいわ」って言ってくださって。それはすごい助かったので、紹介してくれといて良かったなって思ったし。

佐々木さんは相手の親から、入院に関する諸々の手続きや看病を一任されていた。パートナーの親からパートナーシップを承認されることで、お互いが望むケア関係が現実のものとなっていたといえるだろう。同性同士が病院において気兼ねなく面会できるようになるには、親が二人の関係をどう扱うかにかかっていると考えられる。もし、親から二人を会わせないようにと強く言われた場合、親の意向を病院側も考慮せざるをえないかもしれないのである。

同性カップルのどちらかが入院する事態において、入院した側の親の配慮によって、カップルが面会できた事例を紹介してきた。パートナーの定位家族が二人の関係をすでに認知していても、同性カップルであることを病院側に伝えるのがはばかれるときは、〝いとこ〟や〝親しい友人〟と呈示し、その場を切り抜けていたのであった。

以上はセクシュアルマイノリティのなかでもＬＧＢに限ったことではあったが、親という家族からの「お墨付き」をえるか、「いとこ」のように血縁家族のふりをすることによって、パートナーが病院での面会権をえることを例示できたように思う。これまでの記述から明らかなのは、法的にも慣習的にも同性間パートナーシップが承認されない一方で、親をはじめとする異性愛家族からの承認がセクシュアルマイノリティにとってますます重要となっている日本の現状である。異性愛の定位家族から承認をもらう、もしくは異性愛の家族の一員と他者からみなされることでのみ、大切な人の傍にいることができる日本社会のなかに、ＬＧＢは置かれているのである。

3節　親亡き後の不安――ゲイ男性西さんの事例から

では、パートナーシップを保障し、承認による自己肯定感を与えてくれる親亡き後について、ＬＧＢはどう考えているのだろうか。前項に引き続き、病院を舞台に西さんと父親のライフストーリーをとりあげたい。

1項　父との衝突と和解

西さんは現在パートナーがおらず、交際を長く続けられないことに〝コンプレックス〟を持っているという。西さんは高校生のとき、進路をどうするのかと父親に問われ、反発するようにカムアウトし、父親には〝それは一時的なものだからエロ本読んでりゃ治る〟と返されている。その後、父親は様子を見るようにして、この話題について数年間一切触れなかった。妹に結婚話が持ち上がったときに、相手の家に知られると結婚が破談になるからと父親に再び〝治す〟ように迫られ、親戚の葬式の帰り道に父子間で議論になる。

西さん：なんかこじれそうだったんで、お店に入ってなんかこそこそしゃべってたんですよ。「まだ治らないのか」みたいなこと、あ、「まだやっているのか」みたいなことを（父親に）言われて。「いや治るとも思っていないし、治したいとも思わないし、まだやってるもなにもそれが自分だから」みたいなことを言って。（それでも父親は）「まあ、困るんだ」みたいなことを言うから。「いやでも、あなたにとって妹も子どもだけど俺も子どもでしょ」って言って。「妹の為になんで俺が犠牲にならなきゃいけないの」って。

このときの話し合いでは決着がつかず、両親と離れて暮らしていた西さんに、後日、父親から手紙が届く。西さんは私に、父親との手紙のやりとりを詳細に教えてくれた。

西さん：（父親は）「すまない」みたいなこと書いていたんだけど、「でも自分の立場も分かってくれ」みたいなこと書いているから（略）三回ぐらいやり取りしたのかな、なんかああいう手紙を。自分の中でこれやめだって、すごいこれはないって思って、一網打尽だとかって思ったのは（次のような内容）、「お父さんあなたは、男性と寝ることが」というか、「寝るようになれと言われて」、まあとにかく「男を好きになれと言われたらなりますか？」って。あの、「日本社会の男の九九・九パーセントがみんな男が好きで、あなたが少数で、社会から孤立してしまったときに治しますか？」って、「治したいと思いますか？」って。別に数字はどうでもいいんだけど、とにかく「治さざるをえなくなったら治すんですか？」っていう手紙を書いて、「それと同じことではないでしょうか」っていって。「あなたは今、たまたま女性が好きなように私は男性が好きなだけで、疑いも（ない）」、で、「『なんで（私が）男が好きなんだ？』って言われることがありますが、じゃあお父さんなぜあなたは女性が好きなんですか、理由は説明できますか？」って、で「説明できないでしょ」。全部先回りしてこっちでこう、手紙だから言う訳ですよ。で、「どうして少数の者だけが説明しなきゃいけないんですか」って、「罪を犯した訳でもないのに」って。で、「そういうとき大体言います」と、「そのノンケ（注：異性愛者）の男がそう言います」、あの、どう言うかというと「子孫を残していく為（に男女がセックスをする）」。「じゃああなたは、好きな女と寝るときに、エッチするときに子孫を残すという目的で興奮するのですか？」って。「しないでしょ」。「そんなものは後でついた、それが地球上の生物が、たまたま自然についてまわった摂理なだけな話しで、結局あなたは（同性愛が）気持ち悪いだけでしょ」って。「気持ち悪いのと、自分の面子が潰れるかもしれないことで怖がってるだけですよね」って。「立場入れ替えてみましょう」ってことで、あ、だから、「私も大人ですからあなたの立場は分かります」と、「分かるけれども、あの、あなたが言ってることは今私が言った『あなた男と寝てみてください』（と同じことを言っている）。たぶん治すも治さないも、男と寝ること自体嫌じゃないですか」って。「一度でも寝る努力をしてみてから言ってください」って手紙を書いたら全然返事が来なくって。逆に傷つけたかなって思ったんだけどー。

西さんの性的指向が〝治る〟のを願う父親は、息子の性的指向は性的な「趣味」であり、生活とつながっていると解釈していなかった。そうした父親に対し、息子は父親が同性愛嫌悪を抱き、体面を気にしていることを鋭く指摘したのである。

手紙の返事がないまま時が流れ、西さんは再び帰省した。帰りはいつも西さんの姉が車で最寄り駅まで送るのだが、父親が彼を車で駅まで送ると申し出た。父親はわざわざ遠回りする経路を選び、手紙の件に触れて西さんに謝った。

西さん：「お前の立場や気持ちを軽く考えてて悪かった」って言って。あ、実はその、前後して申し訳ないですけど、その三、四年前に当時付き合って半同棲していた男を、一回連れてってたことがあるんですよ、家に。で、「あのとき連れてきた彼は恋人か？」って（父親が）言うから、「そうだよ」って言って。「今付き合っているのか？」って言うから、「もう別れた」って言って。「じゃあ今度、いい男、関係の人ができたら連れて来い」って言ってくれて。実はそれが、そういう、まさかそこまで言ってくれるとは思わなかったんですよね。まあ「すまない」とか、意地張って結構こう「好きにしろ」ぐらいに、意地張って言うのかなって思ってたんだけど、そういう風に言ってくれたことがすごい嬉しくて。

ここにきて、息子が同性を好きであるということが、性的な趣味ではなく、同性のパートナーとの生活を築く生き方なのだと、父親が受け止めるようになっている。西さんは性と生の両面において理解された、すなわち承認されたという実感を父との対話のなかでえられたのである。

2項　父の闘病と母亡き将来の不安

パートナーを紹介する機会がないままに、西さんの父親に癌がみつかり、闘病生活に入る。西さんは、母親やきょうだいと何度も病室に足を運び、病床の父親の傍らでさまざまな思い出を語りあった。痛み止めの副作用で意識が朦朧としている父親の横で、西さんと母親はこんな会話を交わした。

西さん：「孫の顔も見せてあげる必要もないと思うし、そんなこともうお母さんもお父さんも望んでないよね？」って。「ただ、ほんとに今この期に及んで思うのは、代が移り変わっていく以上、自分はやっぱりひとりで、ひとりで生きて自立はしているけれども、やっぱり誰かパートナーと」、その自分にしかできないこう、なんていうの、「自分には自分の家庭があるから、もう心配いらないよって言って安心して（父親を）送り出してあげたかった」って。自立はしたけれども、やっぱりその、孫ができるかどうか相手が男か女かは関係なく、やっぱり人って他人とひとつの、なんかこう、ハウスじゃなくてホームみたいなものをつくることによって、ほんとの意味の自立をしていくんじゃないのかなって思ったんですよそのとき。ひとりで肩肘張っているうちはまだ半人前かもしれないなと。（略）やっぱりああ、この人（父親）にちゃんと、もともとほら、「いい相手ができたら連れておいで」って言われていたにもかかわらず連れて行ってあげられなかったことと、「もう大丈夫だよ」っていう、「自分にはこの人がいるからね」って、「孫はいないけれども今はこの人と自分はもうこの社会で」、まあ例えばひとりの、まあその将来別れるかどうかは別として、「二人で、うん、自立してやってくよ」っていう、で「それがお父さんとお母さんみたいな関係で。（そういう関係）になっていければいいし」、「うん、でもそういう意味で安心させてあげられない、かもしれない。まあこの先お父さんが何年、何ヶ月生きるか知らないけど、今んとこそうじゃないことがほんとに申し訳ないと思ってる」って、言ってたんですよね。で、それが夜中の一二時ぐらいで、翌日まで（病院に）泊まって朝ごはんを食べて、なんかもう眠くてしょうがない、で母親もそのときは泊まってたんですよ。でまた（母親が）、「ねえあんた夕べの話だけどね」って言って、うん、なんか、まあなんかとにかくしんみりと話しをしていたら、父親が突然正気の顔になって。

三部：（前夜の話を）うん、（父親は）聞いてた？

西さん：うん。で（私の）下の名前を呼んでね、「○△」って言って。「ちょっとこっち来い」って言って。ほんで母親も呼んで、こうやって抱いてくれたんですよね（（両手を広げて抱く仕草））。

父親は癌発見から一年後に亡くなった。パートナーを紹介し、父親を安心させて送り出したかったと話した西さんは、自分こそがパートナーがいない現状を不安に思っていると自己分析している。

西さん：やっぱり親がいなくなることを受け止めるには、自分がこう、もう、選びもせずに育ってきた家庭と同じぐらいの、コミュニティっていっちゃいけないのかなあ（略）新しいコミュニティ、家族というコミュニティ、自分が育ってきたコミュニティとは別にもうひとつのコミュニティ、まあカップルではあるけれども、まあそれをつくってこそ自分が親を安心して見送れるんじゃないのかなって。

父亡き後、パートナーがいない現在、残された母親がいなくなる将来への不安が、ますます強まっていると西さんは続ける。

三部：パートナーがいた方が親は安心できるし、自分も安心できるっていうのは？
西さん：自分が自信持って、（親の）喪主になれるっていう。
三部：あーなるほどなるほど、うん。
西さん：周りがどう言おうとも、自分がどっしりと構えていられる。で、ちゃんと母親に（パートナーを）紹介して。たら、もう死人に口なしだとはいえ、でも自分の中に（親との）絆ってあるじゃないですか。やっぱりこう、なんだかんだいってこう母親に見守られている息子のままでいる自分が喪主になっても、なんかこう「ごめんね」って、こう「不甲斐ない息子だか娘でごめんね」っていう。だけどやっぱここに、別に（葬式にパートナーが）参列できてもできなくても、なんか自分を取り敢えずこう受け止めてくれる人がいるっていう、このバックアップしてくれる人がいるっていう、やっぱり「行って来い」って言われれば、「あ頑張ってくるね」って行って、で（葬式で）親戚中からいろいろ結局「親不孝息子ー！」みたいなね、「孫の顔も見せずに」って言われても、やっぱりこうなんか自分をバックアップしてくれる、なんだろ、ああ「セイフティーネット」っていう言葉が出てきたかな。なんか自分の、結構ぎりぎりのところで精神的にも生活してるから、さっきの「恋人だかなんだかって何ですか？」って（三部に）言われたときに、自分にとってはセイフティーネットかもしれない。好きに、お互い好きにしているんだけど、「ただ最後はちゃんとこう受け止めようね」って。なんかそういう、なん、どっしりというか、安心感が、今ないから不安。そういう感じ。

西さんは本人が言うとおり、経済的にも自立し、物理的にも親と離れて暮らしてきた。それでもなお、彼は父親をはじめとする親への承認要求は持ち続けていたのである。パートナーがいない彼は〝セーフティーネット〟がない、安心して帰る〝ホーム〟がないと感じている。彼にとって〝「親不孝息子ー！」「孫の顔も見せずに」〟と責める社会のなかで、親は自らを承認してくれる場であった。そこから親がいなくなり、自らを受け止めてくれるはずのパートナーもいない。3章で検討したように、LGBは社会にいないとされつつも、可視化するとスティグマを付与されうる。LGBは可視性をめぐるジレンマの中で、代替不可能だと感じられる親からの承認をますます強く求めてしまうのではないだろうか。

4節　親の両義性への対処

母親をはじめとして、LGBは親からの承認を求めていた。西さんは父親との長い対話を通じて、親子関係を変容させ、いわば父親と和解したといえる。しかし、必ずしもこのような親子ばかりではない。本節では、LGBが感じる親の両義性と、それへの対処を析出したい。

1項　揺れ動く親

親戚の集まりで、〝いい人がおったらね〟と息子に結婚話が持ちかけられると、田中さんの母親が〝パン〟と話題を断ち切ってくれるのを例に挙げ、親が子どもを〝助けてくれる〟ありがたさを、田中さんと曽賀さんは語った。ちなみに曽賀さんと田中さんのカップルは、互いの母親に相手をパートナーとして紹介済みである。

曽賀さん：家族ひっくるめると、楽。巻き込むと、何もかも楽になる。うん、自分ら（カップル）二人でわだかまることがなくなって、巻き込んでしまえばいいって。自分らで考えてもらちあかんことをな？　家族に任せてしまえばいいと思う。

しかし、曽賀さんは田中さんの母親が見せた一面に不安を感じている。自営業者の田中さんの仕事を曽賀さんは、田中さんの母親と一緒に手伝うことがある。次は、その母親との仕事中の会話を、曽賀さんが振り返っているところである。

曽賀さん：「曽賀ちゃんはいつかは、女の人と結婚して子どもとか作る気ないの？」っていうことを、（お母さんが）パって聞きはんねん。それがね、まあ一年くらい前の話なんですけど、そういうのを聞いたときにはすごいショックやって、で、すごいちゃんと自分は言って「いや、そういうのは全く無いよ」っていう話をして、そういうのがやっぱり、こうガーンときたのもやっぱりあったみたいで……だから、自分もなんかその、たっちゃんのお母さんに早く認めてもらいたいっていうのがすごい強く出てて、たっちゃんのお母さんもそれでまだ、渋ったとこっていうか、煮えきらん部分がちょっと出たりしたときに、自分はすごい（パートナーを）焦らせた、と思う。
田中さん：うーん。
曽賀さん：ま、直接的に（田中さんの）お母さんに言ったのはあまり無いけど、たっちゃんとかにも、「たっちゃんのお母さんもいい加減分からんとあかんのちゃうん⁉」てみたいなことをすごい強く言ったりしてたから、そう。

曽賀さんが〝ガーン〟と衝撃をうけたのは、味方になっていると信じていた田中さんの母親に、実は二人の関係性を承認していない部分を感じ取ったからである。このように理解したはずなのに、そうでもない、という親の態度にＬＧＢたちは気づいていくことになる。

ゲイ男性の下田さんは、母親と相談し父親にもカムアウトした。そこで父親は〝ずっと悩んでたってことを話するのは勇気がいることがだからよく話してくれてありがとうみたいな感じ〟で対応したというが、その後、交際相手の有無を聞かれ、〝いる〟と答えたところ、男性との肉体関係を許せない父親の暴力が始まった。

下田さん：その話がでたらもう喧嘩。「別れたんか？　オカマ《ママ》のやつと？」って言われてぇ、「なんやのぉ、このくそじじい」とかって思って、で、こう取っ組み合いになるじゃないですか。（略）僕あんまり、手とか出すのあんまり嫌だし、その、喧嘩とかってどっちかっていうと苦手なんですけど、向こうはすぐに、手が出るんで。そういうところもすごい、納得のいかないところなんですけど。そんな感じですよね、父は。
三部：うんうんうん。…辛いですね、なんかねぇ。
下田さん：だから、理解しているようで理解してないな、って。思う。

両親はその後離婚し、父親のもとで生活を始めた下田さんは父親の暴力に耐えかねて、実家を飛び出している。母親と、インターネットで知り合った〝パパ〟のような男性から経済的援助を受けながら生活をしてきた。

入院した際に熱心に看病したパートナーを紹介したくなり、母親にカムアウトした太田さんは、母親はかなり〝ショック〟を受けたと感じた。後に太田さんは、男性と交際を始める。母親に、紹介したい人がいると言った時、母親は憮然とした態度をとっていたが、相手の性別が男性だと分かると、明るい顔で喜んだという。その母親をみた太田さんは、母親には〝治〟ったと思われたと感じ、なんとも言えない〝複雑〟な気持ちになったという。

仲の良い母親に同性との恋愛相談もする坂上さんは、子どもを産んでパートナーと育てる案を練っている。ある日、その計画を母親に伝えたところ、次のような言葉を返されている。

坂上さん：結果なんか、最終的に言われたのが、その、「あなたがビアン（注：レズビアン）でも…いい」、だけど、あの……「子どもを産むのは許さない」って言われた。

三部：ああ、そうなんだ。喜ぶ親もいるのにね。

坂上さん：そう。なんか、私が一人で産むにしても、パートナーがいて産むにしても、「これから自殺するような子どもを産むようなものだ」って言われたの。

カムアウトは、一度だけでは終わらない。カミングアウト後の親の同性愛嫌悪やＬＧＢとして望むライフスタイルへの親の反発を目の当たりにするなかで、ＬＧＢたちは親の両義性に気づいていくのである。

2項　親への配慮

ＬＧＢたちは、「理解していると言ったけれど、理解していない」親の立場を、どのように捉えるのか。上野さんは同性のパートナーと二人で生活することを母親は〝良い〟と〝認めてくれた〟と感じたが、〝私と江川が二人でこっそり生き〟る限りにおける理解だと感じている。その親の立場をこう述べる。

上野さん：（親は）名前が出るのが怖いんだよね。社会とか…家族とかに。自分を、白い眼で見られるのが怖いんかなー。

ゲイ男性の瀬川さんは、家族へのカミングアウトは、今まで自分が抱えてきて〝降ろした荷物〟を、家族に〝持たせちゃう〟ことになると言う。

瀬川さん：自分勝手かもしれないけど、肩の荷を降ろす？　肩の荷を降ろすっていうのが、そういうのが、大きいかな。
三部：うんうん。…それはそう、家族っていうのは、お友達は、まぁ、変な言い方、さっきもおっしゃってたけど、こうやって代えたりとかできるけど、家族は付き合いが長いからっていうのが、あるからっていうこと？
瀬川さん：うん。逆に言えば、友達の場合は、相手にそんなに降ろした荷物を持たせることはないだろうけど、たぶん家族の場合は、持たせちゃう分っていうのがあるんだろうなっていう、部分はありますよね。

上野さん、瀬川さんともに、カムアウトされた親は、社会からのまなざしを感じ取り、それゆえに〝荷物〟を持つ立場になると考えている。互いに家族だと認識している親子は、外部社会の眼を友人よりも一層意識してしまう。

ゲイ男性の下田さんの母親は、カミングアウト後、子どもにとっての〝理解者〟でありたいと言ったが、息子からゲイ関連の話題を振られても、その会話に参加しないという。加えて、彼は父親から暴力を振るわれ、家を出ている。両親とそうした関係を持ちながら、下田さんは〝受け容れられない親〟をこう想い遣る。

下田さん：「それ（子どものセクシュアリティ）が分かった、じゃぁ、もう要りません」ていうような親もいるけど、でも、それは、その表面上のそのいろいろな考え方があってそれで受け容れられなくて、社会的な抑圧とかそのもう、歪められたものがあって、受け容れられないからそういう風に言ってるだけであって、そんな簡単に（親が子どもを）捨てられるもんじゃないと思うんですよね。だって、ずっと自分の子どもとして育てて来た訳だし…そんな簡単なもんじゃないと思うから。

親へのカミングアウト後、親が必ずしも〝理解〟している訳ではないと、ＬＧＢたちは語る。本当は〝理解〟して欲しいはずの相手が、〝社会〟からの〝白い眼〟を意識し、ＬＧＢに対して抑圧的に行動する。だが、かれらはそうした親との縁を切らずに、差別されうる親の立場への配慮さえしていたのである。

3項　理解からの距離の調整

揺れ動く親の立場に配慮し、ＬＧＢの側が親への接し方を改めていく。

津山さんの母親は、カミングアウト後、トイレに数時間引きこもってしまった。その後、彼女は〝聞かなかったこと〟にして、セクシュアリティについて息子と一切話さないという。津山さんは昔女性と交際していたので、母親は息子のセクシュアリティが、〝絶対治ると思っている〟と津山さんはみている。さらには、彼は姉にはこう話されている。

津山さん：「あんたがそういうのだっていうのは分かってはいるけど、理解はできないから」「あんた勝手にやりなさいよ」みたいな。「でも私は手伝いはしないからね」みたいな、そういう感じで、割と放任主義的というか。「私は私でやるから、あんたは、あんたでやりな」みたいな。そんな感じですね。

それでも、彼は理解のない母親と姉にも、パートナーを紹介したいと考えている。その理由を聞くと、こう話した。

津山さん：自分への刺激にもなるし、相手の刺激にもなるというのもあるし、やっぱり一番はその親きょうだいにはやっぱり理解してもらいたいというのがあるから。まあ全然理解されてない親もいるし、理解しようとはしていない姉もいるけれども。自分がそう付き合っている人とかっていうのはやっぱり知ってもらわないと、自分がどこで何しているのかっていうのは分からないと。親子関係としてもやっぱりちょっとどんどん離れていってしまうし。うん。その距離感も大事なんですけども、「今こういう人と遊んでる」とか、「こういう人とお付き合いがある」っていうのはやっぱり。「自分が親だったら」って思ったら、やっぱり、気になるから、そこは紹介したいと思いますね。

パートナーの母親がきちんと理解すべきだとする曽賀さんに対し、パートナーの田中さんは母親の準備が整うのを待つべきだと考えている。

田中さん：でもその、たぶん（他）人がどうこうしても絶対どうにもならへん。うん。曽賀ちゃんとか曽賀ちゃんのおばちゃんが（注：母親）来て（田中さんの母親にアドバイス等を）しゃべったとしても、おかんの準備ができてない時に、何を言われたって。

曽賀さん：分からへんよな。

田中さん：分かれへんから、まあ僕が一〇年黙ってたものをおかんも一〇年かかって理解する、ぐらいの気持ちじゃないと。

太田さんは、そもそも自分から理解を求めるのをやめている。

太田さん：ま、すごい変わってきたかな。昔はなんかその、母親なんかにも全てを理解して欲しいと思ってた。今はもう、客観的に、血の繋がった人で大切な人で、でも別に、理解は、して、理解はしてもらわなくていいから。理解までは求めないけど大切な人。姉ともめちゃくちゃ仲悪かったけど、今ではまあ、距離を置きながらも大切な人かなっていう。なんかこの間『カミングアウトレターズ』（注：RYOJI・砂川 2007）っていうのを買って読んだけど、親に絶対に知ってもらいたいという切実な感じがしたけど、そう思ってない人も結構いるのかな。すごい大切な存在だけど、別に理解していらないし、という人もいてもいいのかな。

同性パートナーと子どもを産み育てる計画を母親から強く反対された坂上さんは、今までの自分の態度を改めるべきだと考えている。

坂上さん：やっぱ子どものこととか、その、どっちにしたって「自分はこうするよ」っていうのが自分の中であるんだったら、あって、で、母ちゃんはそれが嫌な訳じゃん。だから、こう…やっぱ、気分悪い状態で（母親と）向き合うと、うまくいかないから、「ある程度までは自分の中でしまっておかないとまずいな」って思ったの。

かれらが親に求めている承認とは、性的指向、パートナーとの共同生活のすべてを理解することである。しかし、異性愛者として生きてきた親が、かれらが求める水準に達するのは難しいだろう。ＬＧＢたちは、「もしかしたら親に理解されていないのかもしれない」という物足りなさを払拭することはできない。親も、社会から〝白い眼〟で見られる立場にあると気づいたかれらは、親にすべてを理解されることの不可能性を意識するようになる。理解しない親には理解を求めないが、生き方を知っておいてもらうこと、適切な距離を保つことで、親子関係や異性愛家族とのつながりを維持しようとしている。

しかし、距離をうまく調整しながら親と向き合える人は限られているだろう。(2) 親と物理的に離れられたら、冷静に親子関係を考え直すことができるかもしれないが、経済的に親から離れて生活できないＬＧＢにとって、親へのカミングアウトやその後の関係は難しくなるおそれがある。

理解の見込めない親にカムアウトしていない甲田さんは、親と同居している。彼女は、親へのカミングアウトを失敗する悪夢にうなされる時があると言う。彼女は常に大きな鞄を持ち歩き、インタビューの時もその鞄を抱えていた。その中にはセクシュアルマイノリティに関連する書籍やビラが入っている。鞄を持ち歩く理由は、甲田さんが家にいない時に、そうしたものが親の目に触れ、性的指向が予期せぬ形で親に伝わるのを防ぐためだと話していた。

注

（2）性同一性障害の医療現場での診断基準を例に、杉浦郁子は親からの理解が、性同一性障害の治療の継続に大きくかかわっていると論じている。つまり、親の理解や同意が性別違和感を抱えて生きる人たちの性別移行に、大きな影響を及ぼしていると指摘している（杉浦 2013）。

小括

ＬＧＢたちは親に拒絶されたくないから親にはカムアウトしないと語り、親に理解して欲しいために、カムアウトすると語る。理解していないとかれらがみなす親とは、距離を調整する。このように、ＬＧＢと親との関係は親からの承認を震源に大きく揺れ動いている。

同性カップルが生活する上で、親の理解からえられるものはとても大きい。もし、親が子どもの性的指向やパートナーとの交際を否定するようであれば、親を介してえられるはずの権利がＬＧＢにもたらされないことになる。本章の知見は、ＬＧＢが制度的に、やすやすと親から離れて生きていけない現状を浮かび上がらせる。他方で親の側からすれば、いつまでも家族から離れられない子どもの存在は、ときに負担となりうるのではないか。

この点で父親よりも、承認要求を強く寄せられる母親の負担は大きいだろう。母親の負担についてバイセクシュアルの太田さんが触れている。彼女は過去に付き合っていた女性や、日本では婚姻できない他のレズビアンを不可視化することにつながらないかと苦悩しながら、現在交際している男性との婚姻を予定している。その理由は、異性愛の定位家族から早く離れたいからだという。

太田さん：結婚したら「彼と私」という単位が強くなるよね、別に他が消えるわけじゃないけど。一個の単位になるっていうのがあるかな。それもあるよね、一個の単位になりたいというか。いつまでも「父母姉私」っていう。

三部：ああ、これが（〈メモを見ながら〉）嫌だっていうことね。

太田さん：うん、これで、「いつまでもこの年で」と母親が、すごい一回荒れて、「結婚しろ！」とか言ったときは、「あんたが倒れて死にかけたとき、私にまず連絡が来る」「私、そんなん耐えられへんから」、なんか「結婚してたら、その人の、まず、配偶者に連絡がいく。いつまで私はあんたの身元保証人にならないといけないのよ！」って言われて。

ＬＧＢたちが代わりがないとみなしていた親はやがては亡くなり、親を介してえられる権利や安心感は継続的には望めなくなる。〝本当の自分〟や、同性パートナーとの生活を親が理解するメリットはあるにせよ、親亡き後のＬＧＢの生きづらさまでが、親の個人的努力によって解決される訳ではない。子どもから承認を求められる親の側は、子どもからのカミングアウトをどのように受け止めるのだろうか。次章では、カムアウトされた親のインタビューをとりあげる。

第Ⅲ部　親が経験する縁者のスティグマと対処

5章　子どもからのカミングアウト

渋谷さん（母）：（息子は）中学いっても、勉強はできたし、生徒会の委員、あの、会長とかやってたから、他のお母さんにね「どうやって○◇君育てたの？　すごくいい子に育ってる」、「どうやって育てたの？」って、私はすごく、どっちかっていうと得意だったのよね、中学の頃。そいで、そしたら、そういうこと（カミングアウト）があったでしょう。それで、友達にもそういうこと言えないし、そ、（息子が）ゲイだって言えないし、お友達にも言えないし。（自慢の息子がゲイだと受け容れられなかった母親）

深川さん（母）（娘から）：「バイセクシュアルや」っていう話を聞いて、「ふーん」って言って、「てことは対象者が二倍なんちがうん？」って私は思わず言ったんで、すごい能天気かなって後で反省したんですけど、でも「お母さんにはそのこと前に言ったけど」って、すごい落胆の（娘の表情）、「え、そんないつ聞いたんやろ？」っていう感じでね、はっきりと一番初めに聞いたときのことが思い出せないんですね。（略）今月（改めて）そういう話を聞いて、「あんたはそうやったん？」っていう感じで、何かあんまり、その、何て言うのかね、一般的にショックとか衝撃とか、「えーっ！」ていうのじゃなかったっていう感じですね。（能天気に反応した自分を反省する母親）

4章で明らかとなったのは、ＬＧＢが親に対して強く抱く承認要求、そして、親からの反応に一喜一憂する子と親の非対称性であった。ここからは、カムアウトされた側の親の主観的経験にアプローチしたい。

本章では、子どもからのカミングアウトの受け止め方を、カミングアウト直後を振り返る親の語りに焦点を当てて分析する。1節では、インタビュー調査に協力してくれた親たちの特徴と、調査者である私との関係性を整理する。その上で、2節でカミングアウトを受け容れがたかったとする理由、3節ではそれほど気にならなかったとする理由を整理し、親たちの認識の多様性と共通性を示す。

1節　カムアウトされた親を探して——異性愛者の親へのインタビュー調査

分析対象とする異性愛者の親のインタビューは、子どもからカムアウトされた人々のそれである。異性愛規範社会でＬＧＢたちがカムアウトによって可視化するように、親たちも外見ではその人の子どもがＬＧＢであるか否かは分からない。また、かれらは自分の子からカムアウトされて初めて、自分を「ＬＧＢの子の親」と認識するようになる。そこで、私は二〇〇六年秋からカムアウトされた親に絞って調査を開始した[1]。セクシュアルマイノリティたちが集まるイベントやサークルがあることを知っていたが、親の集まりに関する情報は手薄だった。セクシュアルマイノリティ向けの情報がほとんど流通しないマスメディアより、セクシュアルマイノリティが提供する情報に何か足がかりがあるかもしれないと考え、インターネットでセクシュアルマイノリティの団体や個人のページを調べ、私がアクセスしやすい関東圏で行われるイベントを探した。

その過程で、カムアウトした子、カムアウトされた母親を交えた講演会に巡り会うことができた。ここで、関西に〝親のグループ〟が出来たという情報を入手した。それが、私がはじめて触れた「虹の会」の情報だった。[2] この会でならインタビューに協力してくれる親を見つけることができるかもしれないと考えた私は、当時、虹の会にかかわっていた友人のつてで、二〇〇七年二月に私の研究関心をメールで会に送り、虹の会の二月の定例会に参加した。初めての参加でインタビューを依頼するには気後れしたので、このときは会の様子を見るだけに留めたが、定例会中、メモは取っていた。

翌月、三月の定例会では、事前に運営を担うスタッフから了承をえて、インタビュー調査への協力者募集の用紙[3]を配布した。しかし、あまり協力者が集まらなかった。依頼書を配り声をかけられるのを待っているだけでは限界があると考え、スタッフに紹介を頼んだり、定例会に参加している親に直接対面で依頼したり、LGB参加者に親に協力をお願いできるかうかがったりしながら、親のインタビュー協力者を集めた。[4] 虹の会に頻繁に参加している親と、そうではない親とでは、子どもからのカムアウトに対する対処法が異なるのではないかと考え、虹の会に参加していない親へのインタビューも意識的に行った。

親へのインタビューでは、LGBへのそれとは異なり、私のセクシュアリティが問われる頻度は少なかった。3章で述べたように、私は自分のセクシュアリティを聞かなければほとんど答えなかったので、協力者の中には私をおそらく異性愛者だとみなしていた親もそれなりにいる。ただし、虹の会では次のようなやりとりを通して、結局私は自分のセクシュアリティを話さざるをえなくなった。

二〇〇七年二月の初参加時、私は自分は大学院生だと名乗り、セクシュアリティを明言しなかった。しかし、翌三月の定例会時には、早々とこの「セクシュアリティを言わない」方針を転換することになる。当日、私は定例会開始時間より早めに到着し、参加者に出すお茶菓子をスタッフと一緒に準備していた。別のスタッフが私のところにやってきて、〝前回、（参加者の）自己紹介の時間にメモをとられていましたでしょう？　気にされた方がいらっしゃったので、やめていただけますか〟と言われたのである。おそらく「虹の会を興味本位で覗きにきた異性愛者の研究者」として、警戒されたのだろうと判断した私は、定例会冒頭で恒例の自己紹介の時に、〝同性のパートナー〟がいること、〝セクシュアルマイノリティの団体〟で電話相談員をしていたと話し、その上で大学院生としてインタビューの協力者を探していると話した（FN200703）。それ以降、メモをやめるよう頼まれることはなくなった。それからは、私は〝当事者〟であり研究者であること、研究のためにメモをとること、メモをとられたり書かれたりすると困ることがあれば、いつでも言って欲しいと毎回の自己紹介で話すようにした(6)。

以上のような手続きを踏まえて収集された語りは、インタビュー調査の時点で、子どものカミングアウトを既になんらかの形で受け止めている親のものになる。カミングアウト後、混乱や動揺のただ中にいる親や、子どもの性的指向を拒絶する親への聞き取りは難しい。こうした親の姿は、4章でＬＧＢたちが語る親の姿から垣間見る他ない。以下から使用する親のデータでは、私のセクシュアリティを知っている人、おそらく認知していない人、双方が入り乱れてしまっていることをお断りしておきたい。ただ、私のセクシュアリティを意識して語られたと考えられる場面では、私の立場性を含んだ分析を行っている。調査協力者の表は2章をご参照いただきたい。

注

（1）カムアウトされていない親へのインタビューは、調査倫理上も難しい。何も知らない親に「あなたの子どもがレズビアンだそうですが、それについてどう思われますか？」などと聞ける訳もない。

（2）以前に東京に親の会があったことも知ったが、既に活動は休止していた。

（3）「ご家族、ＬＧＢＴ当事者の方へ」と書いた依頼書内で対象としたのは、「家族」、トランスジェンダーを含む「ＬＧＢＴ」であった（資料1「依頼書」）

（4）二〇〇七年三月のミーティングに参加した後に、トランスジェンダーの子を持つ夫婦にインタビューをおこなった。インタビューの結果、子どもが性別を変えることは、子どもの性的指向が「異性」以外に向くこととは違う経験であると感じた。また、二〇〇七年の時点では虹の会にトランスジェンダーの子がいる親の参加者はほとんどいなかったので、この聞き取りデータは直接研究に使っていない。

（5）〝レズビアンなんですか〟と、親参加者に改めて質問されることもあった。虹の会では、親の立場で参加する人が、セクシュアルマイノリティとみられる参加者に、セクシュアルアイデンティティを聞いて確認することがある。詳しくは虹の会を扱う7章で分析する。

（6）使用を控えて欲しいという相談を受けたことはなかった。むしろ、かれらは社会に声を届ける人も求めているようでもあった。ある母親が、自分の経験をまとめた文章をUSBメモリーに入れて持ってきてくれたこともあった。

2節　受け容れがたい理由

本節ではカミングアウトの受け容れがたさをめぐる語りを、1）自分の子どもをLGBと認識することへの拒絶感と違和感――認知的不協和――、2）子どもへの期待崩壊、3）母親の自責の順に検討する。

1項　認知的不協和――自分の子どもをLGBと思えない

カムアウトされた事実を受け止められない親は、認知上の混乱状態になる。親を混乱させるのは、「レズビアン」や「ゲイ」という言葉が惹起する性的な嫌悪感や違和感である。

当時、高校生だった息子の部屋を掃除していたときに、ゲイ雑誌を見つけた渋谷さんは、帰宅した息子に〝もしかしてそうなの？〟と問い詰め、〝違うよって言われるんじゃないかと思って、期待してたら、「そうだよ」って言われた〟という。ショックの理由として、彼女は「ゲイ」の〝気持ち悪さ〟を挙げている。

渋谷さん（母）：ゲイに対するイメージって、やっぱ、普通じゃないとか、それと、「何が気持ち悪い？」って聞かれたら全然分かんないんだけど、（自分が）子どもの頃からこうちょっと（（胸の前で手を合わせて、肩をすくませる））女っぽい人を見ると、ちょっと気持ち悪いっていう印象でね、なんかそういう（ゲイ）イコール気持ち悪いっていう言葉。

彼女の言う〝気持ち悪さ〟には、「ゲイ」という言葉が連想させる、男性同士の性行為——肛門性交——と、そうした行為を自分の息子がしているかもしれないという気持ちが綯い交ぜになって表われている[7]。レズビアンには〝どっちかっていうと、きれいなイメージ〟があるという渋谷さんは、こう続ける。

渋谷さん（母）：ちょっ、男の人同士だと、イメージが嫌な訳。で、なんか気持ち悪いと、なんかそれこそ？男の人がなんかこう、にゅっとなっていると、「気持ち悪い」ってなっちゃって、で、で○◇（息子の名前）にね、「○◇、あの、別に恋愛してもいいけど、セックスはや（嫌）なんだけど」って、言ったのあたしが（笑）。

以上の語りでは、「ゲイ」「同性愛」という言葉から、性的なイメージを想像して嫌悪感や違和感を持つがゆえに、親が子どもからのカミングアウトを受け止められないことがわかる。

レズビアンは〝変なもの〟としか捉えられなかった原田さんは、娘からのカミングアウトを聞かなかったことにした。彼女は、〝ともかく変なものなんだから、ともかく私の心の中に秘めて人に知られないようにしなくっちゃ〟と娘とその話題に触れずに二年を過ごした。

原田さん（母）：私も話そうとしなかったし、娘もそれについて二度と触れようとしなかったという状態が二年間続きました。私の心のなかでは、なんかもうずーっとこう引っかかったまま。「そうか○□（娘の名前）はそんな人だった」、まあ変な言い方ですけど、「そんな、そんなあれだったのか…」というですね、なんとも言えない、その、もやもやとしたものが、ずーっと、心の中から抜けずに…。

〝そんな人だった〟という言葉には、母親の失望が表れている。子どもの同性への性的指向が、彼女にとって母親への「裏切り」のようなものとなっている。自分が頭の中で描いていた娘像が崩れた失望を、彼女は〝もやもやとしたもの〟として表現したのである。

次に、ＬＧＢの不可視性が、親の認識にどうかかわるのか着目したい。〝ああいうの、芸能人しか知らない〟ため、大塚さんは息子のカミングアウトを真面目に受け止められなかったという。

大塚さん（母）：エルトン・ジョンが（男性と）結婚したでしょ？（注：市民的パートナーシップ法を利用した）で、ああいう人はまた芸能人じゃないですか？　で、あの人も最初出てきたときは、そんなゲイだとかっていう、同性愛者だなんていうのは表に出してなかったでしょう？（略）だから、あたしもその何かが影響して、（エルトン・ジョンが）そんなふうな生き方を選んだと。まさか途中でバレたってのは知らないじゃないですか。美川憲一も最初男の人で出てきたんだ。（略）あの人は、ほんとに男で出てきて、若いとき、結構人気があったでしょ？　ほいで、いったん消えたかなと思ったら、なんか、今度、（おネエ言葉で））「あのねぇ」って出てきたから、「いったいどうなったの、この人⁉」みたいな。

息子さん＆三部：あはははははは！（笑）

大塚さん：「いつの間にっ⁉」みたいな。「ほ～」。だから、売れない時期に何かね、そういうね、こうね、こう「興行でもしながらそういうのが良いかな」って思って、「キャラを変えて出てきたのかな」みたいな、そんなんやったけど。

渋谷さんも、ゲイが身近な存在ではないために、納得できなかったと話している。母親の自分がどうにかすれば、息子は〝治る〟のではないかと考えた彼女は、〝原因〟を特定するために、心理学や脳科学などの書籍を読みあさった(8)。そして子どもの思春期の心理を扱った本の中に、〝異性を好きになるようになる〟というくだりを見つける。

渋谷さん（母）：そこにね、子どものときに、一人ぼっちで割とこう過ごしちゃうと、こうね、仲間と、仲間とわぁーっと群れをなして遊ばなかったような子どもっていうのは、同性を好きになることがあるって書いてあったの。でもそれは、「一時的なもので異性を好きになるようになる」って書いてあったの。そこが、すごく頼りになるってかね（略）で、それ読んで、（原因は）これだって思ったの、その時は。

渋谷さんは原因を探す中で出会った本の著者に、息子のことを相談するために電話をかけたところ、〝お母さんいいじゃないですかって、たくさん同性愛の人なんかいますよ〟と励まされたという。

渋谷さん（母）：（その著者が）芸能人とか、それから昔の人の名前をいくつか挙げたわけよ。で、「この人たちもそうなんですよ」って。だから、「お母さん、そういう人たちも、すごいそういう人たちもそうなんだから、いいじゃないですか、息子さんがそうでも」って言われたの。で、あたしはそれ、そういうふうに言ってくれたから、「ありがとうございました」って（電話を）切ったんだけど、そこは全然納得できなかったのね。自分の身近にいるわけじゃないから、ピンとこないんだよね。別にその人がどうであっても、嫌な訳。

三部：（笑）

渋谷さん（母）：そう（笑）。「その人がゲイだから、じゃぁうちのゲイもこうゲイでいいわ」とはなんないんだよね。

〝自分の身近にいるわけじゃない〟芸能人や過去の偉人が、親の渋谷さんが手に入れられるLGBのイメージだった。しかし、自分の子どもがLGBだと考える際、こうしたイメージは親たちの役には立たない。カミングアウトの時点でえられるLGBに対するイメージと、それまで見知っていた自分の子どもとの間に、親たちは認識上の齟齬を抱く。だからこそ、自分の子をLGBと認識できない親にとって、同性への性的指向が〝治る〟という言説は、受け容れやすく、また納得しやすいものとなる。カムアウトした息子の話を聞きながら、母親の大塚さんは、〝あー思春期やねん、思春期やからいつか治る〟と思ったと話す。

大塚さん（母）：昔、習ったことがあるような気がするんですよ。人間はね、えっと、「自己愛、同性愛、異性愛」いうふうに進歩していくと。進化途上、成長の途上？　だと思ったの。だって、ほら、よく、あたしたちね、女の子でも、宝塚がすっごい好きな子とか、いるでしょう？　で、やっぱり女の子はすっごいあこがれたり、先輩にあこがれたりっていうのもあるし、男の子同士も、先輩にやっぱりほら、あこがれたりっていうのもあるから、ま、そういう若いときって、あんまり年いってからそういう話聞かへんから、だから、やっぱ、若いときにはそういうなんていうか、こともあるんだろうと思ったから、ま、「そのうち治るかなぁ」（と思った）、「治る」っていうか、「そのうちまぁ誰か女の子が好きになるやろうな」と思って。

息子からカムアウトされた父親の豊嶋さんも、息子に性的指向が〝治らんのか〟と聞いている。

豊嶋さん（父）：「なぁ、ちょっと一〇パーセントぐらい治らんのんかぁ？」（（笑いながら））（自分が息子に）言いよる。

豊嶋さん（母）：お父さんそんなん言ったな。

豊嶋さん（父）：（息子に）笑われてな。「何を言ってくれんねん」っ言うて。ほんで、○×先生からなになにから、いっぱい論文を用意して「これは」「これはもう病気ではない」と、「治らへん」ちゅうねん。

以上でみてきた語りには、同性愛を〝気持ち悪い〟〝普通じゃない〟〝変なもの〟とする社会一般の認知と、それまで見知っていた自分の子ども像との狭間で、親たちが混乱している姿がある。

このように、自分のなかでの認知が矛盾する「心理学的にみて不快の状態」（Festinger 1957 = 1965: 2）を「認知的不協和」と名付けたLeon Festingerは、人が認知的不協和を低減する時、1）自分の行動を変える、2）環境を変える、3）新しい認知要素を加える、の三つを選ぶという（*ibid.*: 18-24）。しかし、不協和を低減させようとして、却って不協和が増大することを人は恐れもする。したがって、人は「新しい認知要素に賛成するだろうと思われる人とはすすんで話し合うであろうが、変化させようと努力している当の要素に賛意を表するかもしれない人との話し合いは、回避」し、「協和を増大させる新要素を付加するであろうと期待されるような情報源には、進んで接触するであろうが、不協和を増大させるかもしれないような情報源は、きっと回避する」（*ibid.*: 30）[9]。

親は認知的不協和が増大しないよう、子どもからのカミングアウトをなかったことにする。そもそも、子どもが異性愛者であればこうした認知的不況は生じないと考える親は、性的指向が異性愛に〝治る〟ことを期待するのである。ここに、同性愛の病理化言説（Conrad and Schneider 1992 = 2003）の影響をみることができる。

2項　子どもへの期待崩壊――結婚への道が断たれるショック

主要な拒絶理由の二つ目に、親の子どもへの期待の崩壊がある。子どもの性的指向が、親が理想とする将来を壊すものとみなされ、ショックが語られるのである。異性との結婚をめぐる語りから、親が息子、娘それぞれに寄せてきた期待をとりあげてみよう。

(1)　息子の場合――家を継いで欲しい

豊嶋さん夫妻は、ゲイの息子の未来には女性との結婚がないと考え、その衝撃を召集令状の〝赤紙〟にたとえて表現している。

豊嶋さん（母）：ショックー。私もうね、涙ぼろぼろぼろぼろこぼれて、涙ぼろぼろぼろぼろ、もう泣けてね、んでね、もう、頭の中真っ白になるし、もう。そんであたしがね、あの、三部さんなんかは若いから分からないと思うけどね、もうね、あの、戦争でね、赤紙が、赤紙っていうのが昔兵隊召集で来るのよ。「それが来たと思えばいいかな」って言うて、「そやって戦争に。取られて行くって思えば、もういいか」と思って。

三部：あー、自分の元から離れていくって感じがしたんですか？

豊嶋さん（母）：そうそうそうそう。

三部：自分の知ってる息子じゃなくなるみたいな感じ？

豊嶋さん（母）：いや、そういうんじゃなくて、（戦争に息子が）持って行かれてしまったら、いないじゃないですか。だから、（私）自身ももう、「結婚せえへんのやったらね、そういう、いない、割合でいる」みたいんかな。なんか、そういうふうな感じになってしまって。

豊嶋さん（父）：だから、親戚にもね、（戦争に）持って行かれて、戦死してママと二人とになる人や、ここに（胸を指して））、（弾丸が）ぼーんと貫通で、こう、胃のことと心臓と肝臓とを、かすって胃だけ貫いて、背中（に貫通する）。ほんで、帰ってきた、生きて帰ってきたのとか、いろいろおるからね、だから…持って行かれるいうことかもわからん気持ちは、半分あるよなー？（（妻に確認））

〝自分の知ってる息子じゃなくなるみたいな感じ？〟というインタビュアーの見立てを、母親の豊嶋さんは否定している。夫妻にとって受け容れがたかったのは、〝跡継ぎ〟の喪失である。息子の戦死とは、その家族の〝跡継ぎ〟がいなくなることを意味する。私から〝息子がゲイであることで一番考えたことは〟と聞かれ、母親の豊嶋さんはこう答える。


豊嶋さん（母）：あー、それは、もう跡継ぎがまずなくなったいうこと。

三部：あーあー。跡継ぎね。

豊嶋さん（母）：もう○□（息子の名前）は、跡継ぎだったわけでしょう？　で、あの、お姉ちゃんも、上が、お兄ちゃんやったら何にも考えないわ。

三部：あ、お姉さんですもんね。

豊嶋さん（母）：そうでしょ。それを娘だったからね、もうよそへ嫁いでしまってん。名前も変わってしまってるでしょう？　そだから、そこんところで、やっぱりもう、息子やったから「あ、これでうちはもうここで途絶えてしまうんだ」と。名前も。

父親の豊嶋さんも息子が結婚すると考えて、それまでの人生を歩んできたと言う。

豊嶋さん（父）：でね、僕もね、計算しててね。この子が大きいなって大学卒業して、一、二年して、就職でもして一、二年したら、ほんなら、嫁さんでももろうて、もう家督を譲って、で、楽に隠居させてもらおう思っとってん。そういう設計しとったんや。で、ちょうど建てた家も、その時に全部、あの、ローンがなくなるよう、（そういう）ふうに設計しとったんや。…ほんなら、そんなん言われて。ったら、もう、全部な？　根底から狂ってまうやん、考え方がー。

息子に何かを継いでもらいたいとする語りは、他にもみられる。父親の渋谷さんはそれまで気になっていた〝挙動不審〟の息子の行動は息子の性的指向で説明がつくので、妻から息子からカムアウトされた話を聞いても驚かず、むしろ納得できたという。他方では、次のようなことを気に留めている。

渋谷さん（父）：自分の中の流れの中で、僕は、何、なんで生きてるかっていう部分は、やっぱり流れの中のパーツであってー、繋ぎ、次に繋げなければいけないっていう風に、生物としてね、あるんでー。それが切れちゃうっていうのは、ちょっと寂しいっていう気もしなくもなかった。

彼にとって、「ゲイ」とは生殖のできない存在である。生物としての〝流れ〟が切れる寂しさを和らげるものとして、彼はもう一人いる〝普通の男の子〟に触れる。

渋谷さん（父）：変な意味で、うち、僕なんか変な発想だけど、なぜ子ども二人必要だったかといったら、スペアが必要だと思ったからだと思います。

三部：（笑）

渋谷さん（父）：あ、そう、違った意味でね、それはあの、二〇代の頃の発想だと、その、40代と50代の発想と違うんだけど。まぁ、やっぱ子どもって二人いて良かったなぁと思う。（略）一人しかいなかったら（今と）違ってもっとショックが強いと思います。

息子には女性との結婚を介して家の存続や生物学的つながりなど、なんらかの継承性が求められている。継承性を息子に求める親にとって、それを断ち切る――と考えられる――、息子の同性への性的指向は受け容れがたい。息子の結婚をやがて訪れる将来と見据えていた親には、カミングアウトが親としての人生を考え直すきっかけとなっていく[10]。

(2) 娘の場合——娘の孫を見たい

ここでは、娘からのカミングアウトと結婚との関連を検討する。〝普通〟に〝男の人と結婚〟し、〝いい奥さん〟となった娘と、ゆっくりと一緒に買い物をするのが夢だった火野さんは、仮の話として断りながらもこう述べている。

火野さん（母）：私もほら、（娘に）子どもができたらそりゃあ嬉しいですよ。それが一番。息子は結婚して子どもがいてますけど、多分息子よりもこっち側（娘側）に子どもができた方が、もう何倍か。
三部：ああ、女の子の娘が、子どもが…ってこと？
火野さん（母）：うんうん、の方が多分嬉しいと思いますわ。

原田さんは息子は結婚後、妻のところにいくものだと一般論を述べ、娘の結婚には息子とは異なる夢を託していた。

原田さん（母）：ともかく私の夢はですねえ、子どもが、上にお兄ちゃんがいますが、まあ娘の家族と娘の孫と一緒にいるみたいな、そんな私が一人勝手に老後を描いてたもんだから、そんなんがすべて砕け散っちゃったみたいな感じのところで、自分の頭の中でくるくるとこう、いろんなことが回っていたような気がします。

父親の鈴木さんも、娘の子を見たいと語っている。

鈴木さん（父）：理解はできてないんだけど、「ああそういうことなんだろう」と。まあ例えば、「じゃあ子どもができないんだな、孫が欲しいのにな」っていうぐらいのことですわ。

三部：ちょっと寂しいとか、そういう感じですか。

鈴木さん（父）：そうですね、彼女の子どもが欲しい、孫が、弟のほうに二人いるんですけどね、ああ一人か。

三部：ああ赤ちゃん。

鈴木さん（父）：もうじき二人目できるんだけど、あの、うーん、やっぱ娘の子を見たいというかね。


「結婚をしない子ども」として息子が語られるとき、何かの断絶が表現される。他方、「結婚しない子ども」としての娘は、親が可愛い孫を見られない、孫育てに参加できないという語りに埋め込まれている。息子には継承性、娘には孫を介した再生産が求められているのである。

子どもに結婚して欲しかったと話す親は、自ら婚姻を継続し、妻が子育てを担い——妻の有償労働は家計の補助や子育てが一段落してから——、夫が働く性別役割分業のなかで家庭を築いてきた。かれらは、自分が経験してきた家族と同じものを子どもにも求めていた、といえる。しかし、異性カップルの場合でも、必ずしも親の望むような家庭を築く訳ではない。息子が「婿入り」して姓が変わること、娘が長時間労働で母親とゆっくり買い物をする暇もないかもしれないこと、結婚しても子どもが産まれない——産まない——こともありうる。しかし、こうした可能性をカムアウトされた親たちは考えなかったのである。かれらの結婚をめぐる語りには、理想化された異性愛規範的家族が表出している。

3項　母親の自責——母親原因説

理想化される異性愛家族は、女性に育児の責任を求めている。最後に親がカミングアウトを受け容れがたいとする理由として、性別役割分業規範と関連する母親が抱く自責の念を検討する。自責の感情は母親に同性愛の原因を据える、いわゆる「母親原因説」とともに語られる。ここでは、妊娠や子育て中の何かしらの〝悪い事〟の帰結として、同性愛が位置づけられるのである。

〝原因〟を知りたいと感じたかれらは、脳科学や心理学などの「科学的」な書籍にその解を求める。興味深いのは、原因として父親が触れられない点である。

小川さん（父）：胎児の時にいわゆるホルモンのシャワーを脳が浴びて、その浴び方によってね、体は女性だけども、もともとが女性の脳だと、人間は。だけどそのホルモンのシャワーによって、男性の脳に変わるんだというような、だから体が女性だけど、じゃないや、心は、脳は、うーん、なんて言うかな、そこのシャワーが狂っちゃうと体と心が食い違ってくるっていうね、それは要するにホルモンのシャワーの影響だみたいな、説があって、それを読んで「なるほど」と思ったことがあるんですけど、「ああなるほど微妙なもんなんだな」って。だけど、そういうものとはうちの娘は違うんだろうと。

父親の渋谷さんは、〝妊婦〟の置かれた環境に言及する。

渋谷さん（父）：なぜ（同性愛者が）できるかっていうのがね、彼女、かみさん（妻）にね、「こういう本があるよ」って読まされたときに、その、妊婦が、精神的なショック、あの、ショックを受けたときに、その、子どもができやすいってのが、あの、ドイツの？　第一次世界大戦後とか第二次世界大戦後の混乱期にできた子どもの中の世代に同性愛者が多く出るっていう本を読んだときに、「ああ、そういうのかな」っていう部分もありますけどね。

「科学的」な書籍に同性愛の〝原因〟を探したという父親は、〝原因〟をただ知りたいという気持ちがそうさせたと語る。しかし、「原因」として位置づけられる母親たちは、父親のように原因説を上手く突き放すことはできない。

豊嶋さん（母）：やっぱりしばらくは、もう寝ても覚めても「何が悪かったん？　私の妊娠中のなんか、悪いことがあったんかな？」「何かが起こったから、こういうことになったんかな？」っていうの、ものすごいね、生理的な面でも考えましたね、うん。だけど、後で聞いてたら、（息子が）「それはない」っていうようなんで、で、やっぱり生れ付き、そういうふうなあれになるっていうのよね、やてねー。

語りの中には出生前の段階に原因があるとする「生れ付き説」もあれば、母親と子どものかかわりに原因を求めるような「環境説」も登場する。後者の場合、たとえば母親の石川さんが述べるように、〝普通じゃない〟家庭環境、子育ての責任を担う女性が原因とみなされる。つまり「生れ付き説」と「環境説」のいずれも、「原因」と目されるのは女性であり母親なのである。

石川さん（母）：うちも母子家庭だったし、で、父性への憧れ？　みたいなんがあるんかなぁ。それと、私も、あの、娘も、どっちかっつったら男っぽいから。性格的に、うん、そういうのも影響するのかな、みたいな、うん。でも、○◎（息子の名前）、うん、「そういう本に書いてあったりもするけど、自分については、そうじゃないよ」とは言ってたけど、どう、ほんとなんかなー？　とかちょっと思ってるとこある。うん。普通の

家じゃなかったからね。それは、影響を及ぼしてないんかなとか、うん。(11)

母親原因説は、母親たちに過去に何かしらの「原因」があると思わせ、原因の特定に駆り立てる力を持つ。母親の渋谷さんは、自分のこれまでの行動の〝原因〟を特定し、息子の同性愛を〝治さ〟なければならないと考えていた。彼女が〝これに違いない〟〝これしかない〟〝原因〟と見なしたのは、第二子を妊娠して入院していた間、長男と離れたほんの数日間である。

渋谷さん（母）：△△（第二子）（を妊娠してる）のときに悲しい思いをさせたっていうのが行き当たっちゃったから、で、「もうこれはこれに違いない」っと思っちゃったの。それが一番自分で確信した。自分に一番傷ついていたからだと思うんだけどね。で、「もうこれしかない」と思って、そしたら、「私がなんかすれば取り返せるかもしれない」って思ったのね。で、あたしの気持ちを○□（息子の名前）が、「ママ」って言ってね、（寄って）来ても、きっと自分でも、○□自身も、もう分かってないその、もう（心の）奥の奥の部分に、そういう私に対する思いがあって、「そこがいけないんだろう」と思ったわけ。だから、自分でもね、「ママ好きだよ」って、「ほんと好きだ」と思ってるんだけど、「ほんとは憎しみがほんとあるんじゃないか」とかね。（略）知らないところで、ね、それがあって、それが○□にも分かんないうちに、それ出てきて、「それのために女性が嫌いになったんだ」って、それが一番確信できちゃったの、自分ではね。で、それから、すごいそれで悩んじゃった。それで「なんとかできないか、なんとかできないか」とかね、思ったんだけど、なんとかできなかった（笑）

三部：（笑）最初はじゃその、同性愛っていわれたときとか、そういうイメージは、その、男の人が、女の人が嫌いで男の人を好きになるんだっていうような感じの理解で理解してたってこと？

渋谷さん（母）：そそ、そういう感じ、そう理解してた。そう、自分の、それが一番のね、最終的な理解だったのね。だから「（息子が）私を好きになれば、女の人を好きになるんじゃないか」って。って思ったから、そう。

原因を〝特定〟したと実感した母親を待ち構えるのは、母親失格の烙印であった。〝タイムマシーンがあったら、そこに戻りたいと思って、どうしても（息子を）抱きしめたかった〟と、渋谷さんは強い自責の念に苦しんだ。母親原因説を引き受ける母親は、こうして一人で悩みを深めることになってしまう。

セクシュアルマイノリティが執筆した書籍には、同性愛が「生れ付き」であり、変えることができないと強調する記述が見られる（伊藤 1996）。これは、ＬＧＢが性的な「嗜好 preference・志向 intention 」の問題として貶められていたことへの、「本来は変えることができない『指向』である」（ヴィンセント・風間・河口 1997: 210 - 1）とするゲイアクティヴィズムからの反論と関連している。しかし、生れ付き説は同性愛を異性愛へと「治そう」とする言説への対抗言説になりうるが、カムアウトされる母親が自らを責める材料に転化しやすい（伊野 2005）。性的指向不変説と母親原因説が結びついた時、カムアウトされた母親が子どもを受け容れがたい土壌を作りだす。

ＬＧＢが持ち出す生れ付き説が、親子間に葛藤をもたらす事例をみてみたい。次は、豊嶋さん夫妻が息子と三人で晩酌を楽しんでいたある晩の出来事である。

豊嶋さん（父）：あれよ「何でーこんなんに産んだんや！」とか、「パパ！　どないしたんや！」って、よう言いよったけどな。

豊嶋さん（母）：あ、お酒に酔うとね、「なんでそんなん、こんなんに（ゲイに）産んで、産んでしもうたんや」って言う、そうかと思うたら、「僕はゲイに産まれて良かった」って。だから、あの「何にもせえへんから、大丈夫やでー」ってね、「ゲイに産まれてよかった」って。で、今度、

豊嶋さん（父）：「今度産まれても、

豊嶋さん（母）：「今度産まれても、

豊嶋さん（父）：ゲイでかまへん」って、

豊嶋さん（母）：言うたわー。そんなん言うんよ。

豊嶋さん（父）：でな、その、「パパー！」って（責めて）言いよった時に、「そやけどな、あのな、あの、子どもー産まれるときなースペルマ（精子）がな、二億ぐらいな、飛び出していってな、ほんで、泳いでいって、競争しよんねん。その一着なりよったやつが、着床する。な？　お前一着なったんやん、他のやつみんな押しのけて一着になったんやんか、そんなん、なんやねん？」ってよう言ったった。したら、もう、「なんでー！（ゲイに産んだんや）」ちゅうようなことは言いよらんようになった。

息子は〝僕はゲイに産まれて良かった〟と自らを肯定したり〝なんで（ゲイに）産んだ〟と親を責めたり、言うことが二転三転し、自らの性的指向に混乱している様子である。母親を〝原因〟として責める息子に父親は、精子と卵子との受精の物語を援用し、ゲイを産んだ母親もゲイである息子も「悪い」と捉える息子に再考を促している。彼の息子への働きかけは、母親の自責の念を緩和させるとともに、息子が〝一着になった〟精子から生まれた存在と伝え、息子の自己否定を弱めようとする試みだといえるだろう。

なぜ同じ親である父親が原因としての自分を責めず、母親だけが自責へと水路づけられなければいけないのか。母

親が語る自責の念には、性的指向というセクシュアリティの領域と、ジェンダー規範との連続性が刻印されている。(12)

注

（7）男性同士の性行為への忌避感を表すのは、ゲイ・バイセクシュアルの息子がいる親に限らない。例えば、中高生の頃に、〝レズビアンごっこ〟と称する、女性同士で仲良くする遊びを楽しんだ深川さんは、こう話している。

深川さん（母）：そんなことがあった。女の人の体はとっても綺麗だと思うから、女同士でからんでんの、別にそんなにって、全然悪い感じは持ってないんですよね。（男同士は）何か、ねえ。

三部：毛むくじゃらの感じ？

深川さん（母）：そうそう、「ええ？」っていう感じがやっぱりね。「どう（やってセックス）するの」って、「痛くないの？」とか。いろいろ。

三部：気になってしまうんですね。

深川さん（母）：そうですね。

（8）同性愛の「原因」をめぐって様々な自然科学的探求がなされてきたが、人のセクシュアリティを決定づける唯一の変数は特定されていない。同性愛をめぐる科学的言説の変遷は、Simon Le Vay（1996＝2002）に詳しい。私は、「原因」を探すためにどういう本を読んだか聞いたが、親たちはよく覚えていないと話している。

（9）認知的不協和の理論と、Goffmanのスティグマ概念に着目して、自分が養子であるという事実を知った子どもの対処を分析したものに野辺陽子（2009）がある。

（10）子どもの結婚に期待を寄せている親の存在は、性的指向にかかわらず子にとってはプレッシャーとなりうるだろう。

（11）石川さんはこの後、〝普通の家ってなに？〟と笑い飛ばしていたので、深刻に悩んだ様子ではなかった。ただ、母親原因説を彼女たちが無視できないことに注意したい。

（12）子どもの再生産に伴う責任を、母親に求める言説は数多い。障がいのある子の母親（要田 1986; 石川 1995; 土屋 1999; 2002; 2003）、不妊女性（柘植 2012）など参照。

3節　受け容れやすい理由

前節まで、子どもからのカミングアウトを受け容れがたくする理由として、認知的不協和、子どもへの期待の崩壊、母親の自責を析出した。だが、親はカミングアウトを常に否定するわけではない。かれらが語る受け容れやすさとは、どのようなものがあるのだろうか。前節で検討した受け容れがたさと比べ、何が異なるのだろうか。本節では、カミングアウトへの忌避感を減らしたという1）語り手が抱く家族観、2）自己認識の順に検討する。

1項　語り手が抱く家族観――「正しいセクシュアリティ」との関連

前節では、母親としての性別役割分業規範にそぐわないとされる行動――男っぽい、女性として嫌われる、離婚している――が、子どもの同性愛指向の原因として語られる様子を示した。着目したいのは、婚姻して育児を担っている母親がより一層、「原因」として自分を責めていた点である。これとは対照的に、生活のために働かなくてはならない母親や、妻子を養うため働き続けてきた父親たちは、自分の家庭内での役割に言及しながら、ショックを受けなかったと語る。

(1)　離婚、ドメスティック・バイオレンス

母親の早見さんは、離婚後、子どもを三人育て、〝みんな信じないけど、信号にとまったときオートバイの上に寝てるとかね、そんな感じ〟の多忙な生活を続けてきた。家にあまりいない彼女は子どもたちとほとんど会わないため、〝家で会ったら、その人が家族と思う〟という家族観を持つに至る。カムアウトされた時、〝子どもの方が、心配

して、私は別に〟と感じた彼女は、ショックを受けない理由として忙しさを挙げた。

早見さん（母）：多分、普通の知った親とは私は多分感覚が違う。あの子にも言ってあるけど。普通の親は多分、とんでもないショックを受けると思う。でも私はね、あの子が三つのときに離婚しちゃったから、そのまんま、ずっと忙しく育っていって、全然（子どもを）見てないから、躾もろくにしてないし、あの子は休みになったら○●（早見さんの故郷）行っちゃったりしてるし、だから、うーん、普通の親よりは離れて暮らしてるから、あまりその、子どもってばかり集中していないから、そんなにねショックとかもないし、「まあそんなもんなんだなー」とかね。だからといって、そうじゃ…（（思い出すように））あ、私もこの前たまたまそのテレビを見たのね。あのなんかＮＨＫかなんかでやってた。なんだっけ。

三部：『ハートをつなごう』[13]ですか？

早見さん（母）：そうそうそう。で、そういうの見ててね、「あー世の中やっぱそれを聞いて大変だと思う親もいるんだなー」と思ったり。

インタビュー中彼女は、娘の結婚への期待を口にしなかった。それは彼女が、ただ子どもが健康で自立できることが一番大切だと考えているからである。

早見さん（母）：そういうんでね悩んで、レズ《ママ》の子だとか、ゲイの子だとかね。「お母さん悩んでたってしょうがないでしょう」と（言ってあげたい）、他にもっともっと世の中にはね、社会に出したくても出せない子とか、ね、だからね、親に金を取りにくる子とか（いる）（笑）。やっぱそういうのを見たら、ああもう絶対わが子は幸せと思った。

三部：健康で、自分でやってるから。

早見さん（母）：そう！　自分で食べて暮らしてね、幸せ。

三部：自分で生活するっていうのをちゃんとやって欲しいっていうのは、ご自身がずっと大変ながら女一人で働いてきたっていう経験があるからですか？

早見さん（母）：そうそう。もう何でもいいわけね、私は、子どもの職業とかはね。することは。身を売ろうが、何しようが。

自分で働いて生活できる子どもは幸せとする考えは、彼女が離婚後、働き続けてきたことに加え、障がいのある人向けの施設での現在の仕事が影響しているという。

早見さん（母）：いろんな障がい持った子にね、で毎日親が迎えに来て、その子たちを見てると、そのこと自体はもう、本当に小さなことなのね。だって一生その子たちの親は面倒を見なきゃなんない訳でしょう。何が何でも。でもね、そう思ったら、そういうの毎日、毎日行って接していると、うーん、我が子がレズ《ママ》だろうと、まあもし男の人がいてゲイだろうと、それはもう小さな問題。多分世の中のお母さんは普通ね、本当に普通に、躾もして、大学も多分出して、自分の子にある程度ちゃんと就職さしてという夢があるから、でもそれが自分の子は普通だから思うんであってね、普通の能力？　でも、そのそういう子のとこで（仕事として）ご飯とか作ってみてると、もうその、いい訳、もう、我が子はね、自分で食べていけるだけでいい訳。その他はもう、ねえ、いいじゃない、そんな何の趣味だろうとね。そういう子は、ほら親が一生面倒見て、一生送り迎えしてね。もう三十とか四十（歳）になっても、送り迎えしてるでしょう。だから、その、多分そういうんで私は、またまた違うんだよね感覚がね。だから、今自分の子がその、五体満足でそれなりに食べていくじゃない、一人一人が。

三部：そうですね。お仕事もされていて。

早見さん（母）：だから、それでいいじゃない。その他のことはもう小さなこと。多分、だから、多分そういうんで世の中のお父さん、お母さんとはまた違った感覚なんだろうと思うけど。

三部：なるほど。

早見さん（母）：うんー。多分、世の中のお母さん、そういう子（注：レズビアンやゲイ）を持ったお母さんが告白されてもね、そういう子たち（注：障がい者）を見たら、あ、自分の子は幸せだと多分思うと思う。そういうことは多分小さな問題になっちゃう。そのゲイだとか、その、レズ《ママ》だとか。多分絶対思うと思う。ただ、今自分が置かれている立場があまりに普通の状態にいるから、その幸せわかんない。[14]

“普通の親とは感覚が違うよ”と言う彼女は“世の中の親は大変なんだろうな、私は良かったと思ってる、最近は。貧乏暇なしで、こんないいことはない”と大笑いするのだった。

前節では、レズビアンやゲイが“普通”ではないと考えるからこそ、子どもの性的指向を受け容れがたいとする親の語りをみてきた。一方で、右の早見さんの語りでは、“普通の状態”にいる人たちの大変さと、“普通”の親ではない自分が対置され、後者が肯定的に捉えられている。

“普通”をめぐってどのように自分が位置づけられるか——これを「自己の語り」とする——の例として、シングルマザーの石川さんの語りをみてみよう。石川さんより先に実施した豊嶋さん夫妻のインタビューでは、子どもが結婚せず、家が途絶えることが〝ショック〟だったと話されていたが、石川さんは息子の結婚や孫の期待に触れていない。次は、孫について聞いた私への彼女の反応である。

三部：「孫が（欲しい）」とかそういうのとかはなかったですか？

石川さん（母）：あ、なかったね、それは。ただ、その、子どもができないっていうのは本人が寂しくないかなっていうのは思ったけど、私が（欲しい）、っていうのはないよ。ない。あの、「別に、いいわー」みたいな、うん。別に、うん。それは思ってる。今も思ってる、うん。…ま、家がね、しっかりとした家やったらなぁ、そう、なんていうか続けたいっていうか、その、家系をねぇ、続けな（注：続けないといけない）みたいいんがあるんやったらね、うん、違うかもしれんけど、私ももう、えーっと、○□（息子の名前）ちゃんが、何年？　一年の時に離婚してるから、だから、もう、家族の形態自体が、もう、イレギュラーよね、普通じゃないよね。（男性の）パートナーの人と、ね、一緒のとこで、いるんだから、ほんまに（笑）今のフランスの女の人みたいに、一回離婚して、次のパートナーと一緒にやってるみたいなね、そういう感じ、もう。…うん。だから、逆にそれは楽やった。家っていう、しがらみがなかったからね。で、ふるさとも遠かったから、うん。

ここでは〝普通〟の家庭環境を築いていない自己が、〝普通〟ではないとされている。離婚後、元夫ではない、別の男性と事実婚関係にある石川さんは、自分が〝普通じゃない〟と自覚している。ここで、〝普通じゃない〟自己は、息子からのカミングアウトの受け止めやすさをもたらすものとして肯定的に語られている。

産まれ育った家庭環境が、〝世間体を気にしてたら大変〟になるものだったという母親の深川さんは、娘からのカミングアウトに〝ふーん〟と応じた理由が、その生い立ちにあると話す。

三部：何か、お話しできる範囲でいいんですけど、（世間体を）気にしてられないっていうことなんですけど、どういうふうに育ってこられたんですか。

深川さん（母）：あの、まず母親がね、うちとこの母が、もう一五、中学卒業して家出して独りで生きてきてる人なんですね、そこでまあ出会ったというか、ひっかかった、まあ父親ですね、もう亡くなってるんですけど、その父親が、なんていうかな、酒乱みたいな感じで、DV（ドメスティック・バイオレンス）もすごくあったりとかで、で、お酒飲んで暴れるときは一一〇番してパトカーに来てもらって、（父親が）留置所に一泊させてもうてっていうような小学校の高学年くらいの時はね、そんなんだったんです。（略）もう、母親が電話して、だから父親が包丁を持ってこう追いかけてきたりするようなこともあるような家だったんですね。

彼女が、カミングアウト後、「LGBの子どもがいる親」として他者の眼を意識しないでいられるのは、そもそも、父親が暴力的な家庭環境で育ったために、世間体を無視して生きてきたからである。

認知的不協和は、同性への性的指向を〝普通じゃない〟とし、忌むべきものとする同性愛嫌悪により増大する。自己をどこかしら〝普通じゃない〟と認識する親は、自分の子が仮に〝普通じゃない〟性的指向であったとしても、〝普通〟であろうとする親と比べ、認知的な不協和を抱かなかったと語る。離婚した人や、両親の仲が必ずしも良好ではなかった家庭に育った人は、結婚が必ずしも幸せに結びつくものではないと身をもって知っている。したがって、かれらは自分の子に結婚の期待を寄せない。〝普通〟ではない家庭環境とそこで成立する親の自己が、カミングアウトにショックを感じない理由として、位置づけられているのである。(15)

(2) 父親という役割――子どもとの間接的関わり

以上まで、母親の語りをみてきた。子どもは母親よりも父親へのカミングアウトを躊躇していたが（4章参照）、インタビューに協力した父親たちは母親よりも感情的な拒絶感がなかったようである[16]。その理由として述べられるのが、父親としての役割である。家計支持者という自己意識から、父親は家庭外の有償労働に専念するので、必然的に子どもの関わり方が母親とは異なるものだと一般化する。それゆえ、父親と子どもの関係は間接的にならざるをえず、母親のようなショックの受け方をしないのだという。

母親の渋谷さんは、息子からカムアウトされて取り乱し、息子がゲイになったのは自分のせいだと信じ、白髪が一気に増える程悩み続けた。夫は動揺する妻がかける会社への電話を咎めることなく、妻の話を聞く側にまわった。妻は、〝○□（息子）のことよりあたしのことのほうが大変だったから〟と夫のインタビューの同席中笑っていた。

三部：旦那さんから見て、あの、大変そうだって感じはしました？　その、奥さんが。

渋谷さん（父）：大変だと思いましたよ。親だから、たぶん。母親のほうが直接的じゃないですか。男性、僕は、父親ったらどうしても間接的じゃん？　ま、関与の仕方が。

彼は、留学中の子どもに会いに行くのは母親であり、父親も仕事を休めば会いにいけるにもかかわらずほとんど行こうとしない例を出し、こう話す。

渋谷さん（父）：母親の方が、あの、自分の息子や娘に対して何をやってるのかっていうのに非常に、その、身近に、その、つかまえてて、もっと良く知りたいと思うのは、たぶん母親と思うんだよ。父親は、「ああ、やってんのかな」と。「その後どうすんのかな～」という、そういう見方しかしてないと思う。

息子の性的指向についてあれこれ考え込むよりも、自分は家族を養なうことに専念すると言うのは、品川さんである。

品川さん（父）：それよりか、自分自身が一生懸命働いて、家族を養なう、で、ある程度生活のことを養って、で、自分自身も社会で、やりたいことあるし、それを満足するため働くわけじゃないですか。そのほうが、僕にとっては重要課題（笑）。あの、だからそれは、無責任じゃなくて、そういう姿勢から、子どもがなんか学び取ってもらえれば、それでいいと思ってる。あ、母親と違うんだよな、違うんだよね、父親の立場っちゅうのは。母親ちゅうのは…口うるさく言うんですよー。こっちも気になったことは言うよ。…うん、だからそういう、もっと、目の前のことやってるんじゃなく、もっと長い時間のその、スパンで、物事を判断させ、みさせよう、理解させよう。…そういう発想なんですよ。

子どもがいながら夫が仕事に邁進できるのは、妻が子育てに多くの時間を費やしているからである。妻が〝母子家庭状態〟だったと表現する通り、父親の渋谷さんは仕事でほとんど家にいなかった[17]。だが、父親は「自分が家にいなかったから、子どもが同性愛になった」と語ることはない。子どもと数日離れたこと、母子家庭であること――父の不在――に同性愛の原因を求めたと語る母親たちとは、極めて対照的である。さらに、子どもとの離れた関係性が父親には、カミングアウト後のショックを和らげるものとされている。

父親と子どもの間接的な関係性は、性をめぐる語りにも登場する。一般的に、子どもは父親との間で、性を話題にしにくいから、父親に子どもはカムアウトをしないし、した後もそれほど性は話題に上らないというのである。父親の鈴木さんは、妻から娘がレズビアンだと伝え聞いている。娘が父親にはっきりとカムアウトしていない理由を、こう述べる。

三部：さっき「親父には言いにくいんちゃうかな」みたいなふうにおっしゃってたんですけど、それは娘さんの立場からするとお父さんには…。
鈴木さん（父）：いやそれはね、何かね、それも別に誤解したらいかんのは、あの、何て言うの、そういうもんだから（注：性的指向の対象が同性だから）親父に言いにくいんじゃなくて、彼氏ができても言いにくいのと一緒のレベルですよ、僕が言ってるのは。
三部：まあ多分そうだとは思うんですけども。そっか、お母さんに言うよりはお父さんに何でも言うのは、そういう恋愛関係とかだから、言いにくいんじゃないかなって？
鈴木さん（父）：そうやろうと思うよ。いやだから、さっきの話なんか、他のことでも、僕に大方いろんなことを相談してたと思うんやね。娘も。だから、うーん、だけどその、男がどうや、女がどうやっていうことに関しては、親父には言いにくいんやろとは思うんやね、それだけのこと。だから彼氏ができたら言いにくいんと同じレベルですわ、それは。

同じく父親の落合さんも、カミングアウト後、娘との間で性的指向を話題にしない理由をこう触れる。

落合さん（父）：そんな、（性的指向が）「ノーマル」っていう言い方すんのかどうかしらんけど、（ノーマル）であったって、そんなこと親子で絶対普通話ししないでしょ。

三部：うん？（聞き返す））

落合さん（父）：性的傾向。「お前どんなん好み？」とか。

三部：ああ、そういうの、言わないですね。

落合さん（父）：言わないでしょ。


1節では、「ゲイ」「レズビアン」という言葉から性行為やポルノ的イメージを想起し、子どもをそうしたカテゴリーで捉えることができず、認知的不協和に陥る母親の語りをみてきた。他方で、父親は元から子どもと距離があるために、子どもの性を自己に引きつけ過ぎずに済み、嫌悪感を抱きにくいと考えられる[18]。

父親と子どもの間接性に言及しなかったのは、父親の豊嶋さんと小川さんである。豊嶋さんはカムアウトされた時は既に退職しており、働き盛りの他の父親たちと比べると、息子との時間の共有の仕方が異なる。小川さんは、共働きの妻よりも労働時間が短かったため、三人の子どもとかかわる時間が一般的な父親よりも多かった。両者とも、妻が子育てに専念し、夫が働くという性別役割分業にもとづく父親役割に当てはまらないため、父親役割を一般化して自己体験を語らなかったのだと考えられる。

カミングアウトを受け容れがたい理由と、受け容れやすい理由を、語り手の抱く家族観を中心に一度ここで整理しよう。1節と2節の語りを通して、語り手自身の家族の捉え方が、子どもからのカミングアウトの受け止め方を左右していると考えられた。親は性的指向を自覚する機会は少ないにせよ、異性と性交渉をした結果、家庭を築いてきた点で調査時点では異性愛者といってよいだろう。同じ異性愛家族のなかで、子どもからのカミングアウトがなぜこうも違った親の反応を引き出すのだろうか。

一歩踏み込んでみると、親たちの語りのなかで〝普通〟として意識されていたのは、夫と妻がそろい、婚姻状態を生涯継続し、性別役割分業——妻は子育て、夫は有償労働——で成立する近代的な異性愛の家族像であることがわかる。こうした像にそぐわない事象が、否定的に、そして時に肯定的に語られていたのである。

これらを、規範的異性愛である「正しいセクシュアリティ」に当てはめて考察する。竹村（2002）は、「同性愛をそれ〔引用者注：異性愛〕と対立させることは、同性愛に対する抑圧構造をかえって見えなくさせる」（竹村 2002：37）という。彼女のいう同性愛への「抑圧構造」とは、「男女の性差別（セクシズム）」が、分ちがたく結びついた「〔ヘテロ〕セクシズム」であり、これが「『正しいセクシュアリティ』の規範」（*ibid.*: 37）を生み出すと述べる。「正しいセクシュアリティ」とは、男女の「終身的な単婚《モノガミー》を前提として、社会でヘゲモニーを得ている階級を再生産する家庭内のセクシュアリティ」（*ibid.*: 37-8）を指す。つまり、「正しいセクシュアリティ」を軸にセクシュアリティが序列化、階層化される構造が社会の問題であると論じている。

注目すべきは、男女で異なる性の二重基準、すなわち、男性は家庭外において生殖から解放された性行為の快楽を得ることが可能である一方、女性は「性器＝生殖中心のセクシュアリティの拘束」（*ibid.*: 38）から家庭の内外で自由になれないと看破するジェンダーの視点である。セクシュアリティは「普遍的な分類法のなかで、セックスやジェンダーと並列的にならぶ独立した一項目ではなく、片方に生殖＝次世代再生産という目標をもち、もう片方に家庭を基盤とする男女の非対称性を戴く相互連関的なカテゴリー」（*ibid.*: 41）なのである。「正しいセクシュアリティ」の規範は、「合法的な異性愛を特権化し、婚外子の査閲や、離婚・再婚の制限」（*ibid.*: 39）をもたらし、異性愛の中にヒエラルキーを作り出す。換言すれば、竹村は男女の異性愛ではなく、男女が婚姻を通して生涯結びつき、婚姻内の自然生殖で子どもが再生産されるべきであるとする、性差別的な「正しいセクシュアリティ」こそを問題視しているのである。

再度、親たちの語りに戻ろう。子育ての担い手として期待される母親が、異性愛の子を再生産できないと（Khor and Kamano 2013）、自責の念に悩まされると捉えることができる。加えて、夫が主な家計支持者の女性が子どもの性的指向の受け容れがたさを語るのは、当初は「正しいセクシュアリティ」のヒエラルキーでは上位――性別役割分業に基づき、婚姻内で次世代再生産に専念している場所――にいた彼女たちが、子どものカミングアウトを契機に、遠く離れた場に配置されたことに気づいたからではないだろうか。父親のＤＶや、離婚を経験した女性たちは、元々、「正しいセクシュアリティ」の下位に位置していたため、子どもの性的指向にそれほどの抵抗感を示さなかったと考えられる。父親は子どもの再生産の責任を母親ほど問われないために、異性愛家族としての継承性が切れる寂しさや、娘の孫が見られないことを残念がったとしても、自責の念を抱くことがなかったのだろう。

2項　自己認識

これまで親たちの家族観や家族内での自己との関連から、カミングアウトの受け容れやすさを分析してきた。以下より、家族という枠では捉えきれない語り手自身の価値観や経験から、カミングアウトの受け容れやすさの理由を探る。はじめに、前項の家族観と関連する、語り手が持つ1）ジェンダー／セクシュアリティの知識に触れた後、2）キリスト教徒という自己、3）障がい者という自己の順に分析する。

（1）ジェンダー／セクシュアリティの知識から

同性愛を忌み嫌う世間一般のイメージを内面化している親ほど、認知的不協和を抱きやすい。逆を言えば、そうしたイメージを相対化する知識をカミングアウト以前より持っている場合、子どもの性的指向を捉える枠組みが、同性愛嫌悪から自由になりやすい。
例えば、深川さんはジェンダーに興味があり、関連する講演などで勉強してきたので、子どもがバイセクシュアルだということが、〝すんなり〟入ってきたという。

深川さん（母）：自分もそのジェンダーとかはずっと勉強してきていて、勉強っていうことはないけど、まあすごい関心があって、そういう講演聞きに行ったりとか。（略）自分もずっとその、セクシュアリティについてはそのヘテロ（注：ヘテロセクシュアル）ですけども、そのあり方についてすごく興味関心、興味っていうか問題意識持ってたからね、若いときからね。ずっとそれは追求してたつもりだったので、ただ、男と女が、男と男になったり、女と女になったり、インターセクシュアルっていうそういうのがあったりっていう、（そう）いうのが置きかわっただけであんまり何も違和感が、なかったから、「へー」っていう感じで。（略）ま、ここ（インタビューの概要説明書）に書いてあるようなことは全く自分の世界の外やったけども、ま、すんなり入ってきたっていう感じかな。

彼女がジェンダーに問題関心を持っている例として、調査者とのやり取りに触れておきたい。親の協力者の年齢層では一般的な呼称かと考え、私はインタビューで男性の配偶者を〝ご主人〟や〝旦那さん〟と呼んでいた。深川さんは、私が夫を〝旦那さん〟と呼んだことに、このように反応している。

深川さん（母）：で、インタビューの最中であれなんですけどね、私あのなんか「旦那さん」って言われるのがとても違和感が。

三部：あ、いいですいいです、言ってください。じゃあ何て言ったら？
深川さん（母）：難しいですよね、でもね。自分で言うんやったら「夫」とか言うけどね。
三部：でも「ご主人」は嫌だなって思ってて、私的にも。何か、ねえ、「奴隷」？　みたいな感じだから。
深川さん（母）：だからね、そういうことは私も言うと、親しくない人に言うと、「それはでも、うーん」って言われるんだけど。でも自分が言われるのがちょっとなって思うことが、あの、三部さんだから。
三部：何て言ったらいいですか。
深川さん（母）：何て言ったらいいでしょうね。「お連れ合い」とか？
三部：あ、それ、いいや「お連れ合い」にしよう。

父親の小川さんも、カミングアウト前から、ジェンダー／セクシュアリティの本をよく読んでいたという。彼へのインタビューは、私の自宅で行った。次は私の家の本棚を見ながら、彼が語っているところである。

小川さん（父）：本人にも、特に、あの、「性的な個性っていうのは人によってね、それぞれの個性があるっていうことであればね、別に多数派であろうが少数派であろうがね、それは関係ないんだよ」っていうことは（娘に）言いましたけど。「それぞれ個人個人で全部違うんだ」という話はしました。
三部：それは、以前からセクシュアリティ関係の本とかっていうのを、お父さんは読まれたりはしていました？
小川さん（父）：そうですね。あの、ここにもありますけどね（本棚を指して）。上野千鶴子さんとか、小倉千加子[19]さんの本です。
三部：ああそうかそうか、じゃあジェンダーとかも手広く。

小川さん（父）：そうですね。

彼も、娘がバイセクシュアルだとは考えたこともなかったというが、カミングアウト後の娘との関係を再び築いていく時にこうした知識が役に立ったようである。

母親の堀さんも、カムアウトされる前から漫画や映画などの娯楽作品を通して、同性同士の恋愛に関する知識を吸収していた。

堀さん（母）：素養があったっていったらおかしいですけど、昔から、ゲイのシンパ[20]っていったらおかしいですけど。（略）だったんで、若いときから、それ系の漫画だったりとか、映画だったりとか、あんなん「ちょっと面白そうね」って、そんなん全部引っかかって、こう。好きやったんですよ。で、そういえば、子どもがある程度大きくなったときに、やっぱりその、偏見、偏見持って欲しくないっていうか、「そういうこともあるんだよ」っていうのを知って欲しかったっていうのもあるし、自分が見たかったのもあって、今考えたらすごくそのときは、（娘の性的指向が）分かったときに「げえ」っと思ったのはね、『ボーイズドントクライ[21]』っていう映画ご存じです？

三部：見ましたよ。

堀さん（母）：あれね、彼女（娘）が中学生のときに公開されたんですけど、「お母さん見たい映画があるねん、行こや」って言って、（娘と）一緒に行って、（娘の性的指向も）知らずに行って、見せて、だから知ってたらフォローの仕方もあるけど、何もそんなフォローもなし。まさか（娘が）当事者って全然思ってなかった。怖いですよ、あれ、何も知らずに見たら中学生。

三部：暗い映画でしたよね。

堀さん（母）：暗いです。最後のほう悲惨でしたもん。あれとか、漫画の『ニューヨーク・ニューヨーク』[22]みたいなやつ。「これはええ本やけん、読め」とかいうとか、そんなん割とね、いつか（娘に）勧めたり、自分も読んだりしてたんですよ。そういうのがあったからうちの娘は、「絶対お母さん知っとって、『私は知っとるよ』っていうのをアピールしよった」とか、そんで、「何となくこうよ（知ってるよ）っていうのを、自分にしとった」と思っとったみたいです。だから「言う（カムアウトし）てもそんなにびっくりせんやろ」と思っとったらしくって、「気がつかんかった？」って言われて、「いや一つも気がつかんかった」って、そっちの方が（娘が）びっくりしてました。

三部：ああ、そっかそっか。娘としてはお母さんのほうからサインを発していると思ってた？

堀さん（母）：そうそう、（娘がそう）思ってたのに、（娘が）「（私のセクシュアリティ）知っとる？」言うて、実は違ってただ単なる趣味（笑）。

〝ゲイっていう言葉には私そんな変なイメージがないんですよ〟という堀さんは、〝アダルトサイト、アダルトビデオのイメージ〟を持つ、〝レズビアンっていう言葉が嫌〟だったと語る。カムアウトされた後のつらさは、娘の将来が悲観的に見えてしまったことにあるという。

堀さん（母）：私も少しは知っていたとはいえ、やっぱり人が見たとき、人がというか、世間一般でも「レズビアン」というだけで、もうなんか気持ち悪いとか、あの、そんとき私、その（カムアウトされてから）一週間くらいすごく考えたんですけど、やっぱ、あの、そういうのって性的なとこにあの、みなさん想像いっちゃうでしょう。私も含めてでしたけど。で、そこが、何か、なに、薄汚いみたいな感じのイメージもっちゃってて、そういうふうに（娘が）見られて、何にしても、「すごくいい子やった昔、いい子やったのに、そうなん?」みたいな。で、何かやっぱしあの、後ろ指さされるというか、陰口たたかれるとかね、そういうのが、いっぱいあるような気がして、そんときは。すごくつらかったですね。

彼女は、人への相談を通して娘の将来をそれほど悲観しなくなる。(23)〝ゲイのシンパ〟として知識があったおかげで、彼女は自分が原因ではないかと考えて、苦しむことはなかったという。

三部：人によっては自分を責めてしまうとか…
堀さん（母）：あ、それはね、一切なかったんです。
三部：なかったんですね。
堀さん（母）：あの、さっき言ったみたいに、ちょこちょこ、ちょっと知ってたから、だから、あの、育て方とか、遺伝とか、全然関係ないっていうのは知ってたんですよ。だから、それは一切。私は何ちゃ悪ない。あ、それはもう全然。

ジェンダーに問題関心を持っていたり、性の多様性を既に知っている親はそれを全く知らない親よりも、子どもの同性への性的指向は受け止めやすいだろう。カムアウトされる以前からの知識が、カミングアウトの解釈枠を形成し、受け手の同性愛嫌悪や「正しいセクシュアリティ」の規範の相対化に寄与したのだと考えられる。

（2）キリスト教徒として

宗教的観点が、子どもの性的指向を受け止めるのに役立ったというのは、和田さんである。彼女はセクシュアルマイノリティだけでなく、ハンセン病、被差別部落など差別問題に身近に接してきた。特に、大学の卒業論文で取り組んだハンセン病への問題関心は、〝人間として認められない〟状態への批判的まなざしへとつながっていく。

和田さん（母）：大学（生）の時はずっと、○◎（施設名）っていう◇◎（地名）にあるライ療養所に通っていたんです。通っていて向こうの人と、大好きなおじさんがいて、そこのうちに入り浸って、一緒にご飯食べたりとかおしゃべりしていて、そんな中で卒論はハンセン氏病を書こうと思っていたから、なんだろう、そうするとやっぱり、「人間として認められない」っていうか、「そのまんまで認められないかれら」っていうのがある訳じゃないですか。そのまんまとして生きられない社会が。で、そんなのをやっぱり、神谷美恵子[24]さんの本とかいろんな本を読んでると、どうしてもいろんなマイノリティって見えてくる、ところがあって、だから私自身はハンセン氏病のことは一生のテーマだなとは思っているんですけれども、うん、だから何だろうな…。いろんな世の中に、それだけじゃなくて、差別、部落差別もそうだし、アイヌもそうだしっていうのは、「本当は知らなきゃいけないことといっぱいあるんだな」っていうのは大学のときすごーく思っていたので。

三部：そのときにいろいろ本とか読まれたんですか。

和田さん（母）：読んでましたよね。

三部：それで、何かそういう、基本的、基本的っていうか、何か通じるものとして。

和田さん（母）：そうそう。概念としてっていうか、「人間が人間としてそのまんまで生きれる世界がいいな」っていうのはそのときからずっと思っていたから、まあ、子どもが産まれても、「（子どもに）こうあって欲しい」とは思ってなかった。「この子がこの子らしく生きれたらいいな」っていうのが一番だったので。

彼女は、大学在学中に洗礼を受けて、キリスト教徒になっている。〝人間が人間としてそのまんまで生きれる世界〟を願う彼女の考えは、キリスト教との出会いによってもたらされたという。

三部：じゃあさっきから、「人間は人間として、そのまま生きられるほうがいい」とか、「人間として生きる」っていうお話が何回か出てきたんですけど、それはその、ご自身がキリスト教を、入ったっていう、クリスチャンになったっていうのを含めて、そういう考えを持つようになったっていうの（と関連）はありますか。

和田さん（母）：そうですね、私大学のときに、高校の最後のほうに初めて教会行ったのかな。で、大学のときに◎○（大学名）のチャペルの団体に所属してたんですよ。だから、そこで全く違う価値観のキリスト教の世界を見たんですよ。それまでは本当に、◇○（故郷）のすっごい田舎、ど田舎なんで、親も世間を気にしてて、世間の目を気にしていて、「世間の目から見て恥ずかしくないように」って、私たち、きょうだいはすごいそれで育てられてきたんで、「ちゃんと挨拶しなさい」、「挨拶をしないとなんとかって近所の人に言われる」とか。全部世間の目を気にした、価値基準っていうのかな、それで育ってきたんで、すんごい、田舎が嫌いで、親もだから、育ててくれたことに対してはありがたいと思うけども、そういう価値基準だった親だったんで、親に対して尊敬の気持ちはあんまりなかったんですよね。ありがたいとは思っていたけど。で、キリスト教に初めて触れた時に、「え、人間ってそんな細かいこと気にしなくっていいんだ」っていうことがだんだん、何だろう、初めて、思って、「ああ、もっと気楽に生きられるな」っていうのがだんだん分かってきて、もちろんある面では、神様がいつも見てるから、罪の意識なりね、そういうのはもちろんあるんだけども、もっとおっきな世界があったんだなっていうのが分かってきて。

キリスト教原理主義者には、聖書の一説を根拠に同性愛を「罪」と見なす人もいる[25]。しかし、和田さんにとってのキリスト教は〝世間の目〟を気にする価値基準から、自らを解放してくれるものだった。〝その子がそのまま受け入れられないっていう現実は嫌だった〟ため、彼女はセクシュアルマイノリティである子をそのまま受け容れようとしたといえる。

（3）障がい者として——マイノリティとしての追体験

石川さんは二人の子が幼い時に離婚し、その後一貫して働いてきたシングルマザーである。彼女は自身が障がい者であり、親子関係が厳しく〝アダルトチルドレン[26]〟だったとインタビュー開始直後、私に「カムアウト」した。小児麻痺の後遺症で、片腕がうまく動かせないという彼女の状況に私は気づかなかったため、彼女の自宅で行ったインタビューの冒頭、家具はすべて手作りと聞き、私は〝器用ですね〟と言った。この発言に対して、彼女は次のように返答した。

三部：…器用ですねー。
石川さん（母）：ううん？　器用というかね、もう手、片方悪いからね。
三部：あーあー。
石川さん（母）：あの、なんかね、台が必要なのよ。置く、なんか置く台が。それで、〇△（通信販売の仕事で売る雑貨）作ったりね、するんでも、なんか、こう、片手でやるから、しんどいから。そう、三部：物をね、持ち上げたりとか、できないですよね。（物が）床にあったりしたら。
石川さん（母）：そうそう。うん。
三部：産まれたときからなんですか？
石川さん（母）：そう、一歳でね、小児麻痺になった。
三部：あー。そっかそっか。
石川さん（母）：うんーだから、…それもマイノリティだよね。

自身を〝障がい者〟であり〝マイノリティ〟と位置づける彼女は、ゲイとして生きる息子の姿に、自分の〝マイノリティ〟としての経験を重ね合わせながら語っていく。

石川さん（母）：なんか、（息子は、自分の腕のように）動かんもんを動いてるようみたいに見せるようなことは（笑）しなくていい、みたいな。だから、そういうのもなんか、自分の中で、こう、ずっとやってきたから。

求職中に採用担当者に障がいを伝えると〝見た目は分からんからいけますよ〟と言われたことや、身近な人に障がいの辛さが伝わらないことがつらいと彼女は言う。

石川さん（母）：私はね、障がいって、こう、フィジカルな、そう、障がいだ。だから…これもほんとに、説明し難いんよ。ただ、障がいがあるってだけならいいけど、やっぱり障がい者も歳とっていく訳じゃん？（笑）で、歳とってくと、歳とってく、こう、ダウンする体と、もともとの障がいがこう、ダブルである訳じゃん？

んで、それ、やっぱり…近しい人に、こう、言いたい時もあるわけよね。で、（笑）言うと、うん、「いやぁ、歳いったらね、（みんな）結構そうなるよ」。つらいなぁー、それ聞くと。なんかね、もうね、あの、言葉飲み込んでしまうというかね、「違うんだって、全然それと違うんだ」って言うて、うん。（略）…だから、自分の中の体に特に起こってることっていうのは、…何て言うの、常に、リアルタイムでこうある訳じゃない、ねぇ。…だから、それを、うーん、周りの人に、こう、分かったふうに（笑）言われるっていうの、なんか、すごい…あの、違う問題になっていくよねみたいな、うん。

高校生の息子からカムアウトされた彼女は、息子があまりにも落ち込んでいるので、〝それは、オッケイとして〟と、その場では励ますのに必死だった。その後、親の自分が知らぬ間に息子が性的指向で悩んできたこと、そしてこれからも障がい者の自分と同じく、他者の眼を意識していくことを考えたという。彼女は息子の立場と障がい者の自分との類似点に触れながら、このように語る。

石川さん（母）：自分が当事者やったら、やっぱりかなりガーンとくるよね？　とか思って（笑）。で、「どうするこれ？」みたいな。あ、まぁ、「あたしやったらとりあえず家出するやろうな」って、「家から」。

三部：あ、自分が当事者だったらってその時？

石川さん（母）：うん。「家から出るやんな」って。「家から出て、まぁ力付けて、物言える段階になって（カムアウト）するかな」みたいな、その、思ってたけど、まぁ、あの子は割に、なんていうかな、私にはオープンなんよね。あの、私が障がい者やったから、うん、まぁ、障がい者に似てるったら似てるわね。なんか、その、置かれてる立場みたいのが、社会的に分かりにくい。普通の人にとっては、分かりにくいと思うねん。その、何なん？　って、何て言うか、何なんやろうな？　何て言うたらええんやろうなー。明らかにね、社会的に見ればものすごいね、難しい立場に置かれるねん。（略）普通（笑）一般の人の感覚から言うたら。障がい者もそうやし。で、セクシュアルマイノリティの人やって、もう、明らかに、みんなこう線ひいてるよー。もう、なんでもない人やったら。その、身近にそういう人がいなかったら。考えないで、あの、こう「気持ち悪い」とか、言うやん？　言うし、で、言葉もねぇ、いろんな、蔑称あるじゃない？　そういうの（普通の人は）言うしね。うん。だから、なんとか「こんなん、こんな不利ないよなぁー」みたいな。で、それを思春期の子が、その、体験せなあかんというのが、なんか、不憫やったなぁー。

誤解のないように言うが、私は〝普通〟ではない親元、家庭に育つ人物がＬＧＢになると主張したい訳ではない。それは安易に母親原因説につながってしまう。そうではなく、〝普通じゃない〟という自己認識とそれに伴う親の経験が、ショックを受けない理由として持ち出されていることに着目したいのだ。逆に、「自分が普通に生きてきたので、子どもの性的指向を受け容れがたい」とは明言されない。〝普通〟という言葉は常に〝普通〟の否定として使われる。〝普通〟の自己は意識されない。カムアウトされ初めて、〝普通〟ではない何かを突きつけられる親は、〝普通〟ではないセクシュアリティをなかなか認められないのである。

子どもからのカミングアウト以前から、社会の中で自己が〝普通じゃない〟と意識させられる機会が多かった人たち――シングルマザー、ＤＶ被害者、障がい者――は、社会で〝普通じゃない〟とされる性的指向への拒絶感をあまり抱かなかった。〝普通〟と自分を対置する親たちの語りには、〝普通じゃない〟ことを肯定的な意味へと転換していく認識上の戦略が表れている。

注

(13)ＮＨＫ教育テレビの福祉番組。二〇〇六年から四年にわたり性に関する特集を組み、ＬＧＢＴや親の声を取り上げてきた。ＬＧＢＴ特集をきっかけに作られたインターネットのサイト(http://www.nhk.or.jp/heart-net/lgbt/二〇一四年二月二四日閲覧)と書籍がある(ＮＨＫ「ハートをつなごう」2010『LGBT BOOK』太田出版)。二〇一二年二月で放映が終了し、同年四月から新番組「ハートネットＴＶ」がスタートしている。過去の「ハートをつなごう」の番組内容は、全国のＮＨＫ施設内にある「番組公開ライブラリー」で直接見ることができる。また、番組の無料貸し出しもある。詳しくはＮＨＫのサイトで(https://www.nhk.or.jp/heart-net/lgbt/kiji/entry/article_019.html二〇一四年二月二四日閲覧)。

(14)「五体満足で産まれて幸せ」という言葉が表すように、健常者中心の物の見方はよくなされる。おそらく早見さんも、悪気なく性的指向と障がいを比較したのだと思われる。彼女は、障がいのある子どもを育てる親は、自分と同じようには考えていないと補足している。

早見(母):でも親は、多分親自体は全然思っていないと思う。その子、よくね、友達のあの、子どもも一人ね、ダウン(症)、何か障がいを持った子がいるんだけど、もう定年したんだけど、「自分たち夫婦はその子がいるから」、世の中の人ってみんなすれ違いになったりするじゃない?　ある程度の年になったら、ほら、家庭内別居とか。

三部:ああ、なるほど。

早見(母):「でもその子がいるから、うちはその子のために話も尽きないし」。

三部:ああ、子どもがいるから?　そのことでお話する…

早見(母):そうそう、「その子がいなかったらもう離婚してた」とかって言ってた。だから、結構それはそれでーねぇ、いいのかなとか思いながらね。なんかいろいろ。障がいを持ったから大変とかじゃないって言うのね。

(15)逆にシングルマザーであるからこそ、自分の子どもには「人並み」「普通」の幸せを味わって欲しいと、期待する場合もあると考えられる。ここでは、ショックをうけなかった理由、カミングアウトを乗り越えた理由の正当化言説としての語りに注目している。

(16)父親・母親ともにインタビューに応じた人は、子どもの性的指向をそれぞれの方法で受け止め、子どもの性的指向を否定してはいない。父親へのインタビュー所要時間は、母親よりも短くなる傾向があった。情緒的な語りを不得手とするのかもしれないし、子どもと同世代の調査者に否定的な感情を語ろうとしなかったのかもしれない。

(17)様々な統計や白書で指摘されているように(『少子化白書』『労働経済白書』など)日本の男性の労働時間は、諸外国と比べて群を抜いて長い。もし、父親不在・母子家庭状態が同性愛の「原因」となるのであれば、日本でかなり多くの同性愛者が育つことになる。

(18) 4章では、ゲイ男性の視点から、子どもの性的指向を受け容れられずに息子に暴力をふるう父親を紹介した。子どもとの距離をうまく取れない父親の中には、暴力が認知的不協和をなくすための選択肢となってしまっているのかもしれない。
(19) 上野千鶴子（うえのちづこ、1948年―）は社会学者、小倉千加子（おぐらちかこ、1952年―）は心理学者。ともにジェンダーの視点からの論考を多数発表している。
(20) シンパサイザー（sympathizer）の略。同情者、共鳴者を指す。堀さんは、男性同士の恋愛を描いたボーイズラブや、既存の漫画を二次創作する「やおい」を読むのが趣味だと話していた。
(21) 一九九九年製作、アメリカ合衆国の映画。性同一性障害（FtM）の男性を演じたヒラリー・スワンク（Hilary Swank）が第七二回アカデミー賞最優秀主演女優賞を受賞、日本でも公開された。ヒラリー演じるブランドンが元は女性であることが判明し、男友達にレイプされ射殺されるという実話にもとづいた作品。
(22) 羅川真里茂作、男性同士の恋愛をテーマにした少女漫画。
(23) 親たちがカミングアウト後にどのように認識を変えるようになったかについては、次章で考察する。
(24) 神谷美恵子（かみやみえこ、1914–1979）。精神科医。昭和三二年から四七年までハンセン病療養施設長島愛生園の精神科に勤務した。
(25)「同性愛」を「罪」とみなす根拠として、旧約聖書創世記一九章一節から一一節がしばしば持ち出される。神はソドムの住人達をその「罪」ゆえに罰すると告げたため、アブラハムは罪なき人が咎をうけることのないようにと神に願う。神はこれを聞いて、真相を明らかにしようと二人の天使（おそらく男性）をソドムへと遣わす。そこでアブラハムの甥ロトと出会い、二人の使いはロトの家に招かれる。すると、街の住人たちがその二人を「知る」ことができるようにしろと迫る。ロトはそれを断り、代わりに自分の娘たちを差し出すというが、集まった人々は納得しなかった。そこに現れた天使によって、群衆達は目をつぶされ、ロトたちが家族とともにソドムの街を出た後、神は街を燃やし尽くしたという。このソドムの街が神に滅ぼされた物語には、同性愛行為についての具体的記述がないにもかかわらず、ソドムの住民の「罪」が男性同士の肛門性交であるとされ、西洋において「同性愛行為に対する否認の確固不同たる根拠」とされるようになった（Conrad and Schneider 1992 = 2003: 324-5）。
(26) 幼少期に親の過干渉・虐待などを受けたことで、成長してから精神的な諸障がいに陥っている人々のことを指す言葉。

小括

異性愛社会でのＬＧＢの生きづらさは、多くの研究が指摘してきた。異性愛と同性愛を対置するこれらの枠組に倣い「同性愛を実践していない」（竹村 2002: 6［傍点原著］）点を基準に、異性愛者をマジョリティ、同性愛者をマイノリティへと振り分けると、カムアウトされた母親は容易にマジョリティ側へと投げ込まれる。たとえば、ゲイの息子と異性愛者の母親において、性的指向だけに着目すれば異性愛者の母親は息子に対する「抑圧者」となりうる。しかし、「女性」という面で母親は、息子とは異なる性差別的構造の中に置かれている。家庭内での再生産を期待される母親、異性愛ではない子ども、双方が生きる社会に「正しいセクシュアリティ」の規範があった。

４章で検討したようにＬＧＢは、親に理解して欲しいという自分の気持ちに、どう折り合いをつけるかが課題となっていた。では、親の側はどのようにして認知的不協和を低減させ、子どもを理解しようとする――もしくは理解を諦める――のであろうか。さらには、親と外部社会との関係はどのように変化するのか。次章で引き続き、親のインタビューを検討しよう。

6章 「縁者のスティグマ者」になる親

――認識の変容と対処方法――

深川さん（母）：本当はね、母親には伝えてあげたいとは思うんですけどね。かわいがってくれてるだけに、余計にね。孫の期待も早く。もしずっと（娘とパートナーの）その関係が続くんだったらね。諦めたほうがいいしね。

三部：しかもおばあちゃん子なんですよね。

深川さん（母）：両方のおばあちゃんたちに可愛がられてたんで。うちの母はまだね、理解はできると、私自分が子どもやから分かるねんけど、向こう（注：夫）のね、おばあさんたちはちょっときついかな。（夫の母親に娘のセクシュアリティをどう伝えたらよいか悩む母親）

4章では、LGBたちが親へのカミングアウトに性的指向、そして、同性パートナーとの生活双方を理解して欲しい、すなわち承認要求を込めていることを確認した。その後、5章で、親のカミングアウトの様々な受け止め方を分析した。親たちは子どもから寄せられる承認要求に気づくと同時に、子どもの性的指向にあわせて、それぞれの認識を変えていくことになる。

本章では、引き続き親のインタビューデータを材料に、子どもの性的指向への親の態度を決める1）性的指向の理解をめぐる葛藤への対処、2）親がどのように認識を変えていったのか、最後に、「LGBの子どもの親」として自己を認識するようになった親が語る、3）「縁者のスティグマ」を分析する。なお、スティグマ者と縁者のスティグマ者の共通点をあぶり出すために、LGBへのインタビューも補足として使用する。

1節　理解をめぐる葛藤への対処

LGBが親に承認を求めているとすれば、カミングアウトの先には、LGBである子どもと、異性愛者の親との間にお互いを理解できるかどうかという葛藤が生じうる。親の認識をとりあげる先行研究は、子どもにカムアウトされた親たちが目指すべき地点として、子どもの性的指向を「受け容れる」ことや、「理解」を設定している（1章参照）。

本節で問いたいのは、果たして子どもの性的指向を理解しなければ親子関係は継続しないのか、ということである。以下より、子どもの性的指向の〝理解〟をめぐる親の語りに着目し、葛藤への対処方法を分析する。

1項　理解できる／できないの狭間

親たちは、自分の子どもであるからこそ、同性への性的指向を受け止めがたいという。仮に友達からのカミングアウトと比べると違いがあるかと問われ、レズビアンの娘がいる火野さんは〝そりゃあるでしょう〟〝他から言われた方が受け容れやすい〟と話した。ゲイの息子のいる石川さんは、質問に対して即こう答えている。

石川さん（母）：（即答）違うねー、違う！ 確かに違う。めっちゃ理解力あると思うよ。うん。…家族、じゃなかったら。血ってすごいよね、そういうの。

三部：あ、家族じゃなかったら、うん？

石川さん（母）：ものすごい理解力あると思う。

三部：ああ、理解力？

石川さん（母）：うん。で、身内で、だから血が繋がってるっていうことで…考えすぎちゃうんかな、あれ。

三部：あー。……考えすぎちゃう？

石川さん（母）：うん、性的なことを考えすぎるんやと思う、きっと。おおよそ普通のね（笑）あの、知人に、留まるぐらいの人だったら、セクシュアリティのこと、その人に対して考えないもん。考えないのに、息子だとか、親だとかいうことになったら…なんなやろうなぁ？ あれ。考え、チラッと考えるのよね、あれー。それが。

三部：うん、え、セックスについて考えるってことですか？

石川さん（母）：うん、そうそう。たぶん、そうだ。それが違和感を、もたらしてると思うよ。


彼女たちの反応からは、親子のあいだで性的な事柄がタブー視されていることがうかがえる。深川さんは、カムアウトをしたからには、娘が何かを自分に期待していると思うが、娘に性の話題を持ちかけるのが躊躇われるという。

深川さん（母）：その後だからといっていろいろ私にこう、話をして（こない）、私の対応が悪かったんだとは思うんですけどね、（その後の話が）なくて、それっきりになってて。やっぱり、あれですよね、その、セクシュアリティの部分っていうのはみんなね、それぞれ、親子であっても、なかなかね、やっぱり話しづらい。

深川さんの娘も、母親にセクシュアリティを話そうとしていない様子から、親子ともにセクシュアリティの話題を避けているようである。

息子の性的指向を〝理解〟しようとしたら、〝セックス〟つまり男性同士の性交渉を思い浮かべた石川さんはこう語る。

石川さん（母）：あ、男の人ってほんとにあの…「男の人ってこうや」みたいなイメージがあるやね、きっと。自分の中で。こうＤＮＡで刷り込まれた。だから、やね。びっくりしちゃうんだよね、きっと。うん。男の人って結構（笑）、なんか、その、「生理的にも普通に女の人好きになるやろう」みたいな。

三部：あ、思ってしまう？

石川さん（母）：そうそう。それがずーっと長く続いてたで、で、○□（息子の名前）のことがあって、（関連する）映画とか見るようになって、で、「はぁ、こんなに深刻なんや」「こんなにしんどいんやぁ」っていうのは、こう見たりねぇ、うん、すると、うーんって（笑）考えるけど、それから、その、性的なパワーの強さみたいなんが…そのままこう同性に向けられるんやとか、かんなり（（強調））、うーん、違和感。違和感かな。女性の側からすれば。すごい違和感が、あったね、最初ね。でも、パーソナリティこう含めて、自分の息子とパートナーっていうふうに見たら、も、全然、自然に、感じる。その、セクシュアリティのことばかりね、あの、理解しようなんて思うから、余計理解できんくなった。

彼女は映画等を通して、息子がゲイとして生きていくつらさを知ることができた。しかし、性的なことに対する〝違和感〟は払拭できなかったのである。ここで親子の足かせとなっていると考えられるのは、近代的な家族における子どもの性の捉え方である。

近代化にともなって「夫婦を単位とする家族」が、「性現象を押収」していったとするMichael Foucaultは、「生殖へと定められ、あるいは生殖によって価値あるものに変化されていないようなもの」は「追放され、否認され、沈黙」を強いられるようになったと指摘している。ここで、子どもの性は、生殖とは無関係の「性《セックス》のないもの」とされる（Foucault 1976 = 1986: 10）。前章では、親たちが「レズビアン」「ゲイ」「バイセクシュアル」という言葉に抱く、性的な忌避感を析出した。ここに子どもの性を考える禁忌がかかわってくる。つまり、ただでさえ子どもの性を考えるのが難しいところに、ＬＧＢの性的なイメージが重なる。これが、子どもの性的指向を理解しようとする親に大きな葛藤をもたらすのである。娘がカミングアウト時に使った〝レズビアン〟という言葉に、アダルトビデオのイメージを連想しながら、堀さんは娘を否定しまいと必死になったという。

堀さん（母）：（仮に家族じゃない人にカムアウトされたら）「大丈夫よ」とかって言えると思うんやけど。「大丈夫」は言うたけど、子どもには。「大丈夫よ、大丈夫、私がついてるから大丈夫」、言いながら多分青い顔して（笑）。（略）言いよったもん、（娘が）後から。「『大丈夫』って言いながら大丈夫じゃなかったよ、お母さん」。「そうやろ、うーん、私も何かよう分かってなかった」って言うて（笑）。

三部：そっか、でもそのときは「大丈夫」って言わなきゃいけないみたいな感じ？

堀さん（母）：そうそう、（娘に）「心配ないからね」っていうのは言わなくちゃいかんという感じで、それだけはあったんやけど。

三部：娘が心配するかもっていうことですか。

堀さん（母）：それで、「（娘が）言うたっていうことは何かを相談したんや」と、私があれ（否定する）かもしれんと、否定すると思ったら（娘はショックを受けるので）、「私は絶対否定はせんけん、それでどうのこうのではないけん」っていうのだけは伝えとかんといかんと思って。

子どもを否定することにならないよう、冷静さを装っていた堀さんは、この後、子どもと別れて一人になったときに涙が止まらなかったと話している。

かれらの理解をめぐる語りから見えてくるのは、子どもの性を親が理解するのは難しいにもかかわらず、親は子どもを理解しなくてはならないと考える「理解への自己規定」（井口 2007）の存在である。こうした理解をめぐる葛藤に、親はどう向き合い、対処するのだろうか。

2項　理解との距離の取り方

親だから子どもを〝理解〟しなくてはならないとする気持ちと、親であるがゆえに、子どもの性を〝理解〟できない気持ちの板挟みになる親の次の課題は、子どもとの距離の取り方である。

（1）理解しようとする――家族一致団結型

まず、家族が壊れるのを防ごうとすることで、子どもを〝理解〟しようとする方法がある。こうした語りをする人びとに共通するのは、カミングアウト以前から家族仲が良いということである。〝跡継ぎ〟がいなくなったことを嘆いていた豊嶋さん夫妻は、寝る間も惜しんで同性愛への差別に反対する〝ゲイリブ〟を続ける息子を見て、性的指向を〝治そう〟とする考え方を改めるようになっている。

豊嶋さん（父）：最初の一生懸命、あの、（息子が）ゲイリブの仕事を、コンピューターでだぁーっとやったりなんやかんやして、やってたの、それをじーっと見てたら、「これだけ一生懸命やりおったら、応援したらんとあかんわ」いうてな。みんな仲良しやから、三人。ほんで、ごっつ応援するようになってん。

自慢の息子が〝気持ち悪い〟ゲイとしか考えられなかったという渋谷さんは、家族仲が良かったので〝理解〟しようとした面があると振り返る。

渋谷さん（母）：家族関係はどっちかっていうと、子どもを中心に、まわってた。子どもの頃。で、○□（息子の名前）がそのカミングアウトした頃はそういうのはなかったけど、でも、なんかどっか行く時に、「じゃぁ、△人（家族人数）でどっか行きましょう」、「食べに行きましょう」、「何しましょう」っていうのが、なんかね、そんな感じだった。それが崩れるっていうのもやだったのね。

三部：うんうん。いままでずーっと仲良かったから？

渋谷さん（母）：そう、いままで、そうそう、仲良かったからね。それで、もう理解しようって思ったことがあると思うから、そういう関係だから。

原田さんの場合、娘がカムアウトをしてセクシュアルマイノリティのための社会運動をしたいと言い出したため、彼女が娘の性的指向を聞かなかったことにはしておけなくなった。娘の活動に賛成した病弱だった息子の話を聞き、彼女は親として考え方を改める必要性を感じたという。

原田さん（母）：息子から出てきた言葉が「少数者に世間は冷たいんや。僕は自分の病気よりも、世間の人が僕を見つめる眼の方がきつかった、僕にとっては。（略）家族の一人（きょうだい）がそういうことで世間に問うんだったら、それを応援するのが家族じゃないんか」と、そういう言い方を息子がしたんです。その時に私は、ともかくその、「（息子の病名）を治さなくっちゃ」ということで、ほんまに目一杯病院連れ歩いて、目一杯いろんな食事療法もして薬もして目一杯のことしてきたけど、その息子の気持ちを慮ることはなかった。ただ病気だけを治す、そちらに必死でいっていて、「わあ、息子は世間からそんな眼で見られてる」っていう、「その眼のほうの冷たさの方がしんどかった」っていうのは、（知らなかった）「私はほんまに愚かな親やったんや」と、病気の方にしか目がいかなくて、息子がそういうね、しんどさを感じていたっていうのは、それこそ知らなかったと。「なんたることか」という形で、自分の愚かさをまたそこで改めて感じて。「そういうことなんか」と。「そしたら、娘がねぇこれからやろうとしていることは、その少数者の何かを世に問いながらやっていくことなんだろう」と。（略）そういうことなら、「恥ずかしい」、（ことだから隠さなければ）なんていうのか私が今まで「ともかく隠しておかなくっちゃ」、「隠しておかなくっちゃ」と思ってたのは、「ちょっと違うことなんじゃないか」と。そういうところでひとつ、意識が変わりました。

右の語りのなかでは、理解という共通の目標のもとに家族が一致団結することが、親子にとって良い対処となったことがうかがえる。では、理解できたと実感しえない親は、理解をどう語るのであろうか。

（2）理解から距離を置く

はじめから理解を自分に課さない親は、理解をめぐる葛藤を抱かない。父親の鈴木さんはこう話す。

鈴木さん（父）：で、そういう（セクシュアルマイノリティのいる）、親御さんと別に会ったこともないし、別に意識して会おうとも思わんしね。何か娘の気持ちが分かるような、気持ちを分かってやらなあかんっていったって、分からんものは分からんですよ。

三部：ああ、なるほど、なるほど。

鈴木さん（父）：分かろうとしてやらないかんとかって、何かまた難しい話になるんでしょ。

理解への自己規定に、息苦しさを感じたという親たちを見てみよう。大塚さんは、カミングアウト後に息子とたびたび衝突している。喧嘩のきっかけは、大塚さんが息子を理解しようとしたら、〝理解できる訳がない〟と突っぱねられたことだった。息子と理解をめぐってぶつかったことを、彼女は虹の会[1]で知り合ったゲイ男性に相談している。

大塚さん（母）：「なんか理解しようとしたら、『理解できる訳がない』って言って、突っぱねられた」と、（ゲイ男性に）言ったら「お互い理解なんか無理だ」と。うん、「それより近づきたい」と、「あなたに近づきたい」と、「知りたい」、「あなたのことが知りたい」と。「『あなたのことが知りたいのよ』って、言ったらどうですか？」っていうのを、あるゲイの人からね、メールを貰って「それはいいと、その表現はいい」と（略）理解なんて、まあ、「お母さんもお母さんで、子どもにね、『親の、母親の気持ちなんて分からないでしょ』って、言うのと一緒だ」と。「それはほんと同じだと思う」と。だから、「知りたいと思うのよ。で、それでいいんじゃないですか」って。「理解して」とか、「分かる」っとかっていうのは、やっぱり、ある意味嘘かもしれないし、思い込みかもしれないし。うん。まあ、そういうなんか、こう、話が（息子と）できるようになったよねー。

同性への性的指向と異性へのそれとの大きな違いは、それをとりまく社会からの反応である（3章参照）。息子が母親に〝理解できる訳がない〟とするのは、ゲイとして感じる社会からの反応を、母親は共有できないことにつながっている。ここで、親として子どもを理解してあげたいという気持ちが、却って親たちを苦しめる。父親の落合さんは、子どものこれからを自分が応援できるかと心配する。

落合さん（父）：僕はね、だから、自分が今一番怖い、怖いというか、これから気つけなあかんなと思っているのは、今はその、こういうふうに、「いやそういうことに対して僕は偏見ないですよ」と、「それから」っていうふうに、僕自身も本当に心からそう思っているつもりだけども、例えば具体的な問題がね、これからいろいろあらわれたりするときに本当に、少なくとも自分の娘に対して、「お父さんはそういうふうに分かってくれる」とか、「認識してくれた」とか、「励ましてくれるんだ」って、あの、思ってもらえるっていうかな、そう、一〇〇％なれるだろうかと、そうなりたいし、あの、なれたらいいなと、でも、例えば人間やからね、口では言うてても、何か起こったときに、どっかにこう、なったりすることってよくある話じゃないですか、そんなもん現実的にはね。それは自分自身だって分からないからね。うん。そうはなりたくないし、あの、そうでなければいいなとは思いますね。

子どもの性的指向を受け止めたとしても、カミングアウト後に予想される生き方は、LGBではない親は予想もつかず、実感もできない。息子の性的指向を分かろうとしたら、却ってできなくなったという石川さんは、こう話す。

石川さん（母）：「ふーん」って、頭では分かってる。それが、「体でピンとこん」みたいな。当たり前や、くる訳ない（笑）。向こうもそれで苦しんでるから、死ぬほど苦しんでんのに、くる訳ないやん。だけど、その…「ピンとくる訳ないよ」っていう風に思い出してからは、楽になったかな、それまではちょっと…「理解しないといけない」みたいに思ってるから、「親だから」っていう、その…力入りすぎてるんよね、きっと。（略）だから、○□（息子）のことがあってから、上のお姉ちゃんに対しても、ものすごいなんていうの？ 距離ー？ 置けるようになったたん違うかな。それまでは、ほんと普通に、母親やった（笑）。

三部：（笑）普通に母親？

石川さん（母）：普通に母親。娘となんか、結構一卵性とか言う、言うじゃない？ 一卵性親子とか言うじゃない？ あの、ツーカーで話がこう、通じる相手みたいなね？ うんうん。そういうとこあったと思う。…今、ほんと、あの、子どもと、すごい良い距離があるね。と、思う。うん。ほとんど忘れてる（笑）。

理解をめぐる語りのなかで、親の課題が二つ交差している。一つは、性という親にとって難しい題材を理解しようとする難しさ、二つめは、自分は体験しようもないものをどう理解しようとしているのか、いわば理解の「質」の問題である。後者について、Max Weber（1922 = 1972）のいう「明確性」から検討してみよう。

人は自分が経験していない他者の行動の意味を理解するとき、二つの観点から対象に接近し「分かる」と納得する。Weberは、理解には1）合理的なものと、2）感情移入による追体験的なもの、の二つがあるという。合理的理解とは、例えば「2×2＝4」のような命題の理解に採用するものであり、後者の感情的理解は、例えば不安、憤怒、愛情等の非合理性にかかわるものである。合理的な知識や、感情的な追体験双方から、人は他者の経験を理解しようとする。感情的に理解するときは、「完全な追体験可能性というのは、理解の明確性にとっては大切であっても、それが意味解釈の絶対的条件ではない」（*ibid.*: 9-10）。当たり前のようだが、「自分で同じ行為を行うことが出来なければ、理解することが出来ないというわけでもな」く、「完全な追体験可能性というのは、理解の明確性にとっては大切であっても、それが意味解釈の絶対的条件ではない。一つの過程のうちの理解可能な部分と理解不可能な部分とは、しばしば相混じ、相結んでいる」（*ibid.*：9-10）ものである。

カムアウトされた親たちの語りに戻ろう。これまで検討した親たちは、子どもの性的指向を理解しようと努めている。かれらは、ＬＧＢという性的カテゴリーを通して子どもを解釈しようとし、自らが経験しない――好まない――性行為までも連想し、感情的に受け容れることができなくなったと考えられる。ＬＧＢとしての子どもの体験は、異性愛者である親は共有できない。理解をめぐって葛藤する親たちは、追体験できないＬＧＢの子どもの経験を、親として理解しなくてはならないと、感情面から理解しようとしているのではないだろうか。「完全な追体験」的側面から子どもの性的指向を理解しようとするからこそ、明確性がえられなくなってしまう。性的指向を否定はせずとも、かれらは感情的にはついていけないのである（追体験できない）。

理解をめぐる葛藤への対処は、ここから二つに別れる。ひとつは、石川さんのように理解への自己規定から距離を置く方法、もうひとつは、大塚さんのように「完全な追体験的」理解は無理だと自覚し、別のとらえ方を採用する――知ろうとする――ことである。

注

（1）虹の会はカムアウトされた親への支援を目的に作られたグループで、子どもの立場でセクシュアルマイノリティも参加している。会の詳細な分析は次章で展開する。

2節 認識変容のきっかけ

親はカムアウトされてから、いくつかのきっかけを通して自らの認識を変化させてきた。本節では親の認識変容の過程を、1）テクストの調査、2）人への相談、3）セクシュアルマイノリティとの対面的出会い、4）人生設計の変更の順に論じる。

1項 テクストの調査

カムアウトされるまで、子どもの同性への性的指向を確信していた親はいなかった。だからこそ、子どもからのカミングアウトは親に新たな現実を呈示する行為となり、親に認知的不協和をもたらしたのである。ここで親が抱く同性愛嫌悪と規範的異性愛を相対化し、セクシュアルマイノリティの不可視性を改善する手立てとして登場するのが、セクシュアルマイノリティによる著書やインターネットのブログである。

セクシュアルマイノリティに関する情報や知識とほとんど接点のなかった親たちは、子どものカミングウアウトをきっかけに、それまでは関心がなかった情報に敏感になっていく。息子をゲイだと認知するようになってから、同性愛に関する様々な本を読むようになった父親の渋谷さんは、同性愛の原因を妊婦に求める説に言及しつつも、日本の江戸時代の男色文化に触れ、同性愛は特殊なことではなかったと知ったと話す。

渋谷さん（父）：その、男遊び？　男娼というかさ、そういう遊びがあったっていう文化が、今の日本にはないじゃないですか。それが、最近またこういう雑誌なんかでいうと本なんかで、こう発表され始めてると[2]、同性愛ってそのままずーっと江戸文化がそのまま今の日本へつながってたら、同性愛の捉え方ってもっと全然違った捉え方してたんだじゃないかって思います。（略）そういう文化ってたぶん日本の中にあったと思うんだよねー。これ余計、まぁ、○◇（息子）の件があるから余計、気になってから、そういうーものを目に留めてるのかもしれないけどー。

カミングアウト直後、息子は〝異性愛〟へ〝進化〟し、そのうち〝女の子〟を好きになって〝治る〟と考えた母親の大塚さんに、息子は〝お母さんが考えているのが間違っているから〟とセクシュアルマイノリティの団体が作った冊子のコピーを渡して、性的指向について説明した。

大塚さん（母）：「ってことは、男でも男を好きになるんだ」（と思った）。で、あの、「そういうのは、ほとんど生まれ付いていて、まぁ、環境とか育ったそういうのもある程度は少しは影響あると思うけど、生まれ付いたものから、もうそういうものが出来上がっていて、変えられへんし、治らないし、で、もともと、その人間の中には数パーセントそういう人たちがいる」とかいう話をこう、（息子が）するわけですよ。ねぇ？（と息子に確認する））…で、「へぇー」って。で「大阪の府議会議員の女の人[3]で、カミングアウトした人がいる」って（息子が言った）。「ええー!?」っとかって。

大塚さんは、息子の解説で人はすべてが異性愛に〝進化〟するのではなく、それぞれ生まれや環境によって異なるセクシュアリティを生きていると知る。さらに、〝美川憲一〟、〝エルトン・ジョン〟といった芸能人ではない、「まっとう」といえる職業である〝議員〟のLGBがいることに驚いている。息子からの働きかけが、彼女が異性愛を中心とする考え方から抜けだし、息子以外にLGBが社会にいることを感じるきっかけとなっている。

興味深いのは、LGB当事者の著作を読んだ際、親は著者を自分の子どもに近い人物として位置づけることである。インタビューの場で大塚さんは息子に問われて、こう返している。

息子：つらいとかそんなんはなかった？
大塚さん（母）：つらかったりはしなかったよ。
息子：ましてや涙を流して泣くとは考えられへんかった？
大塚さん（母）：いや、私が泣いたのは、石川、あんたが次の日にね、石川大我君の本[4]を貸してくれたやん？で、あれにね、あの子が、あの子って、（笑）あの子って言うた、あの人がつらい思いを抱えていて、ああ、そう。それを読んで泣いたわ。うーん、「息子もこんな気持ちだったのか」と思って。それはもうなんか自分が、自分がつらいとかいうより、この子がかわいそうでね。

マスメディアに流布するセクシュアルマイノリティの情報はお笑いなどの非日常的なものに限られ、かれらがどのような日常生活を送っているのか、親とどのような関係を築いているのか、とりあげられることはあまりない。しかし、インターネットでは当事者が開設したブログを見ることができるし、学術書を扱うような大きな書店には、ジェンダー／セクシュアリティの専門書やセクシュアルマイノリティ当事者が執筆した本も販売されている。大塚さんはゲイの当事者が書いた本を読み、かれらの視点から、息子の経験を知ることができたのである。

Plummer（1995＝1998）は性にまつわるカミングアウト・ストーリーの構成要素として、「テクストの調査」を挙げている。「テクストの調査」とは、同性愛者が「孤独の源泉を細かく調べテクストのなかに自分を発見」（Plummer1995＝1998: 176［強調訳書］）する作業を指す。これは自分が同性愛者かもしれないと思いながら、他の「同性愛者」が生産したテクストを探し、テクストの中に自分と同様の経験を探していく一連の行為である。親はセクシュアルマイノリティ当事者が書いたテクストの中に、自分の子どもと同じなにかを見いだし、自分の子どもを解釈する資源としている。そうした意味では、親も自分の子をテクストの中に発見する。テクストの調査が、子どもの経験を知ろうとする親の手助けとなっていると考えられる。

2項　人への相談

新しい情報を手に入れて、親は認知上の不協和を緩和させる。テクストの調査を通して、親はカミングアウト前まで抱いていたＬＧＢへの解釈枠組みを変更し、ＬＧＢをより身近に感じることができた。しかし、カミングアウトへの拒絶感が強い親は、テクストの調査だけでは認知的不協和を払拭することは難しいだろう。親の膠着状態を改善するのが、身近な人、信頼できる人への相談である。

息子から勧められる本で〝勉強〟し、自分のなかの同性愛への〝偏見がなくなった〟と感じた母親の渋谷さんは、〝親友〟に息子がゲイだと伝えている。ここで、彼女は息子のセクシュアリティを、はじめて家族外の人に話したのだった。だが、〝息子がゲイなのよ〟という言葉を口にした彼女は、自分の目から涙がこぼれたという。それを見ていた親友に、このように返されている。

渋谷さん（母）：「あなたは偏見持ってる」「そんな、そういう気持ちでいるんだったら、あたしがもしここで、『あたしはレズビアンなのよ』って言ったらね、じゃぁ、あなたは私を嫌いになる訳？」って言われたの。それで、あの、「あなたってそんな人だったの」って言われたらね、なんかね、すごいぽっと眼が覚めちゃった感じ。

彼女にとって、親友の一言が大きな転換点となった。ただ、彼女は人に相談できるようになるまで、時間を要している。他方、堀さんはカムアウトされてからすぐに話し相手を求めた。彼女は、娘からのカミングアウト後、数日間はとにかくインターネットで検索ばかりしていた。

堀さん（母）：そしたらやっぱり調べようが、分からないじゃないですか。だから「レズビアン」とか、「ホモ《ママ》」とか、入れていったって変なんしかでてこないし。

三部：アダルトサイトみたいな。

堀さん（母）：そうそう。それでね、何かで（検索を）したら引っかかったって（娘が）言うたの（団体名）を私覚えとって、それでやったら（検索したら）ね、それと親の会（注：虹の会のこと）があるって（娘が）言うので、で、引っかかってきたのがどっちが先やったか覚えてないんですけど、○□（地名）の親の会が探せたんですよ。で、そこから、○○（地元）で（活動を）してる人も探せたんですよ。やってる人がいるんで、男の人がいて。その人探せて。それで、あとはもう、引っかかったのは全部、その、真面目そうなっていったらあれやけど、ちゃんといろいろなこと考えているとこ見ていっても、二、三日はもうだからネットばっかりしてました。

「レズビアン」や「ホモ《ママ》」の検索で見つかる〝変な〟サイトではなく、娘から教えてもらった言葉を頼りに見つけた〝真面目そうな〟サイトを運営するゲイ男性に、彼女は相談のメールを送った。この男性は、たまたま堀さんの生活圏で活動していた。


堀さん（母）：返事のメールが来て、「今から電話、電話しましょうか、それとも会いましょうか、それともこのままメールでしますか、好きなの選んで」って。

三部：へえ、どうでした、そのメール最初に見た時は？

堀さん（母）：「これは、話させてくれる」、もう何か聞きたいことがあるようなないような、分からんけど、とにかく何か話さなきゃということと、何かちゃんと話してもらわんといかんていうのがすごくあって、「即電話したいんだけど」って言ったら、「じゃあ何時ごろにお電話、この番号にお電話ください」ってまたメールくださったんで、もう即、一時間くらいしゃべったかな。

三部：そっか。

堀さん（母）：もう恩人ですよ、だいぶそれでまた楽になっちゃった。


彼女は検索をしながら〝一方的にあの、ホームページとか見たりとか、いろんなとこみて、読んだりして、あの、励まされたり、「あ、いっぱいおるんだ」とか、「ああこれあれなんじゃあ」とか、いうのはすごくありました〟という。カミングアウトの翌日、彼女に娘から〝一方的に言うてしもたけど〟と電話があった。そこで、まだ話足りなかった彼女は、自分の妹に話して良いか聞いたところ、娘も叔母にカムアウトしたいと思っていたと話す。〝お母さんも何かしゃべって発散させたいと思うけん言うてええよ〟と許可をもらい、彼女は妹に電話をかけている。

堀さん（母）：その時にうちの妹が言うたことで、だいぶ私はすぽーんと抜けたんですけど。

三部：何て言ったんですか？

堀さん（母）：（妹が）「そんなの想定内よ」って言うたんです。（略）「あんた考えたことなかったん？」って逆に（妹に聞かれた）、「あんたそれいっこも考えたことなかったん？」「いや無かった、たまげたー」って言ったら、「いや私は」、そこは息子が二人と娘が一人いるんやけど、「いや私なんか、もしかしたら○△（息子）が化粧して帰ってくるかもしれん」とか言うて、「しょっちゅう考えるよ」って。「そういう時は、『どうしよう』とか『ああしよう』とか、『こんなこと言ってやろう』とか」、女の子っていうのは一番下の子が家に残っているだけなんだけど、その子に「『兄ちゃんが化粧して帰ってきたらどうするー？』『はるな愛みたいになったらどうするー？』とかって言ったら『いやー』とか言うて、言ったら、『それは何とかよー』とか、そういうことしょっちゅう話す」って言うですよ（妹が）。「そんなにびっくりすることないやん、本人が変わっている訳でもなし」って言うて。「ああ、そやな」みたいな、「ああ、そや、そや」と思って。[5]

妹は姉の堀さんと同じく、〝ゲイのシンパ〟として共通の趣味を持っていた。知識を共有する身近な妹の〝本人が変わっている訳でもなし〟という一言は、堀さんのカミングアウト後の動揺を沈める助けとなったのである。[6]

3項　セクシュアルマイノリティとの対面的出会い――普通に「いる」と実感する

カミングアウト後のショックが小さくなった親、もとからあまり気にしていない親は、子どもから誘われ、セクシュアルマイノリティ向けのイベントが催される場へと出掛けていく。セクシュアルマイノリティとの対面的な出会いのなかで、かれらは何をえたと語るのだろうか。セクシュアルマイノリティと出会える、正確にいえば、人がセクシュアルマイノリティとして可視化している場はどのようなものがあるか。ゲイバーやレズビアンバーなど、顧客の性的指向を制約する夜の空間と異なり、昼に開催されるセクシュアルマイノリティの可視化を目指すパレードや、映画祭はセクシュアルマイノリティではない人物もアクセスしやすい。

実際にセクシュアルマイノリティに出会った時の感想として、親は「数の多さ」をあげる。娘が参加した東京のパレードを見に行った小川さんは、〝すごい数の人もいるし、すごいみんな元気だしっていうのか、そんな感じですね〟と述べている。二〇〇九年に代々木公園内で開催された、性の多様性を訴えるイベント「東京プライドフェスティバル」に娘と参加したときの経験を、和田さんは次のように語っている。

和田さん（母）：かっこいい男の子が二人来てね、「あのー」って（話しかけてくる）、「やっぱり親に話したほうがいいっすかねー」ってかれらは言ってきて、「自分の親は田舎に孫の部屋まで作ってるんです」って。だから「もう結婚して早く帰ってこい」と、「孫の部屋まで作ってある」「そうなったら言えないっすよー」って話してて、「親はね、僕が言ったら、どういうふうに思うんですかね？」とかいう話をしてて、彼も「言わなきゃ言わなきゃと思ってるんだけど、言えないんだ」っていう話で、「カップルなの？」って聞いたら、「カップルじゃない、大学時代の友達」なんですって。「サークルの仲間で、いい仲間なんだ」って言って、「ああそうなんだ」「いいね、でもそうやって、身近で友達がいたら」って話をしたんだけど、めちゃ二人ともイケメンなの。超かっこいいのよね。だから、「ああ本当に普通に、もうこんな、いるんだな、たくさん」っていうのはやっぱり、あそこに行って思ったかな。あそこにいるとみんな明るいじゃないですか、無茶苦茶。「普段はね、ここまでぶっちゃけて楽しそうにはできないんだろうな」とか思うと、「あの場って特殊かな」とは思ったんですけれども。でも、ああいう場がね。映画祭もそうだったんだけど、本当にね、みんな明るいの、楽しそうなの。

セクシュアルマイノリティと実際に出会うまでは、親はかれらが自分と同じ社会に生きていると実感できなかった様子が感じ取られる。そして、セクシュアルマイノリティたちの明るい表情や元気な姿に驚いていることから、セクシュアルマイノリティへのイメージが親たちの中で変化したことがうかがえる。

〝普通〟ではないLGBが、実際は〝普通〟に存在し、生きている。そうした新たな現実を、セクシュアルマイノリティとの対面的な出会いがもたらす。原田さんは、〝次の意識を変えていったみたいなことがあるんですけれども〟と、娘に誘われて東京のパレードに行ったときの感想を話している。

原田さん（母）：いわゆる五〇代ぐらいのレズビアンやゲイの人たちがね（イベントに出ていた）、いわゆる討論会っていうんですか、自分のこう生きてきた過程、今もレズビアン同士生きてるとか、ゲイとしてずっと生きてきたみたいな話をしてらして、自分たちの世界を守ってきたいうふうなことをしてらした方があって、私と同じような年代の方が、「いやそういう人がいはったんか」と。私にしたら、「同じような年代の方で、いわゆる自分がレズビアンだ、ゲイなんだということを認識しながら生きてきた、こんな人がいはったんか」と。それもすごい何かこう、眼を見開かれる思いだったんです。私にしたら、変なイメージしかなかったけど、舞台で話していらっしゃる人たちはそうじゃなかった。いわゆる普通、普通っていうんか見かけも普通で、そのなかで「自分の認識をしながら、一生懸命生きてきてはったんやなあ」って、何か本当にまた違う眼を見開かれる思いやったし。

子どもが〝普通〟ではないことが受け容れられなかった親たちは、セクシュアルマイノリティが〝普通〟だと解釈できれば、子どもの性的指向を受け止めやすくなる。原田さんは〝同性愛者も私と同じ普通の人間〟と認識し、レズビアンの娘も〝変な人〟ではないと考えられるようになったのだろう。

4項　人生設計の変更とユーモアへの変換

子どもからのカミングアウトは、子どもが異性愛であることを前提とした親の期待や人生設計の変化を求めるものでもある。では、ＬＧＢとして自分の子どもを捉えるようになった語り手たちは、子どもへの期待や自分の人生観をどのように変化させてきたのだろうか。

(1) 家族観の変化

前章で、「正しいセクシュアリティ」の規範を強く抱いていた親ほど、カミングアウトのショックが大きいと指摘した。そうした親は自らの家族観を、子どもの性的指向にあわせてどのように変容させるのだろうか。〝跡継ぎ〟として息子を期待していた豊嶋さん夫妻は、息子がゲイだと分かってから墓を売却している。

豊嶋さん（母）：だから、お墓もなにも、私らちゃんと買ってお父さんとしてたのに、「その後は○□（息子）が入ってくれて、また○□が家族を持ってくれて、またその子ができて」、ってこう思ってたんが、もう全部パーになったから、もう、お墓もみーんな、もう売ってしまった。

親と同居していてはパートナーができにくいだろうこと、さらに、ゲイリブに熱心だった息子を思い、LGB当事者団体が多い地域に引っ越すことを夫妻は提案した。

豊嶋さん（母）：ほんとにね、（ゲイリブで）孤軍奮闘してたからねー。ほんで、○□（LGB当事者団体）にも入ってたけども、（距離的に）離れてるっていうことがね、やっぱりね、連絡が取れないのよなかなかそう簡単には。だからね、私、だから、「○×（地名）に行きなさい」って言ったんよ。うん、「○×に行って生活しなさい」って言った。「もうここから離れていっていいから」。

〝跡継ぎ〟として息子を捉えなくなったからこそ、かれらは息子が家を離れることを進言できたのである。

結婚した娘と孫と一緒にいるのを夢見ていた原田さんは、インタビューの時点で娘の将来をこう望んでいる。

原田さん（母）：こんな言うて子どもを産めない人には失礼なんですけど、やっぱり子どもを産み育てるということは、人間として何かすごく嬉しかったなあと自分で思いますので、できたら娘とかそういう人たち、レズビアンとかいうような人たちにも、もし産めるなら産んで、産めなかったら養子さんをもらって、育てる、子育てっていうのはしてもらえたら嬉しいなと思うし、前にちょっと○◎（娘の名前）と話してた時にも、今はばたばたしてますけどまた落ち着いたらやっぱり、娘も「子育てはしたい」みたいなこと言うてましたので。△△（娘のパートナー）さんもそんなことおっしゃってたからね。

ここで述べられている娘の〝子育て〟は、カムアウトされたときに〝砕け散った〟それと同じである。しかし、そこには、カミングアウト直後の原田さんが生殖と無縁とみなしていたゲイやレズビアンが、「親」になり子育てをしていく姿、血縁関係のない〝養子さん〟等が含まれている。彼女が語る内容は、カミングアウトされた瞬間まで抱いていた、娘の孫を見るという夢と類似していても、その内実は大きく異なっている。(7)

親が抱く家族観の変容は、時にユーモアとともに語られる。母親の豊嶋さんは、カミングアウトから〝だいぶ〟たってから冗談が言えるようになったと語る。

豊嶋さん（母）：…だけど、だいぶしてから言ったかなー。「私、姑にならなくて済むわね」って言った、覚えてるん。ね？　お嫁さんが来ないわけだから、そうだと嫁姑の間柄で、ね？　○□（息子の名前）のお嫁さんと、いろいろあるかも分からないけど、「姑にならなくて済む」ってもう最後のほうーはね、もう笑い話で、そんなの冗談が言えるようになってね。

渋谷さんは笑いながら、息子のパートナーの母親と初めて会ったときを振り返る。

渋谷さん（母）：で、そのときに「やっぱ、同じだー」っと思って「やっぱ泣きました？」とか、そう。
三部：ああ。そのときの、カミングアウトされたときの話をお互いに？
渋谷さん（母）：そうそう。そうそう、されたときの話を二人で、お互いにしたりとかね。そそそ。だから、そんな感じで、あのーで、いまでもあのーなんか送ってくださったりとかかね、○○（特産品）送ってくださったり、それで、あたしは、○◇（地元）のなんか送ってあげたりね、そういうような、お姑さん的な関係も

（笑）。

彼女は息子カップルと、日常的に会える距離に暮らしている。地元から離れて暮らす息子のパートナーに対して、自身を〝お姑さん〟としておもしろおかしく表現するまでに、彼女の認識は大きな変化を成し遂げたのである。

「正しいセクシュアリティ」の規範に合致しない子どもの性的指向は、〝普通〟であることを望む親にとって、受け容れがたいものとなり、カミングアウトのショックを大きくする。しかし、子どもの性的指向は親が望むようにはならないと分かると、かれらは子どもの性的指向とそれに伴う生活に合わせて、墓を売るなど現実的な対処をしていく。さらに、認識の変容に伴い、以前は自分を落ち込ませるだけだった子どもの性的指向を、別の角度から捉え、笑い話に転化させていたのである。

(2) 子どもの将来展望

一方で、子の性的指向を認識した親が心配するのが、LGBとして生きる子どもの将来である。

深川さん（母）：やっぱりね、自分の娘ってなると、もしその先にそのことがね、あの、原因で何かこう、しんどいようなことが起こるんだったら心配だなっていうか、「ちゃんとやっていけるんかな」っていう、まあ身内としての心配が。

こうした心配は、パートナーといる子どもの明るい表情や、子どもと同じ立場にいるセクシュアルマイノリティとの出会いを重ねる中で、少しずつ解消されることが示唆されていた。原田さんは、セクシュアルマイノリティ向けの映画祭に参加した際に、娘の安堵した表情を見て嬉しかったという。

原田さん（母）：ちょうど○◎（娘の名前）が受付にお友達と座ってて、その時に娘の笑顔がものすごく良かったんですよ。良い顔して、その、みんなの仲間と一緒に座って、映画祭の受付をしてたんです。で、娘のあのほっとした、ああいう笑顔というのは、私がほんまに見たことのない笑顔だったんですよ。だから娘はね、「同じ仲間といる時って、こんな良い顔ができるんやな」って。「やっぱり一番ほっとしてるんだろうな」って思ったんです。ということは、親の目からみたらやっぱり、一番ほっとしてる娘というのは嬉しいですのでね。仲間といるときの娘っていうのは、本当に嬉しいんだろうなと。私もね、気の合う友だちといる時は多分ほっとしていると思いますので、「やっぱり娘の居場所はここなん」、ここなんていうたら悪いですけど、「そういう仲間といるところなんやな」って思った記憶もあります。

子どもが安心できる環境があることを、セクシュアルマイノリティが集うコミュニティに接した親は知っていく。

豊嶋さん（父）：○□（LGB当事者団体の多い地域）に行ってきたら（息子は）やっぱり明るい顔してたやん。「良かったー良かったー」言うて。（略）

豊嶋さん（母）：○□行って帰ってきたら「嬉しぃー！」って言ってた。「すごい嬉しい」って、「楽しかったー」って言うで。

三部：うん、集まる場所がいっぱいありますもんね。

豊嶋さん（母）：うん、ほいで、結局仲間と一緒に、あの、同じ感覚で話できる、あれが素晴らしいよね？　私らも行ってそれは思いましたわー。○□になんべんも行ってみてね。

娘は恋愛ができないと心配していた堀さんの娘に、パートナーができた。さらにパートナーの両親と良い関係を築き、彼女は娘のパートナーの実家にも遊びに行っている。そして、〝ゲイのシンパ〟である彼女は娘のセクシュアルマイノリティの友人の案内で、ゲイバーに行くという夢を叶えた。

三部：そこはどんな感じでしたか？
堀さん（母）：面白かった。
三部：面白かった。どんなお話しました？
堀さん（母）：どんなお話っていうこともなかったんやけど。
三部：お店の人の反応は？「お母さん」だって言って入ったんですか？
堀さん（母）：そうですそうです。いったん入って、（娘が）「うちの母親」みたいな。楽しくって、楽しくってっていうか、バーのママ[8]っていうかすごい好みのゲイの方やったんで、クマさん系私好きなんですよ。
三部：クマさんキタ。
堀さん（母）：クマさんキターッ！　みたいな、もう、丸くて、髭はやしてて、「いや絶対これ、かわいいかわいい」とか言ってぎゃーぎゃー言ってたから、あと何を話してたか覚えてない。

虹の会の活動を通して、様々なセクシュアルマイノリティと出会うようになり、子どもへの心配はなくなったと大塚さんは言う。

大塚さん（母）：私が最初心配だったのは、「あの子はどーやて生きていくんやろう？」っていうのが、凄く心配だったんだけど、○□さん（セクシュアルマイノリティの名前）に会い、パレードでいろんな人に会い、こうやって、ほら、いろんな人とも話すようになったでしょ？　え、あの、ゲイの人たちとも色々話し、ね、こうやってお茶飲みながら（（インタビューは喫茶店で行った））話するような人も増えてきて、すっごい私安心したのー。（（三部を見つめながら））先輩がいっぱいいるじゃないのー。

三部：（笑）。

大塚さん（母）：「こんな立派に生きてるじゃないの」って感じやね。そういう心配は無くなったね。

自分の子どもの〝先輩〟との出会いを通して、親は〝悲惨〟ではない、明るい子どもの将来を見通せるようになる。とりわけ、同性への性的指向を忌避していた親が、子どものパートナーを望むのは大きな変化だろう。親が子どもに対する期待を変更させることで、子どもの未来を明るく捉え、子どもが歩むだろう将来に沿って親自身の人生観を変更するという現実的な対応をしたのである。

注

（2）私はどんな本を読んだのか聞いてみたが、彼は書名を覚えていないと言っていた。例えば手軽に読める新書に、永井義男の『江戸の下半身事情』（二〇〇八年、祥伝社）などがある。

（3）元大阪府議会議員の尾辻かな子（おつじかなこ、一九七四年―）氏のこと。彼女はその後、国政に立候補している。民主党に離党届を提出した室井邦彦参院議員の議員辞職に伴い、民主党の名簿順位に基づき繰り上げ当選した。二〇一三年五月二三日から七月二八日までの二ヶ月間、レズビアンと公表した初めての国会議員となった。他にも上川あや（かみかわあや、一九六八年―、世田谷区議会議員）、石川大我（いしかわたいが、一九七四年―、豊島区議会議員）、石坂わたる（いしざかわたる、一九七六年―、中野区議会議員）等セクシュアルマイノリティとしての立場を明らかにした議員が誕生している（二〇一四年二月現在）。

（4）石川大我『僕の彼氏はどこにいる』（二〇〇二年、講談社）を指す。

（5）ＭｔＦトランスジェンダーの芸能人。自伝に『素晴らしき、この人生』（二〇〇九年、講談社）がある。

（6）娘と話し合いながら相談相手を選んでいることからわかるように、堀さんは娘の性的指向について娘と直接話すことができている。おそらくそれが可能なのは、彼女が〝ゲイのシンパ〟としてセクシュアルマイノリティを否定しない知識を持っているからだろう。

（7）セクシュアルマイノリティが性交渉や生殖を介さずに子どもを育てる方法は、いくつか想定できる。日本の制度では、何らかの事情で産みの親に育てられない子どもを里子として「家庭的環境」で養育する里親制度（厚生労働省 2006; 和泉 2006）、子どもとの養子縁組がある。養子縁組には、養子と実親・親族との関係は継続する「普通養子縁組」と、六歳未満の子を養子にし、実方の血族と法的関係が切れる「特別養子縁組」がある。特別養子縁組ができるのは、法的に婚姻している夫婦に限られており（民法八一七条三）、未成年者の普通養子縁組は家庭裁判所の許可が必要で（民法七九八条）、審査はかなり厳しいとされる（利谷 2010: 124）。セクシュアルマイノリティのこうした制度の利用を禁止する文言はないが、セクシュアリティがどのように判断させるか未知な部分が多い。原田さん本人は、そもそも法律上の制約をあまり知らない様子だった。

（8）ゲイバーの店員は男性が多いが、《ママ》と表現される。

3節　新たな自己意識――「縁者のスティグマ者」になる親

親は、子ども以外の対人関係にも向き合わなくてはならない。自分の子どもがＬＧＢだと認識した親は、他者に対してどのように自らを意識するようになり、どのように自己を呈示していくのだろうか。本節では、親が意識しはじめる自己として１）子どもに対して、２）子どもの性的指向を知らない人物に対しての順に検討する。

1項　子どもとの立場の違い

カムアウトされて初めて、親の知らぬ間に、子どもが性的指向をめぐって様々な経験をしてきたことに親は気づく。石川さんは、息子の前で娘と一緒に〝おもいっきしそれ風の人見たら、もう二人でわぁわぁ〟騒ぎ、セクシュアルマイノリティをからかっていたことを後悔していく。

石川さん（母）：あとから（ショックが）来た。「なんとかわいそうや」と思ったわ、やっぱり。何て言うたらええんかなー。それ（性的指向）は、オッケイとしてね、「え、どうやって」、「どうやって」っていうことはないけど、じゃ、例えば好きな人ができて、手つないで歩きたいとか、まぁ、些細なことやけど、そんなことでも、やっぱり、何かを感じるやろうし、周りの人のなんかを感じるやろうし。んー、なんかそういうことに、すごい私は苦しんだ。自分が今まで簡単にこう、「あっちサイドの人やな」っていうんで、切り離してたもん。自分の、暴力じゃん、そういうのって。それをすっごい、あの、感じて、苦しかったー。泣いてたね、ずっとー。

三部：ああ、そうですかー。

石川さん（母）：うん。「それを子どもにしちゃったんやー」と思って。

ゲイの息子の目に映じていた自己を振り返り、息子を〝あっちサイドの人〟と切り離していた自分の行為を、彼女は〝暴力〟とまで表現している。彼女の出した解決策は、子どもを〝一人にしてあげる〟ことだった。

石川さん（母）：うん、だから、ほんと、苦しんだね。だから、「早く一人にしてあげたいなー」って思った。あの、「家から出たいんやったら出ていいよ」っつって。うんー。ほな、一九（歳）ぐらいで出たかなー？　あの子。

三部：早く一人にしてあげたいっていうのは？

石川さん（母）：っていうのは、家庭の中で、すごいマイノリティなわけじゃん。みんなストレートな訳やから。私らにとっては当然な話が、違う訳でしょ？　いちいち違う訳。で…すごい繊細な時期だしー。一人の方が良いと思う。そういう時って。で、そっちの世界の人と、あの…遠慮なくね？　かかわり持てるし、うん。だから、すごい寂しかったけど、うん。

ＬＧＢの子どもは、他の異性愛者の家族成員とは異なる経験をする、家族のなかの〝マイノリティ〟であることに親は気づいていく。息子からのカミングアウトを契機に、家族内に次のような変化があったと、大塚さんは話している。

大塚さん（母）：息子対他の家族っていう構造が、やっぱり、生まれるっていうのは、あるよね。だって他の家族には、無いその、悩みを、彼は抱えてる訳だから。

こうして子どもとの違いを実感しながら、親たちは「自分の子どもがＬＧＢである」または、「自分はＬＧＢの親である」という自己認識に至っていく。

異性愛者の親と、〝マイノリティ〟となるＬＧＢの子の立場は違う。したがって、ＬＧＢが他者に自分の性的指向を話すのと、親が子どものそれを他者に話すのは質的に異なる行為となる。「ＬＧＢの子がいる親」は、自分が子どものセクシュアリティを他者に話すのを躊躇する。

三部：まあ、それじゃああんまり他の人に、お友達に話すとか…。

火野さん（母）：いや、別に私ね、話してもいいんですよ。私の姉とかになんかには話してるんですけどね。だから（本人から詳しい話を）全然聞いてないんですけどね。この子がね、どこまで、私が勝手に人に話していいのかしら、どうなのかしらっていうのも、うん、分からないしね。

親が心配しているのは、その後の子どもへの影響である。親友からの一言で〝ぽっと眼が覚めた〟渋谷さんではあったが、人に息子のことを話すと、不安を感じてしまう時もあるという。彼女は友人に息子の話をした後、不安に襲われてしまったエピソードを語る。

渋谷さん（母）：（家に）帰ってきてからね、ちょっと心配になっちゃって、で、心配になっていうのがね、あたしの、その、あの、お友達のなかに、偏見を持ってないから、なんでも言っちゃう人がいるの、反対に。

ここで、渋谷さんは知人が〝部落民〟であることを悪意なく話してしまう人を例に挙げ、相手が〝全然偏見がない〟ことで、却って話が広まってゆき、その結果息子に〝迷惑かけちゃうかもしれない〟と心配したという。

渋谷さん（母）：別に（注：「部落民」だからと）分かったからって、別にあたしは、どうってことないけど、（言われたことで）分かっちゃったし、だから、その分かっちゃったことに対して、「あの人、そうなのよ」って、変な眼で見る人も、中にはいるじゃない？　だからそういうの考えたら、もしかして、あの人（息子のことを話した相手）、偏見全然持たなかったらね、反対に。「あ、そうなの？」ってか持たなかったから、「もし

かして、他のところでぺろって話しちゃったら、どうしよう」って思っちゃって。(9)

虹の会で積極的に活動し、より多くの人に性の多様性を〝正しく〟知ってもらいたいと語る大塚さんも、自分の行動が引き起こす息子への〝迷惑〟に言及する。

大塚さん(母):あたしが言うことで、あたしを知ってる人はこの子だっていうのが特定できるじゃない? だからこの子の周りでは、それができないから、ほんとに全然この子の友達にも知られないっていうところで、話はできるけど。やっぱり、あの、もっと知ってもらいたいなって思ってる人がいる、いるけども、まぁ、やっぱり、あの、親の、親の、やっぱりこういう運動するには、難しいところでしょ? 親が言うことで、子どももっていうのも、特定できる訳でー。

「LGBの子どもがいる親」だと親が他者に自己呈示することは、「子どもがLGBである」と伝えることでもある。家族の外部から自分の子どもがどうみられるのか気にする親は、親の行動によって子どもに〝迷惑〟がかかるのを恐れる。したがって、親は自分の経験を話す場が限られてしまう。

2項 新しい自己認識——カムアウトされる側からする側へ

以上では、「LGBの自分の子」に対置される、異性愛者としての自己を語る親たちの姿を析出した。親子間に新たに生じる構造に加え、親は子どもの性的指向を知らない人物との間にも壁を感じるようになっていく。

(1) 祖父母世代・親戚への「カミングアウト」

子どもからカムアウトされた親が、今後の心配事として語るのは親戚への説明である。カムアウトされた親が、自分の親へどのように「カムアウト」すべきか悩むようになるのである。

息子の性的指向を知ってから、生物学的繋がりが切れてしまうのを寂しく感じたという父親の渋谷さんは、自分の母親についてこのように話している。

渋谷さん（父）：今一番僕は、難しいのは、自分のお袋には言えないんですよ。それはたぶん僕の、さっき言ったね、人がこう下に繋いでいくって発想は、たぶんお袋の影響があるんじゃないかと思うんですよ。やっぱりこうなんかして繋いで、繋いでいくっていう。だから、彼女（お袋）にしてみるとやっぱり繋いで欲しい部分があってー、一番最初の、その、子ども、孫の中で一番上である○◇（ゲイの息子の名前）であって、○○（別の子の名前）じゃないんだよね。そういうのがあるっていう。そこにいっちゃうと、ちょっともう八○（歳）近いから、ショックが大きいんで（笑）、その辺はちょっと、あの、「今、結婚してないやついっぱいいるから、別に四○（歳）で、僕の会社なんかでも四○代で結婚しない、まったく普通の男性だけど、そんなんごろごろいるから」、うん、「世の中、そんな世の中だから」って感じのこと（お袋に）言って。そういう言い方で逃げちゃったけど（笑）。

知識のない人には説明が面倒なことから、親戚や他の子どもには敢えて伝えないと早見さんは語る。彼女は、自分のきょうだいや親戚には〝言われれば、答える〟つもりだが、自分からは〝面倒だから〟〝理解〟されないから言わないという。

早見さん（母）：多分理解できないと思う、まわりの人は。で、しかも特に田舎なんてそんなことありえないから。

三部：あーそっか、○□（早見さんの地元）の田舎だから。

早見さん（母）：そうそうそう。他は別に説明するところもないしね。でも、ほら、友達にもやっぱりこれくらいの年になってきて「（娘さん）結婚しないの？」って言われたら、「しません」って言っておけば今時済むじゃない、別にね。そんな説明する必要性もないし。


同じく、祖父母世代は〝理解〟ができないので、娘と相談して祖父母にカムアウトをしないと決めたと堀さんは言う。


堀さん（母）：じいちゃん、ばあちゃんには、（娘と）相談したんですけど、「言わんほうがええやろ、昔の人やけん」、もう何か、「心穏やかにあの世にいかしてあげよう」と、娘と相談して、「言わんとこ」っていうことに。

三部：二人で相談して決めて。

堀さん（母）：そうですね。あの、本当は言うて、ちゃんとしたい気はあるんですけど、多分、もう、それを理解するの大変かもしれんな、と。


では、実際に祖父母に孫の性的指向が伝わった場合、どのように反応されたのか。石川さんは息子がゲイだと〝ばれちゃった〟ときのことを、次のように笑いながら話してくれた。母親は〝どんな風にでも生きていける〟と捉えてくれたが、父親は違ったと言う。

石川さん（母）：うちの娘も私も、なんかえらい「どうしたらいいのよー？」みたいなこと（父親に）いっぱい言われたね。うん。娘、かなり頭きて、うん、喧嘩してたわ。うん。さすがやなと思って。家の中にいる時はね、あの、「○◎（息子の名前）はもうヘタレやから」（笑）とか言うて、言ってるけど、出るとこでたらね、やっぱすごいかばうね。かばうし、「本人のせいじゃないやん！」みたいな感じで、すごい楯突いてた、おじいちゃんに（笑）。そやけどおじいちゃん、もう、戦争ねぇ？　体験した人で、その、戦争前ってかなり、あれ、あの、なんちゅうの、偏見を持って見られる時代があったじゃない、同性愛者の人にね。それが、頭にあるんやんな、結局そういうこと。かんなり、言ってた。「治させ！」とかいう（笑）。

豊嶋さん夫妻の場合、息子が妻方の親戚の葬式でいとこたちにカムアウトしていたため、妻方きょうだいは息子がゲイだったことを知っている。夫婦で虹の会に定期的に参加するのをきょうだいが〝理解〟しているため、気が楽だと妻は言う。

豊嶋さん（母）：（息子が）亡くなった後に、いろんなこと話するのにそういう会（「虹の会」）があるっていうのを私らは、あの、その会に行くっていうの、△△（遠方の地名）とかであるじゃないですか？　それはもう、妹たちには言いやすくなりました。「その会に行ってくる」言うて。ほんで、妹たちもものすごいみんな理解してくれて、うん、「○□君がそうやってねー」って言うてね、それはものすごい理解してくれて。

しかし、夫の側は〝わしの親戚は言うたけども、受け容れてくれへんねん〟と、好意的ではなかったと言う。親戚がかれらの新たな立場を認めない場合、親戚のなかで親は孤立したような感覚を抱いてしまうのである。

このように、子どもからカムアウトされた親が、親の周囲の人々へ「カムアウト」する立場になっていく。親戚へのカミングアウトを躊躇するのは、親のかれらが子どもの性的指向を否定されたり――〝治す〟ように迫られたり――、結婚して子どもを産むよう期待されていると感じているからである。[10] LGBも、こうした親や親戚からの結婚圧力を感じている。ゲイ男性の下田さんは、親にカムアウトする前に親が二世帯住宅を建ててしまっている。

下田さん：長男で、その二世帯用の家を建てるために△○（地名）に来たんですけど、で、長男だから僕が結婚して、で、「子どもができてもそこに住めばいいと思ってる」って（母は）言ってたけどー、だけど、「そういうのは無理だから」って。だから、「当てにするんやったら、弟を当てにして」って。

LGBの子どもが親・親戚からの結婚期待を無視できないように、親も自分も親・親戚からの同様の期待を改めて意識させられている。

親のこうした新しい立場を、Goffmanの「縁者のスティグマ」概念から捉え返してみたい。彼はスティグマを付与される人物と「社会構造上スティグマのある人に関係をもっている人」が、時に当事者の外側の包括社会から何らかの点で一つのものとして扱われると指摘する。その例として「精神疾患者の貞実な配偶者、刑余者の娘、肢体不自由児の親、盲人《ママ》の友、[11] 絞首刑執行人の家族」を挙げ、「みな彼らが関係しているスティグマのある人の不面目をいくらか引き受けることを余儀なくされている」（Goffman 1963 = 2003: 58）と述べる。「それ（注：スティグマ）のある本人から、親しい人たちへと波及する傾向」（*ibid.*: 59、注引用者）があることから、かれらは「縁者のスティグマのためにスティグマをもつことになった人びと（the individual with a courtesy stigma）」（*ibid.*: 59）であるとGoffmanは論ずる。

縁者のスティグマを他者との関係性を通して意識し始める親は、スティグマを付与されるＬＧＢ本人と同様、さまざまな印象操作をおこなう。対処方法の一つとして、〝理解〟できない人には「ＬＧＢの子がいる親」という自己を呈示しない道を選ぶ。他方で、子どもの性的指向を明らかにしても、相手から縁者のスティグマとみられなければ、そこでの関係性のなかではスティグマは生じない。

(2) 配偶者・配偶者の親戚への説明責任

ＬＧＢは必ずしも両親にカムアウトしている訳ではない。これは、同じ家族のなかで、子どもの性的指向を知っている人物と知らない人物が生活を共にするという二重の構造を成立させる。この中で子どもの性的指向を知っている親は、何も知らない配偶者への説明責任を感じるようになる。

和田さんの夫は、子どもがセクシュアルマイノリティだと気づいていない。理由として彼女は、夫が平日仕事で週末も趣味で家を空けることが多く、子どもと顔を合わせる機会が少ないからだと言う。子どもたちは、そんな父親を〝自己中父〟と表現し、子どもに〝無関心〟な父親にカムアウトする必要は無いと母親に口止めしている。彼女は、以前から、夫との間で子どもの教育について意見の相違があったと話す。

和田さん（母）：（夫が）嫌がったんです。（息子が）お姉ちゃんと一緒に髪の毛縛ったりとか、すごいしたがるから。（略）「○□（息子の名前）は男なんだから、そんな恰好させせんな」とか、すっごい怒ったの。で、「いいじゃん、したいって言うんだから、そんな」（と夫に言い返した）。私は「したい」って（息子が）言うから二人ともかわいくしばってあげるんだけど。すっごいそれが嫌だったみたいですね。というのがあるし、○□に対しては、「男はな」、結局アウトロージャないですか、（息子は）学校もやめちゃったりとか（注：高校を中退している）、そういうの、学校と適応できないから、「何であいつはみんなとうまくできないんだ」「何でみんなと同じようにできないんだ」っていう言い方するんですよ。で（夫は息子に）「男はな」って（諭す）、○□に言うには、「男は結婚して、子どもを産んで、家庭を守るんだから、そんな（注：息子が目指している）ミュージシャンとかね、そんなことを言っててもちゃんとした職につかなきゃいけないんだから、高校は出なきゃいけないぞ」みたいな説明をするんですよ。だから、息子の中では、「あいつはもう何言ったって理解できないから言わない、言いたくない」って感じで。

夫が息子に求めている男性像は、性別役割分業に則った規範的異性愛家族――〝男は結婚して、子どもを産んで、家庭を守る〟――における父親のそれである。同性への性的指向を意識し、〝家庭を守る〟ことを考えて職業選択をしていないと（父親には見える）息子は、父親の要望と真っ向から対立する。加えて、父親が表す同性愛嫌悪が、子どもが父親へのカミングアウトを避ける決定打となっている。

和田さん（母）：結局、何か普段会話してても、（夫が）「新宿二丁目（注：ゲイバーなどが集まる地域）っていうと、あそこはコレが多いからな」って、ほら、やるんです（（手の甲を反対側の頬に寄せる））。

三部：これ、これ、やるの？（（手の甲を頬に寄せる））。

和田さん（母）：やるんですよ。（それを見て娘が）すっごいすっごい嫌な顔するのね。

三部：ああ娘さん？
和田さん（母）：そう。でも（娘は）何も言わないけど、結局、（夫は）当たり前に育ってきたから「ゲイイコール変な世界、人」みたいな、やっぱり普通の反応するんですよ。（略）（子どもたちは）「だって、何にも聞かないじゃん。（父親は）私たちのこと興味もないのに、言うことないじゃん」っていう感じかな。こーれが大きな山かなって思ってるんですけどね。

夫があけすけに表明する同性愛嫌悪が、子どもからのカミングアウトを阻み、妻からも子どもの性的指向を打ち明けにくい状態を作り出している。逆に、母親のほうがＬＧＢに対するイメージが良くない場合はどうだろうか。セクシュアルマイノリティを〝危ない〟と感じている妻に、自分が説明しなければと、小川さんは感じている。

小川さん（父）：（娘はまだ）子どもで、かつ、あの言葉は悪いですけれども、その、変な人たちと、あの、（変なこと）に巻き込まれちゃうんじゃないかって心配だと…
三部：そういう意味で危ないんじゃないかっていう…
小川さん（父）：うん、だと思うんですね。ちょっと、この間（妻がそのように）ちょっと言った時に、あんまり深く私聞かなかったんだけどね、今度は聞かないといけないんだけど、「何が心配なの？」って。多分そういうことだと思うんですよね。

一緒に暮らしていない親戚には、「今どき結婚しない人は珍しくない」と言い、子どもがＬＧＢであることを言わずにも済む。しかし、子どもの性的指向を先に知った親は、配偶者へ説明する義務が自分にあると感じている。配偶者間に、子どもの性的指向を知っているか否かの境界線が引かれ、それぞれが違った形で子どもをみているのである。

(3)〝普通の人〟に対して――「家族としての当事者」になる

親は他者に対して「LGBの子がいる親」という自己をどのように呈示したらよいのか、子どもは異性愛者として見られるままにしておくほうがよいのかと印象操作をめぐる戦略を練るようになる。ここで、カムアウトする親子に対置されるのは、〝普通〟の人である。

渋谷さんは、息子からカムアウトされる以前は気にとめなかった、友達からの結婚話がうっとうしくなってきたという。

渋谷さん(母):反対にうるさいんだと、「○□さん(息子の名前)まだ結婚しないの? 結婚しないの?」って言われて、もう、うるさいなって。

三部:あーあ。周りから言われてることがうるさい?

渋谷さん(母):そ、そう、周りから、そうそうそう。で、「まだお孫さんできないの?」とかって、言われたりね、で、「孫かわいいわよ~」って言うから、「あ、そうなのー? やっぱりかわいいよね」とか(あわせて)言うと、そやっていくと、で、もう、あのー。

三部:(笑)言ってる。

渋谷さん(母):そそそそそ。そ、「あなたんとこ男よね、もうすぐできるわよー、○□さんだって、もうすぐ結婚するわよー」とか言うの。で、余計なお世話だよ! みたいなね。

結婚話についていけないとするのは、カムアウトされた親だけでない。ＬＧＢたちも似たような話をしている。レズビアンの甲田さんは異性愛の友人の結婚式に出席して、とても〝疲れた〟と感じたため、二度と行きたくないと語る。彼女は異性の結婚式に出席する度に〝ご祝儀〟を払い続けることに、〝理不尽〟さを感じている。なぜなら、現在の日本では同性カップルは婚姻できず、異性愛者に祝われることはないからである。さらに、結婚式に出席する人たちの大半に彼女はカムアウトしていないので、彼女は結婚式の場では異性愛者のふりをする必要性を感じるという。自分は結婚できないにもかかわらず、異性愛者の結婚を祝福し続ける〝その状況〟のつらさは、招待する側にはなかなか伝わらないと、甲田さんは嘆いていた。

縁者のスティグマを気にする親たちも、他者から持ちかけられる子どもの結婚話を意識し始める。その上、かれらは異性愛規範を感じさせる子どもの結婚の話題だけでなく、ＬＧＢに対する嫌悪発言もやりすごすことができなくなる。

大学卒業後も当時所属していたサークル仲間と集まり、学生の頃のような時間を楽しむという和田さんは、いつものように〝大学の仲間〟と会ったときに、友人が発した言葉に驚いたと話す。

和田さん（母）：突然、「ゲイは気持ち悪い、信じられない」っていう話したんですよ。「俺は、俺の息子がもしもゲイだって言ったら、俺はぶん殴ってでも、もう、そのことを許さない、そんなゲイなんて気持ち悪い」ってことを言ったんですよ。（略）あまりにも彼が、「気持ち悪い」とか「許せない」とか「受け容れられない」とか、言ったから（反論した）。でも、これが、この社会の、反応なんだなと思って。

三部：しんどくなったりとかしなかったですか？　そうやって連発されたとき。

和田さん（母）：しんどく…、悲しかったかな。「ああ、自分の子どもたち、否定されてるのかな」と思って。それで言っちゃったの。「そんな特殊なことじゃない」っていうか、「普通の子なんだ」ってことは言いたくて。

（略）まあそんな感じで、「世間ってこうなんだ」っていうのを知りましたね。

三部：うんうん、その仲良くていい人だと思ってた人が言ったのがびっくり？

和田さん（母）：そう！　びっくり。「あの子がこんなこと言うの」っていうのにびっくりだった。

和田さんは友人の同性愛嫌悪的発言――〝ゲイは気持ち悪い〟、〝ぶん殴ってでも、許さない〟――に〝世間〟の反応を読み取る。かれらは「LGBの子がいる親」への社会からの風あたりを、友人という親しいはずの人々との行為の中に見いだす。親は、「家族として当事者」となり、縁者のスティグマ者としての印象操作を余儀なくされながら、カミングアウト以前と一見、変わりのない日常を生きていく。

そうした日常生活での「当たり前」を、やぶるのがインタビューである。なぜならかれらが「LGBの子がいる親」として受けるインタビューは、日々行っている印象操作に心を砕かなくても良い場となるからだ。特に、調査者がLGBに属する人間だと意識する親にとって、インタビューはかれらが日常生活で行う相互行為と異なる空間を開く。石川さんは、インタビュー冒頭、調査者にいろいろと質問を投げかけた。そこで、彼女は〝LGBT関係の人〟と普段から会うのかと聞いてきたので、私は〝当事者〟なので、日常的に会うと答えている。石川さんには、虹の会スタッフからの紹介でインタビューを依頼した。以下ではインタビュー終了間際に、どのようにスタッフから私が紹介されたかを聞いているところである。

三部：その時、どういうふうに私のことが紹介されてたんでしょうか？　お茶大の、東京の学生っていう？

石川さん（母）：うん、そうそうそう。で、当事者の方っていうのは知らなかった。うん。だから、やっぱり、「えー、（自分と）関係ないのに結構、論文で（まとめる）っていったら、難しくない？」みたいな（笑）、思ってた。（略）で、今日やっぱり聞いて、すごい、納得したー。（略）虹の会の人もそうやけど…（三部を見つめて）なんか、あの、話してて、まぁ、こんな話ばっかりしてるからかなと思うけど、ものすごい違和感ないのよね。うん。…こう、なんちゅうの？…普通の人としゃべってる方が（笑）、違和感があるねん（笑）。普通の人ってどういう人か、またわからんくなるけど……何なんやろうな？　虹の会の人の…すっごいいたわりって言うのかな、優しさに包まれるような感じ、ん、が、すっごいした。うん。で、うん、すごい初回（参加して）びっくりしたね。あ、自分やっぱり、こう…「痛んでる部分があったんやなー」って、思った。うん、だから、同じ立場の人と、こう、話するだけで、すーっごい癒されたもんね、うん。

親たちは〝普通の人〟が見せるＬＧＢへの嫌悪感を前に、自分の子が否定されているという悲しみを抱く。こうした親の姿は、〝普通の人〟である《ノンケ》が「ホモ《ママ》」「レズ《ママ》」ネタで笑いを取る場に居合わせて、自己が否定される感覚を味わうＬＧＢたちと重なってくる（３章）。ＬＧＢも何気ない日々の会話に登場する、結婚話にも距離を感じている。石川さんにとって、〝当事者〟である私とのインタビューは、〝普通の人〟とのおしゃべりではない。彼女はＬＧＢに〝同じ〟何かを感じている。それは、ＬＧＢを〝普通〟ではない存在とし、周囲の人々までをも傷つける異性愛規範社会がもたらす問題経験である。

注

（９）齋藤直子は、被差別部落出身者のうける婚姻差別を論じており、家族を磁場とする差別問題に着目している（齋藤 2007）。

(10) ＬＧＢの親へのカミングアウトの難しさを象徴するものに、親から期待される結婚がある。
(11) 「盲人の友」にも、縁者のスティグマが及ぶ可能性もある。しかし、家族と友人が同程度、スティグマを引き受けるとは考えにくい。4章でみたように友人は切り離し可能で、家族は代替不可と考えているＬＧＢにとって、家族への縁者のスティグマは無視しがたいものである。

小括

スティグマとは、その人の差別や偏見を必然的に生み出す属性ではなく、関係性のなかで生じるものである。ということは、同性への性的指向をスティグマとみなさない他者との間では、スティグマは消える契機がある。そして人々の相互行為のありようを規定するのは、その社会の背後にある規範である。

ゲイの息子を〝理解〟できたと実感するようになってから、信頼できそうな人には息子の性的指向を話すようになった渋谷さんは、自分が他者に息子のことを話す意味をこう述べる。

渋谷さん（母）：「渋谷さんの息子だったら、ゲイでもそんなに気持ち悪くないわ」ってね、思う、思うようなね、人で。そういう風に思われたら、ひとつ、一人、その、味方をつけることじゃないかと思って。（略）そう、だからね、そんな感じで、で、その人、その人にはそうして話した、全然関係はもっと近づいたって、反対にね。ってか、話して近づく人、は近づくのよね。で、それがあたしのカミングアウト、でもあるかなと思うんだけど。

〝あたしのカミングアウト〟と表現するように、彼女は自分の「カムアウト」する立場を認識している。そして、その行為がときに〝味方〟をつくることにもなると言う。しかし、彼女は相手を選んでいる。誰にでも簡単に話せないのは、LGBへの社会の偏見があるからだと彼女は言う。

渋谷さん（母）：やっぱそれは世間体のことが随分あると思うのね、だから、別にゲイの人でも、ぜんぜん世の中が、ゲイの人がいる世の中になってれば、いて、普通の世の中になってれば、あの、たとえば、あたしが、その、「（息子さんは）結婚しないの？」って言われた時だって、それ、誰に対してもね、「あー、しないのよ、うちゲイだから」って言って、「あーそうなの。なんだゲイだったの。じゃあ、しないよね」とかで終わっちゃうとかね。

親は日常生活で他者と重ねる相互行為を通して、「LGBの子がいる親」として、縁者のスティグマを意識させられる。信頼できそうな人には自分の思いや、子どものことを話したいが、親の自分が勝手に話すことで、スティグマの影響を直接被る子に迷惑がかかってしまうのではないかと不安になる。LGBと同様、異性愛規範社会のなかで生きづらさを感じながらも、他者からの援助をえにくい親たちは、個人的努力で縁者のスティグマに対処しなくてはならない。

石川さんは虹の会に参加して自分の傷を自覚し、癒やされたと語っていた。虹の会とはいったいどのようなグループで、参加者たちは何をえているのだろうか。

7章　カムアウトする親子
――「虹の会」の実践――

娘は小学校の時から悩んでいたらしいんです。小さいときから悩んでいただなんて全く知らなくて…親として何もできなくて…頭真っ白になってしまって、仕事三日も休んでしまいました。でも私は、私が落ちこんでいたら子どもを受け容れていないことになると思って、それでも耐えられなくて、「いのちの電話(1)」に電話して、窓口の人にずっと、電話して泣いてました。やっと親友に話せるようになって、一緒に泣いてくれる友達ができて、それでやっと元に戻れました。娘の前では絶対に泣いてはいけない、子どもの目の前では絶対に泣かないと思いました。（娘がレズビアンだと分かった母親）

性的指向を自覚するとともに徐々にコミュニティにアクセスし、相談できる相手と出会う子どもと異なり、親は子どもからのカミングアウトという突然の出来事によって、子どもに縁ある人物としてスティグマを意識するようになる。異性愛が「当たり前」の交友関係のなかで、親が安心して話せる相手をみつけるのは難しい。話した後も、子どもに無断で話して良かったのか、子どもに迷惑をかけるのではないかと心配する。子どもが明るく元気に生きるのを望む一方で、親戚の目を意識する親は子どものカミングアウトを望ましいとは感じられなくなる。

このように子どもに対して両義的な立場にある親のサポートを目的に作られたセルフヘルプグループ（「ＳＨＧ」）が、本章で分析する虹の会である。ＳＨＧは、1）グループのメンバーの考え方や行動を変えていく自己変容的機能と、2）グループのメンバーをとりまく社会的環境に働きかける社会変革的機能の二つの機能がある（岡 1988）。虹の会の設立の趣旨は、専門家の手を借りずに同類の経験をした人たちの相互援助にあり、定期的に集まり（「定例会」）を開き、各々の体験を語り合っている。しかし、当会は同質性を前提とするＳＨＧとは異なる様相を呈している。会には、同類の経験では包摂されない多様な人物が参加しているがゆえ、特色ある相互行為がなされているのである。自分の子どもからカムアウトされ、会の運営を担う親《スタッフ》、恒常的に参加する親の《常連さん》、虹の会で初めてセクシュアルマイノリティや他の親に会うと語る親の《初心者さん》等の「親参加者」に加え、子どもとして参加するセクシュアルマイノリティの《本人さん》、異性愛自認で友人・知人にセクシュアルマイノリティやその親がいるとする《アライさん》など、参加者は会の中で異なる役割に分化しながら会を支えている。[2]

本章では、虹の会の役割間の相互行為を分析し、会が参加者に提供する場を論じる。具体的な分析に先立つ1節で、虹の会の設立の経緯と特徴を整理する。続く2節では多様な参加者がいながらも、安定的に活動が続く定例会の雰囲気を記述する。3節では虹の会という場で、親参加者とセクシュアルマイノリティ参加者との間で成立する「疑似親子」関係を掘り下げる。最後の4節で、疑似親子を取り巻くセクシュアルマイノリティ本人と異性愛者のアライさんについて検討する。なお、本章では、虹の会の特色を際立たせるために、LGBと親へのインタビューも補足的に使用する。

注

（1）ホームページによると「一般社団法人日本いのちの電話連盟」は、「電話を通して人々の悩みを聴き心の支えになっていこうという活動を行うボランティア団体の全国組織であり、日本自殺予防学会と国際自殺予防学会（IASP）と連携して自殺予防のために活動」している（http://www.find-j.jp/zenkoku.html 二〇一四年二月二五日閲覧）。

（2）すべてに《　》をつけると煩雑になるので、初出と表3以外の《　》は外した。

1節　設立経緯と特色

1項と2項で、スタッフへのインタビューとメール[3]の回答をもとに、虹の会の設立経緯と活動を述べる。3項で述べる虹の会の特徴を踏まえて、4項では、会には参加しない層に触れ、会の特徴を示したい。

1項　設立の流れ

会設立への大きな流れをつくったのが、母親のAM[4]さん（六〇代）の娘が書いた自伝の出版である。息子からカムアウトされた母親のBMさん（五〇代）がこれを読み、著者のCさんと面会した。その場でBMさんが親の会設立を訴えたことから、CさんがAMさんをはじめ、子どもからカムアウトされた異性愛者に声をかけ五名ほど集まった。二〇〇六年四月のことであり、これが虹の会としての初めての集まりとなった（INT201106）。

関西で数度の集まりを経た後、五〇代のD夫妻が二〇〇七年の春頃からメンバーに加わることで、NPO法人化の話が持ち上がる。D夫妻は子どもが〝性同一性障害〟だと知ってもまったく悩まず、〝すんなりいったのはおかしいぞ〟、行動をおこさないと〝ちょっと悪いかな、世間に〟（D夫）と感じたという。D妻は子どもからカムアウトされて悩んでいる親のために、活動への参加を決めたと話している。NPO法人立ち上げ経験のあるD妻が、異性愛者の友人女性と申請準備を進め、虹の会は二〇〇七年一一月にNPO法人となる（INT201106）。彼女は、〝人に対する同情みたいな、そんなことから始まった活動〟を続けるのは難しく、ＮＰＯ法人資格をえて助成金申請の道を開くことが会継続には必要だと考えたと話す[5]（INT201106）。そして、二〇〇七年四月に東京で開かれた虹の会交流会に参加していた〝性同一性障害者〟の子がいる五〇代のＥ夫妻が、関西のスタッフから〝全国展開をしたいので〟と依頼されたのを機に、二〇〇八年三月からＥ夫妻が東京での定例会を開くようになった（EM201107）[6]。

こうして五〇代から七〇代にわたる親がＮＰＯ理事（以下「スタッフ」）となって、会を運営している。設立の経緯からわかるように、当初はセクシュアルマイノリティの子を持つ親を主な参加者として想定していたが、活動を開始したところ、セクシュアルマイノリティの本人さんや異性愛者の友人アライさんも来るようになった。会としては〝ご本人が来るのは想定外〟（INT201106）であり、こうした多様な立場の参加者が、虹の会の固有性を生み出していくことになる。

２項　活動内容と〝グランドルール〟

親スタッフへのインタビューやＮＰＯ法人総会[7]で得た情報によると、虹の会の活動を推進するのは、参加者同士の１）ピアサポートと、社会啓発などの２）外部への発信の両輪である。ＮＰＯ法人化後の二〇〇七年から二〇一一年までの参与観察中の活動内容を、サポート事業[8]の主軸である定例会を中心に紹介する。関西都市近郊でほぼ毎月、関東では二、三ヶ月毎に定例会が開かれている。会は独自の事務所を持っていないので、定例会は男女共同参画関連施設の会議室等を借用する。毎回の参加者人数は一〇～三〇名ほどで人数にばらつきがあるが、ゲスト講師を外部から呼ぶ回には参加人数は増える傾向にある。参加資格に要件はなく「どなたでも」とホームページに記載されているが、参加者は以下に述べる〝グランドルール〟の遵守を求められる。

典型的な定例会は三時間であり、前半は参加者の自己紹介、休憩をはさんだ後半は参加者が自由に話すスタイルをとる。セクシュアルマイノリティのSHGから本人さんを呼んだり、研究者、専門家、政治家を講師として呼ぶ定例会では、前半はゲストが話題を提供し、後半から参加者の自己紹介や講師への質疑応答が続く。定例会の開始冒頭、〝グランドルール〟の書かれた用紙が配布される。ここには、他の人の意見に耳を傾けること、「みんな」「世間一般ではそうだから」のような表現を慎むこと、自分の意見を言いたくなければ言わなくて良いこと、定例会の場で見聞きした個人的な情報を外部では話さない等の決まり事が書かれている。グランドルールは、HIV／AIDS予防啓発を進める他団体より借り受けているもので、参加者同士が相互に批判的になるのを防ぐため活用している。記載事項を一行ずつ参加者が読み上げ、用紙は回収される。立場の異なる人びとが出入りする虹の会では、互いの意見の尊重はとりわけ大切である。声に出して規則を読み上げることで、出席者間で約束事が確認される(9)。ルール違反への対処は明文化されていないが、長時間話し続ける人には、他の参加者に時間を割けるようスタッフが声をかけるなど、配慮が行き届いている。

セクシュアルマイノリティがSHG内で衝突し、その後仲違いしてしまう様子を何度か個人的に見てきた私は、虹の会で親同士のトラブルはないのかと父親スタッフに尋ねたことがある。彼は〝喧嘩はないかな〜〟と答え、傍らで聞いていたFtMトランスジェンダーは、〝同質性を押しつけてこないからじゃないんですか？〟と意見を述べた（FN201012）。親参加者が自分と似たような親を求めて参加している点で、虹の会は当事者同士の助け合いの意味合いが強いSHGである。ただし、意見の多様性の自覚を促すところに、虹の会の特色があるといえよう。

3項　多様な参加者と役割

セクシュアリティと立場に沿えば、参加者は異性愛の「親参加者」、セクシュアルマイノリティの「子参加者」、友人等からカミングアウトされたことをきっかけに、セクシュアルマイノリティについて考えるようになったと話す異

表3　虹の会の主な構成員とその役割

調査者による分類	会での呼び名と特徴	
親参加者	《スタッフ》	主に子どもからカムアウトされた母親で構成。父親は妻とともに協力。ＮＰＯ法人の理事。
	《常連さん》	定例会に恒常的に参加し、時に親スタッフを手助けする。
	《初心者さん》	自分の子以外のセクシュアルマイノリティや自分と同じような親に会ったことがないと実感している。
子参加者	《本人さん》	子どもの立場で参加するセクシュアルマイノリティ。ot会関係者も多い。
友人参加者	《アライさん》	当人は異性愛自認であり、本人さんや親参加者の知人、友人として参加。親参加者、子参加者の直接の知り合いでなくとも、会の運動方針に共感する人物もいる。親世代（40代〜70代）、子世代（10代〜30代）とにさらに分類される。

性愛者の「友人参加者」に分けることができる。虹の会内での役割分化に従うと、親は、運営を担う《スタッフ》、定例会や虹の会のイベントに恒常的に通うようになった《常連さん》、初めて参加するという《初心者さん》に類別することができる。セクシュアルマイノリティの大半が子どもの立場で会に参加しており[10]、かれらは《本人さん》と親たちから呼ばれている。本人さんたちの幾人かは、ｏｔ会メンバーである[11]。

友人参加者は、知人からのカミングアウトをきっかけにセクシュアルマイノリティへの差別・偏見について勉強したいと思ったという人や、親参加者の知人、虹の会の活動趣旨に賛同した人等で、かれらは《アライさん》と親参加者からも子参加者から名付けられている[12]。他にも大学教員、大学院生、大学生等の調査目的の参加者や、マスコミ関係者、きょうだいにカムアウトされた姉・妹・兄・弟等のきょうだいが挙げられる。以上の虹の会の主な参加者を、調査者による分類と参加者間の呼び名に分けて示したのが表３である。

虹の会は以上の親参加者と、子参加者の間で生じる、あたかも親子であるかのようなやりとり「疑似親子」関係を中心に展開する。ここで、今後の鍵となる両者の社会的属性を述べておく。スタッフ以外の親参加者は、会ホームページ、書籍やテレビ番組の特集を通して会を知る。ときには虹の会の電話相談で参加を促され、定例会に来るケースもある。四〇代から六〇代とみうけられる親参加者は、自分の子どものセクシュアリティを言うことはあっても、自分のセクシュアリティが何かは語らない(13)。つまり、会において「親」であることと、異性愛は自然とつながっているため、改めて親のセクシュアリティが問われることはない。母親の参加が多く、父親は妻との参加がほとんどであり、父親単独の参加は極めて希である。セクシュアルマイノリティの子参加者の年齢は二〇～三〇代、一〇代の参加者の多くは、母親に連れられて来ていた。関西開催の定例会では関西近郊、東京開催では関東近郊からの参加者がそれぞれ大半を占めるが、時には九州、東北の地名等も聞かれた。遠方からわざわざ来る理由は、かれらの地元に同様のグループがない、もしくは、知人に会わないように敢えて離れたところに来ているかのどちらかが想定される。

定例会での語りの引用は、次の表記に従う。会の役割に応じた役割を《　》で記し、前後の文脈で参照する必要がある場合、女性にはアルファベット大文字、男性には小文字を振っている。発言によって個人が特定されることを避けるため、場合によっては仮名を付けていない。

4項　家族一致団結とクレイム申し立て志向

ここで会には来ないと考えられる人に触れ、虹の会の特色を浮かび上がらせておく。会の特徴のひとつに、親子間の問題を解決しようとする参加者の姿勢がある。ゲイ男性の下田さんは、定例会に参加した感想を、次のように述べている。なお、彼の両親は離婚しており、下田さんが参加していた定例会には私も同席していた。

下田さん：あの会（虹の会）に参加してる人たちも、すごい、どちらかというと、家族全員で、その問題に、取り組んでいこうっていう人たちが多かったじゃないですか。（それを見て）「ああ、うちの親は違うな」って思って。別に（自分の親に）そうして欲しいとは思わないんですけど、だから、「違うな」と思うのと、あと、僕はああいう人たちの方が少ないと思うんですよね。ああいう考え方で生きている人というか。で、（自分が）出会ってくる中で、必ずしもそうではなかったですけど、両親がもう離婚してるって人も多かったですし。

カミングアウト後、家族で一致団結する親と、理解から距離を置き、自らを悩みから解放する親の二つのパターンを踏まえれば（6章）、後者のタイプ、つまり、自分の子どもと距離を保っている親は、虹の会には参加しないと考えられる。なぜなら、子どもの経験を自分に引き付けない親は、子どもに関する悩みを他者と共有する動機を欠くからである。

二つ目に特筆すべきは、参加者に共通する「クレイム申し立て」（Kitsuse and Spector 1977 = 1990）への親和性である。たとえば、仕事に〝バリバリ〟専念していたが、子どもから〝性同一性障害〟だとカムアウトされ、体調を崩した母親は〝はじめて、これは根性とかいう問題じゃなくって、ていうのがよく分かりました〟と語り（FN201006）、体調不良の原因を自分個人にあるとみなさなかった。虹の会が開いた講演会に職場研修の一環として参加したという男性は、次のように社会変革を訴えていた。

いろんな話を聞いて、頭が混乱する感じ。今の私は、異性を好きです。（略）ここの問題が個人のわがままと（その人の）周りが思っているのか、運命でそういうものと思っているのか、どうなんか。そういう本人の範疇にないところで決まってしまう社会を変えていかないと。（FN201011）

虹の会は子どもや親の問題経験の原因の帰属先に社会を設定する点で、クレイム申し立てに親和的である。こうした会の志向性に同意できない人々は、会にあまり参加しないと考えられる。

しかし、外部への発信等のクレイム申し立て活動は、時に親スタッフにもジレンマを抱かせる。なぜなら親の行動が、子どもに否応なく影響するからである。以下は、虹の会に取材を申し込んだマスコミへの対応について、定例会で二人のスタッフが話し合っているところである。

母親《スタッフ》A：顔を出せるの（人）は少なくて、なかなか難しい。「××（大手会社名）でも（顔を出せない）」というのは変ですが、普段はこういう活動ができてもテレビには出られないという方が多い。なんと言ったらよいのか、すごい厚い壁がある。私の場合は、子どもが（カムアウトして）先に飛んで出てしまったので、親の私は顔を隠せず。

母親《スタッフ》B：（笑いながら）その顔を出せないというのが私です。私がテレビに出ると、息子を強制的にカミングアウトさせてしまうことになります。親といえどもそんなことはできないと思って。自分は良いのだけれど。「この人はゲイの母親」となると「あいつはゲイ」と息子が周りに言われてしまうかもしれない。そういうカミングアウトは避けたいと思っています。（FN200906）

ある親スタッフは、社会がセクシュアルマイノリティについての正しい知識を教えていないために、子どもからカムアウトされた親が受け容れられずに泣く羽目になると捉えており（INT201106）、会も〝啓発〟〝教育〟活動を活発に行う。しかし、活動中に〝地元〟と接点を持たざるをない場面に直面すると、親スタッフといえども動揺してしまう。〝講演とか、地元でやれたらいいんだけど、××（仕事）やってるから生徒さんとかも来るかもしれないし。（FN200708）〟と、家から遠いところでの講演会や研究会は引き受けるという声も聞かれた。

かれらは、自分の生活圏外で、自分の仕事や家族に迷惑が掛からない程度に、クレイム申し立て活動を行う事ができると感じている。しかし、かれらが生きやすくなるためには、本来は、〝地元〟や〝家族〟が変わらなければならない。だが、縁者のスティグマを意識するかれらは、〝地元〟や〝家族〟で「セクシュアルマイノリティの子がいる親」としての自己呈示を避けようとする。例えば、次のような事例が典型的だろう。虹の会スタッフは東京の理事をのぞき、関西に住み、そこを生活圏としている。会は関西のとある地方自治体の助成金に応募したところ、書類審査を無事通過したので、自治体関係者に最終プレゼンテーションをする運びとなった。そのとき、同じくプレゼンテーションした他のＮＰＯが、スタッフの地元のグループだった。当日感じた緊迫感を、母親スタッフは次のように話している。

母親《スタッフ》Ｃ：その助成金のプレゼンがあったんですけどね、そこに地元の××協議会が来ていたんです。「えっ！」と思いましたが、近所の人にプレゼンしてきました。（プレゼンテーション）しながら、「あー、近所の人にしていかなあかんのかな」とか思いながら。（FN201004）

親スタッフであっても、縁者のスティグマを意識しながら活動をしているのである。親である自分、自分の子と同じ立場にいるセクシュアルマイノリティが生きやすい社会を目指し、スタッフは虹の会の活動にかかわる。しかし、活動が活発になればなるほど、自身や子どもの周辺で、子どもがセクシュアルマイノリティであること、自分はそうした子の親だと認識されやすくなってしまうというジレンマを抱えている。

縁者のスティグマによる活動上の制約があるという特徴を踏まえ、虹の会参加者同士の相互行為を検討していこう。

注

（3）都合の合わなかったスタッフにはメールで他のスタッフと同様の質問を送り、回答してもらった。その際のデータは、（EM）と表記する。
（4）名前は全て仮名。
（5）彼女は助成金を元手に最低でもスタッフの交通費は出せるようにしないと、〝息切れするるん違うかな〟と話している（INT201106）。
（6）D妻とE妻は仕事仲間だったが、互いの子どもが性同一性障害であることをしばらくの間知らずに接していた。
（7）私は二〇一〇年度より虹の会のNPO正会員となったため、総会参加資格を有している。
（8）他にも電話相談、セクシュアルマイノリティ向けのイベント（パレード、映画祭、HIV／AIDS予防啓発関連）の参加、教育・人権・行政等関連機関への陳述等も行っている。ホームページからの発信が広報の中心で、NPO法人化後に地元自治体の助成金をえて、パンフレットを作成、教育機関に配布している。会員には紙媒体で活動報告のニュースレターを配信している。なお、同居している家族に会員であることを知られたくない人には、二重封筒にして中身が透けて見えないようにし、スタッフ個人名で郵送するなどプライバシー保護に配慮している。
（9）回収して再利用するので、かなり使い込まれている。
（10）参与観察中、女性と結婚しているゲイ男性、幼なじみのゲイ男性と結婚している異性愛女性に出会ったことはある。
（11）ｏｔ会の実践は3章を参考。
（12）アライさんとセクシュアルマイノリティの間の交流については、ｏｔ会を論じた3章を参照。
（13）本人が明らかにしていないだけかもしれないが、「レズビアンマザー」や「ゲイファザー」とはっきり認識できる人物には虹の会では出会わなかった。定例会とは別の場で、婚姻歴があり子どもがいるとあるＭｔＦから教えてもらったことはある。スタッフのＢＭさんは、かつて一度だけレズビアンマザーとその息子の参加があったと話していた（INT200708）。

2節　定例会の雰囲気――語り合える場づくりの秘訣

定例会は、親子間のカミングアウトを中心に話題が展開していく。本節では親の初心者さんと他の参加者のやりとりから、多様な参加者が語り合える場が出来上がる様を示したい。

以下の初心者さんの母親は、カムアウトされた親やセクシュアルマイノリティにこれまで一度も出会ったことがない[14]と言う。

1項　混乱を受け止めユーモアで包み込む

母親《初心者さん》D：女性は宙の一点をみつめながら、とうとうと話し始める。「（カムアウトされて）一週間くらい『何のことなんだろう？』と現実味がない。今までゲイやレズビアンを見たことも聞いたこともないし、自分の生きている周りにいないので、テレビとか特殊な世界、歓楽街のごくごく一部の人たちと思っていたので。初めて生で見たレズビアンが、自分の娘だった」。（FN201007）

家族のなかで一番初めにカムアウトされた親は「セクシュアルマイノリティの子どもがいる親」という自己を、カムアウトする側にまわる。なかなか人に相談できないまま、初心者さんはインターネットやテレビ番組の特集を通して虹の会の存在を知り、やっとの思いで定例会にたどり着く。

母親《初心者さん》E：今日は××（地名）から来ました。二年前に、息子からカミングアウトをされ、まだ受け容れられていません。息子は悩んだ様子はないのですが。主人には言えなくて、相談していません。一人で抱え込むのがつらくなって、主人のお母さん、（言い換えて）おばあちゃんと娘には相談しています。（FN200704、言及しないので息子のセクシュアリティは不明）

初心者さんの緊張は、常連さんや親スタッフなど場慣れしている人物にも伝わる。かれらは隣に座っている人と一言も言葉を交わさず、なるべく目を合わせないようにうつむき、押し黙っている。しかし、自己紹介で自分の番がまわってくると、堰を切ったように話し始める。子どものセクシュアリティを話した経験に乏しい人は、自分の考えを整理できず、筋立てた話ができない。それでもなお、会の参加者たちは混沌と話し続ける初心者さんに介入せず、とにかく聞き役に徹する。

母親《初心者さん》F：「高校二年生のときに打ち明けられました。娘が鬱になって『どっか病院に行きたい』と言ったので『何かあるの？』と聞きました。『お母さんには言えないけど』と言われました。まだ娘は一八歳ですし（注：未成年なので）精神科の病院では薬も処方されますし、『親がいないとだめなんだよ』と言ったら、打ち明けられました。（実は以前に学校で）『悩みがある人はアンケートに書いて』と言われて、中学生の二年生か三年生のときに紙に書いたらしいんです、娘は。人権センターの方にそれが送られて、担当の人から（娘が）手紙をもらったらしくて、ぎりぎりのところでなんとか（娘は耐えた）。その手紙に『あなたは性同一性障害だから、きちんと診断を受けたほうが良い』っていう内容で、はじめて（私はその時の）手紙を見せてもらって、頭が真っ白」と、言い終えた彼女の目から涙が溢れ出てくる。「きちんとした診断のできる病院はどこだろうと調べたら、専門の病院が全然ないことに初めて気がついて。なんとか探して岡山大学[15]の先生のところにいきました。」たくさんの予約が入っていたが、偶然、先約にキャンセルが入り、思いがけず早く医者に診断してもらうことができたという。そこで、彼女は医者にこう言われた。「先生は、『性同一性障害じゃなくて、同性愛者だと思う。僕の診断では九九・九パーセントはそうだ』と言いました」。三部の知人女性（レズビアン）は「むっちゃ良い先生」と三部の横でつぶやいている。「私はまったく知らなくて『どうしたらいいか』って」と続ける彼女は、突如、我に返りハンカチを片手に「あっ、こんなに話してもいいんですか?」と顔を上げて部屋を見渡す。どっと笑いが起こり、参加者一同が微笑みながら「どうぞどうぞ」と応じた。(FN201004)

初心者さんとそれを聞く他の参加者との間で笑いが起こっているように、関西発祥という土地柄もあるのか虹の会に欠かせないのは、ユーモアである。

父親《初心者さん》a:「私は家族です。素人ですいませんです、性に関することまだまだ理解不足で、用語を分かってはいないです。息子が、とりあえず、男性、が××(地名)で暮らしています。息子は、『男性にも興味が行く』と。どのレベルかは知らないけど、そういう状況を、親としてどうすべきか、親としてはすべきではないのか、すべきであることなのかどうか、分かりませんで」((しばらく関連のない歴史や震災の話を続ける))「何を言っているのか、分からない」と言い、他の参加者が笑う。周りの笑いにつられて、笑みを浮かべて彼は続ける。「皆さんは敏感な方たちだから、分かってくれますよね? なんていうか、ヘレンケラーの三重苦ですよ。笑ってるけどしんどいです。」(FN201007)

初心者さんにとっては耳慣れない、セクシュアリティを表現する言葉が、虹の会では頻繁に用いられる。[16] 先ほどの母親Fさんは、〝さっきからお話を聞いていて、Mtなんとかとか、頭が真っ白でよくわからないんですが〟と述べていたので、休憩後、私からスタッフに用語の説明をしてはどうかと提案した。すると、母親Fさんは〝さきほど教えてもらった〟とゲイの参加者のほうに手をかざした(FN201004)。性同一性障害の子がいて常連となった母親は、自分が初心者だった頃を振り返りながら、〝LGBTって、プロパンガスかな？（（会場笑う））ていうくらい訳分かんないですから〟（FN20103）と、過去の自分を笑い飛ばしていた。初心者さんは、〝こっちの世界〟で使われるセクシュアリティにまつわる用語をよく知らない。そうした初心者さんの無知も、冗談に変換されていくのである。親参加者は具体的なやりとりのなかで、言葉の使用方法を知り、自分の経験や自分の子どもの経験に言葉を与えて表現できるようになっていく。

2項　初心者向けの本人さんの行動――セクシュアル・アイデンティティの明示

虹の会は初心者さんの話を遮らず、ユーモアで緊張感を解きほぐし、安心できる場を作る。初心者さんに向けた配慮は、セクシュアルマイノリティの本人さんの行動にも表れる。定例会に参加するまで自分の子ども以外にセクシュアルマイノリティと出会ったことがないと感じている初心者さんにとって、本人さんが目の前にいる定例会は、セクシュアルマイノリティと対面的に出会える貴重な場としてかれらに意識される。初心者さんのこうした心情を見越して、本人さんたち子参加者は「レズビアン」、「ゲイ」、「バイセクシュアル」、「性同一性障害」などのカテゴリーを用いて自己紹介をするか、そうするよう親スタッフに促される。

参与観察中、私は調査者としての感覚が強かったので、時に、自分のセクシュアル・アイデンティティに言及しそびれた。そうした折、母親スタッフから〝はじめての方もいらっしゃるので〟〝あなたはどのマイノリティか〟言うよう催促されたことがある（FN201008）。さらに、自己紹介のときに何を話そうか躊躇しているゲイ男性の隣で、〝「僕ゲイです」って言いなさい〟とささやく母親スタッフに、一同が笑うこともあった（FN201012）。

「言いたくなければ言わなくて良い」という〝グランドルール〟とは異なり、セクシュアルマイノリティたちは、自己紹介時において特定のカテゴリーを使ったカミングアウトを求められている。「特定のコミュニティ内」において「特権的な地位を占める語り」を、桜井厚（2003）は「モデル・ストーリー」と呼んでいる（桜井 2003: 36）。虹の会では、セクシュアル・アイデンティティを明示するモデル・ストーリーが要請されており、それは初心者さんのためだといえるのである。

ｏｔ会定例会でも初参加の人物が多い時は、「レズビアン」「ゲイ」「性同一性障害」などのカテゴリーを用いた自己紹介がされるが、顔見知り同士の飲み会や食事の席では互いにセクシュアル・アイデンティティを問いただすことはない。互いにとってそれは周知の事実だからだ。しかし、虹の会に参加する本人さんは、何度目かの参加であっても自己紹介では毎回、カテゴリーを用いた自己紹介をする。本人さんのこうした自己開示によって、親参加者が〝はじめて〟〝たくさん〟のセクシュアルマイノリティと対面的状況で出会う場が形成されるのである。

3項　本音を出すことで救われる

カムアウトされても悩まず、したがって相談相手を必要としなかった親と異なり（5章）、虹の会へ来る初心者さんたちは誰かに自分の〝本音〟を話したかったと語る。親の本音は、時に実の子どもには聞き入れがたいものである。子どもに話せない初心者さんが、自分の子に虹の会とのコンタクトを伏せているのは珍しくない。

教員の不適切な対応で不登校となった中学生のいる母親は、性同一性障害の子どもをサポートする別の団体で、虹の会常連さんの母親と出会い、この日初めて定例会に参加した。彼女は、〝娘の前では、なかなか泣けない〟心情を次の様に語った。

　母親《初心者さん》Ｇ：こういう場に来るの気が重くて。親として良いのか、なかなか本音を出して、（他の所では）言えなくて、本音で話せることで救われます。（FN201007、性同一性障害の子がいるという女性）

親がなるべく自分の子どもの前で感情を出さないようにするのは、情緒的絆が強い親子関係において子どもを傷つけないようにする、親としての対処なのである。子の前で自分の気持ちを押し殺す対価として引き受ける重荷を、虹の会で本音を出すことで降ろすことができる。その親参加者の目の前に、自分の子どもと同類の経験をしているとみられる本人さんがいる。ここで、親の初心者さんたちがかれらを前に、自分の子どもには直接話せない本音を語る構図ができあがる。

母親《初心者さん》：「自分の子どもだから何も変わりがないけれど、うっとおしいのは親戚。世間体を気にすると、ほんとにどうしよう」と、母親は話す。続けて「世間体さえなければ、幸せに生きられるのに」と呟いた。（FN200708、トランスジェンダーの子がいる女性）

世間体を気にする親の本音は、セクシュアリティを隠すつらさを知るLGB子参加者には聞き苦しい面がある。以下は、〝男性にも興味が行く〟という息子を心配する女性で、初心者さんaの妻の発言である。彼女は、男性同士の性交渉に対する忌避感を語る中で、女性嫌いと男性同性愛を結びつける。

母親《初心者さん》H：うち、男の子だから性的にしたくなるんですって。「そこに入ってしまったらおしまいな気がする」って本人が言ってました。女の子との間で、過去にショックなことがあったのかなって回想、すごく振り返ることがあって遺伝子がどうのって分からないですよね。「性の部分の解消（ができるところに）、御願いだからそういうところに行かないでよ」って（息子に）言ってるんです。（FN201007）

自分の子どもには聞かせられない本音語りの一方で、親参加者は、本来、自分の子どもに伝えておきたいことを、本人さんに向けて語りかける。

母親《初心者さん》Ｉ：私は（自分の子どもが）「おかしいな」とは、「ボーイッシュな子だし」と思ってはいましたが、「まさか」とは思っていなかったです。スポーツもやる子で、身体も大きかったので、「男っぽい方がいいだろう」と、良い方に考えていました。つゆほども思わず、突然。自分がよく生きてここにいてられるなと。私は○△（病名）の関係で、薬をもらうことができるので、あちこちの先生に「眠れません」と言っては薬をもらってためて、集めて飲んだり。首も吊りました。これはケースバイケースで、良いのか悪いのか、慎重に考えてほしい。娘の人格を否定したくはないけれど、できれば知りたく無かった。親が耐えられる、フォローをできるのか、慎重に捉えてほしい。[17]（FN201102）

Ｉさんはこのまま、ハンカチを顔に当てながら嗚咽を漏らし始めた。隣に座っていた本人さん女性は〝泣かないで〟と声をかけてティッシュを差し出し、初心者さんの背中をさすって気持ちを落ち着かせようとしていた（FN201102）。実親子ではない親参加者と子参加者間の擬似親子関係とはいえど、こうした本音語りが続く定例会の空気は重くなりがちである。そのような時は本人さんの立場を察した親スタッフから、フォローが入る。

母親《スタッフ》Ｊ：あのみなさん、親はがっかりしたとか、いろいろと聴き苦しいことを言うかもしれませんが、そこは親を優先して欲しいんです。当事者の、あなた方のことも聴いているので、親もみんな言いたいこ

とをなんでも言いましょう。（FN201102）

セクシュアルマイノリティが集まる団体は数多くあるが、カムアウトされた親のためのＳＨＧは極めて限られている状況を踏まえて、親スタッフが言葉を選んで発言する。虹の会のスタッフは、本音を語るにせよ、自分の子に聞かせたいことを言うにせよ、親参加者が気兼ねなく発言できる場づくりに心を砕いている。

４項　親同士のサポート——常連さんと親スタッフからの声かけ

初心者さんたちの混乱や本音に黙って耳を傾けるのがセクシュアルマイノリティ本人さんたちであれば、初心者さんたちに積極的に声をかけるのが、親の常連さんや親スタッフである。

初心者さんの憔悴しきった様子に、常連さんは初心者さんだった過去の自分を重ね合わせて語る。

母親《常連さん》Ｋ：隣はたまに来る…連れ合い（夫）です。いつも一人で来ると、「わ、私はこんなにしゃべったんだと驚きますので」と今日は話しすぎないと宣言する。「去年の一二月の終わりにカミングアウトをされて、一ヶ月ぐらいしてすぐにこの会に来ました。（定例会に）皆出席です。はじめての方をみると、自分がはじめて来たときのことを思い出すんです。すごく緊張していました。今は××（開催地名）にリラックスしに来ようという感じです」。（FN200909、性同一性障害の子がいる女性）

親スタッフは定例会がスムーズに進行するよう気を配ると同時に、落ち込んでいる初心者さんを励ます役割を担う。

息子からカムアウトされたという初参加の女性は「もう二年も前に聞いたのに、まだ悩んでいて。こういう場所に来たって息子が知ったら、なんか息子に悪いかなぁと」と、「二年」も苦しんでいる自分を責める。隣で首をかしげながら、彼女の話を聞いていた母親スタッフが、彼女に向かってこう話す。「お母さんは『二年も』、『二年も』って言いますけど、当事者でも自分のことをそうだと認識するのに、八年とかかかる人もいるんですって。二年なんて、まだまだですよ」と述べ、「二年」悩むというのは、当たり前のこと、焦らなくてもいいのだと語りかけた。（FN200704）

初心者さんに声をかけるのは、親スタッフだけではない。かつては初心者さんだった人物が、やがて常連さんとなり初心者さんに気配りをするようになる。次は、親が縁者のスティグマを強く意識する場面の一つ、結婚について初心者さんと常連さんが語り合っているところである。

レズビアンの娘がいるという初心者の女性は、「（娘がレズビアンと相手方に知られて、娘のきょうだいの）結婚が破談になったらと思うと（心配になる）。かといって、あと（きょうだいが結婚するまでおそらく）一、二年しかないし」と話す。それを聞いていた性同一性障害者の子をもつ常連さんの母親が、語りかける。「あのね、お母さん。今は、悪い方を考えてるからね、そうであって。今の若い人の方がずっと（理解が）早いですよ。うちも似たようなことが葬式であって。お姉ちゃん（注：娘）はもう結婚してますから、嫁ぎ先のお父さんが亡くならはって。姉からは『女の格好して連れてきて良いから』って電話されて、（ＭｔＦの子どもを）連れて行きましたよ。（すごみながら）『男出さないようになっ』て（ＭｔＦの子どもに）言ってね。姉は（葬式で）『うちの弟は妹だった』って言って、親戚はみんな『はぁ、ふーん』って。…お母さんは不慣れだから嫌なこと考えてしまうのかもしれませんけど、案ずるより産むが易しじゃないですか。」（FN201007）

問題経験のつらさを常連さんと分かち合うことで、初心者さんは回を重ねる毎に徐々に明るい表情をみせるようになる。他方で、常連さんと親スタッフは、初心者さんの姿に過去の自分を重ね合わせることによって、自分を客観視し、気持ちを整理することができると考えられる[18]。

母親《常連さん》Ｌ：子どもが「そうじゃないのかなー」と思っていたんで、カミングアウトされて「謎が解けたー」という感じでした。本に載ってたので、この会に来たんです。そのとき（初めて来たとき）は自分ですごく自信があったつもりだったんですけど、すごく、今思うと、オドオドしてたと思うんです。休まずにずっと参加してきて、子どもの生きにくさがわかりました。今は自分で、自信が持てるようになりました。

（FN201006、子どもがトランスジェンダーの女性）

注

（14）親たちがセクシュアルマイノリティの自分の子に「会って」いたにもかかわらず、「気づいていなかった」ように、「会ったことがない」というより、「会っていても気づいていなかった」という方が正確である。

（15）岡山大学病院には、性同一性障害の診療のための「ジェンダークリニック」が設けられている。精神神経科、産科婦人科、泌尿器科、形成外科にわたる専門家でチーム医療を行っている（岡山大学ジェンダークリニックホームページ http://www.okayama-u.ac.jp/user/g-clinic/ 二〇一四年二月二五日閲覧）。性同一性障害の専門外来は国内では限られており、多くの「患者」が受診を待っている。

（16）しかし、よく考えてみればセクシュアリティの専門用語だけなら、書籍やインターネット上の情報からもえられる。虹の会参加のメリットは、それの具体的使用法を知ることにある。

(17) 定例会終了後、あるゲイ男性はこの親の発言を不快に感じたと話していた。親の〝本音〟を聞きたくないセクシュアルマイノリティは、参加しなくなるかもしれない。なお、虹の会では本人さんと認知されている私は参加しなかったが、その後、親だけを対象にした定例会も開かれるようになった。

(18) 定例会以外でも、親スタッフと常連さんは連携している。たとえば、電話相談を担当する親スタッフは子どもがレズビアンであるため、性同一性障害の子どものいる親から相談の電話がかかってきたときは、相談者と同じ性同一性障害の子のいる常連さんに相談業務を依頼することもある(INT201106)。電話相談について話すスタッフは、終始にこやかで、人が元気になっていくのを知る電話相談にやりがいを感じているようだった。

3節　疑似親子――実親子への迂回経路

2節では初心者さんを取り巻く他の参加者の反応から、虹の会が作り出す親参加者が語りやすい雰囲気を示した。本節から、親参加者と子参加者の相互行為に焦点をあわせていく。前節で初心者さんが親としての意見を、あたかも自分の子に言い聞かせるように本人さんに話す場面を紹介した。対する子参加者も、自分の親には言えないようなことを、親参加者を前に語る。本節では、このようにあたかも親子であるかのような相互行為を「疑似親子」とし、実親子ではないこの「親子」間の相互行為を通して、虹の会が実親子関係を考えるために参加者に提供する重要な舞台を分析する。

1項　疑似親子関係が生成される様子

カミングアウト後の親子関係が危機的状況になくとも、実の親子で互いの本音を聴くのは難しい。それを端的にあらわすのが、親と子双方が同席する場面である。

母親《スタッフ》Ｊ：（息子を指しながら））この子の親です。人数も少ないですし（注：一〇人以下）、今日はフリートークでいきましょう、ね。あ、でも、親の話を聴きたいってね（（初参加のバイセクシュアルの女性を見ながら））言ってたから。（私は）息子がいるから話しにくいですけど（笑）。あとね、（（三部を見ながら））昔の私を知っている人がいるので。（略）この会とのかかわりについてお話しますと、私、（職業名）で、（職業名）の知り合いに、お子さんが性同一性障害の方がいたんですね。まさか「うちの子が」とは思いませんでしたけど、知識はあったので、（カミングアウトの時）禁句は言わないようにしました。頭の中は禁句だらけだったんですけどね（笑）。○×（関西地名）のほうに、虹の会ができたとは聞いていて、二〇〇七年に東京でも会をすると聞いて。講演みたいので「話を聞きに行くだけかな」と思って、行ってみたら、まぁなんと、車座になってね「自己紹介を（してください）」って。自己紹介って、私の一番苦手なことで「何言うんだよ？」とか思いましてですね。親としての罪悪感といいますか、そういうのがあって、自己紹介で話をしているうちにね、ちょろっと涙がね（笑）

父親《スタッフ》ｂ：ちょろっと？（Ｊさんの夫）

母親《スタッフ》Ｊ：ちょろっとよー。ね？（（と三部にふる））（FN201003）

初心者さんと比して、数多くのセクシュアルマイノリティや親に出会ってきたスタッフといえども、実の子の前で親としての感情を出すのをためらっている様子が伝わってくる。つまり、自分の子がいない場であれば、親は子どもを傷つける心配をせずに、自分の感情を表に出せるのである。本人さんたちも、自分の親に言えないことを、虹の会では聴いてもらえると実感する。

《本人さん》レズビアンM：家族会の人に聴いてもらうことで、解決できることもあるので。自分の親には言えないことでも○□さん（母親スタッフの名前）に聴いてもらうだけでもいい。（FN200907）

重要なのは、疑似親子関係は会が意図的に設定するものではなく、親参加者と子参加者の間で自然発生的に生じることである。初対面同士であっても、容易にそれは成される。次は親の初心者さんと、本人さんとの間のやりとりである。

「それでは、何か質問なんかありますか」とスタッフが会場に問いかける。数秒の沈黙のあと、○◎地方から来た母親のNさんが「はい」と手を挙げ、「ちょっといいですかね」と口火を切る。「実はこの会に来るのも、息子には黙って来ているんです。みなさんだったら、どうですか。親が隠しているのは嫌じゃないですか？」と、ゲイ男性のcさんにまっすぐ向き合って言う。自分が聞かれていることに気づいたcさんは、笑って「ええ⁉僕ぅ⁇」と驚きながらも、自分の親が同様のことをしていたとしたら嬉しいとNさんに伝える。レズビアンのOさんは「外に出ようとしているので、いいことだと思います。私の父は、まだその段階にまではいっていないので」と、Nさんの行動は迷惑じゃないと伝えた。（FN200704）

親参加者の働きかけから疑似親子関係が発生するのは、定例会に限られたことではない。私が定例会からの帰り道、最寄り駅ホームを友人と歩いていたところ、たまたま居合わせた初心者さんの母親と目が合い、次のように話しかけられたことがある。

女性に「当事者の方ですか?」と聞かれ、三部は「まぁ、この二人（知人と一緒）は、当事者みたいなもんかなぁ」と答える。ホームに到着した電車に乗りこんだ後も、彼女は我々の近くに立ちながら質問を続ける。「親だから（娘を）理解したいけど、でも、親だから、当事者の方からしたら相談できないのではないんでしょうか」。三部は「うーん。私は、親は親と思ってるので、親には相談しようとか思ってないんですが」と返答した。（FN201007）

〝駅のホーム〟や〝電車内〟は母親にとって普段はセクシュアルマイノリティが不可視化される空間である。しかし、虹の会に同席していた私を〝当事者〟と認知した女性は、定例会終了後も会の感覚の延長線上で〝当事者の方〟として私に意見を求めてきたのである。

本人さんからの行動によっても、疑似親子関係は形成される。たとえば、〝バイセクシュアルと思っていましたが、最近レズビアンかな〟と話す次の人物は、〝親の考えていることを知りたい、勉強したい〟と自己紹介時に述べ、定例会終了間際にはこのように話している。

《本人さん》バイセクシュアルもしくはレズビアン：「すごくショックを受けたり、泣きました」という親の事は勉強になるので、どんな思いをしたとしても、どんな気持ちだったのか、たくさん吐き出して欲しいなと思いました。（FN201102）

親参加者が本人さんに「子」としての意見を求め、返された回答を自分の子と重ね合わせる。そして、子参加者はそうした親参加者の働きかけを拒絶することなく、「子」としての意見や振る舞いで応える。子参加者からは〝親にどういう風にカミングアウトすればいいのか、（親を）傷つけないようにするにはどうしたらいいんでしょう〟（FN200703）等とアドバイスが求められ、それに親参加者が応答する。こうした疑似親子関係が、虹の会周辺で繰り広げられている。

2項　本人さんが語る実親を介して——自己を振り返る親参加者

疑似親子関係の図式のなかで、親参加者は子参加者に、子参加者は親参加者の語りに耳を傾ける。しかし、実の親子ではないにもかかわらず、なぜかれらはそこまで熱心に互いに耳を傾けるのか。かれらが誰を想定して語り合っているかに着目し、擬似親子としての語り合いの利点について分析を進める。

本人さんが語る実親は、総じて、子どもからのカミングアウトを受け容れていない。定例会で本人さんは、そうした親に理解されない悲しみや、親の対応への憤りを表現する。例えば、母親にカムアウトしたレズビアンの女性は、兄の結婚に喜びを隠さない母親を見て〝自分が彼女を連れて来たときにはそんなに喜んでくれなかった〟と述べる（FN200902）。別の定例会でゲイ男性は、一人っ子で〝田舎、商売人、長男、これ最悪のパターンですよ、これ〟と笑いを取りながら、次のようにカミングアウト後の親の反応に触れる。

《本人さん》ゲイd：一応（親には）伝えてはありますが。母親は「死にたい」と。父親のほうには「治せ」と言われまして。それを言われた僕も冷静な話はでけへん。こっちもしんどいですから。母は…どうだろう、タブーみたいです。それなりに理解しているのかなぁ。父は、どうなるか分かってないけど「妻を傷つけたくない僕は」という人なんで。「母親を傷つけるんでない、できれば結婚を（しなさい）」と（言われる）。（略）親戚、というか家族に味方はいないので、実家に帰ると三日も持たない。実は、帰りたいんです、懐かしいところなので。でも三日たつとすぐに「（自分の家に）帰りたい」となる。「虹の会みたいのもあるよ」と（親には）言うんだけど（親は来ない）。

母親《スタッフ》Ａ：（親御さんは）「どうせそこへ行っても『子どもを見守っていきなさい』、となるんでしょ？」と分かってるんです、きっと。自分の持っている幸福感とずれているので、ね、結婚してそれが幸せだと思い込んでいるから。（FN201003）

本人さんの口から出る実親の姿に触発されて、親参加者たちは親として意見を返す。その一連のやりとりをみてみよう。

女性《本人さん》クウェスチョナーＰ：母は進歩的な人で大丈夫だろうと思っていたんですが、（カミングアウト後）見事に私の期待を裏切られる反応をされました。「そんなこと話さんといて」と言って、気まずい雰囲気になってしまい、それ以来そういう会話をしていません。向こうからのリアクションが私の期待するものではない、理解がない。（FN200909）

〝理解がない〟と母親を責めるＰさんに、常連さんの母親は彼女を通して彼女の母親に自分の考えを伝え、励まそうとする。

母親《常連さん》Ｑ：（おじさん）が、「○○ちゃん（性同一性障害の子の名前）そんなこと気にせんでいいよ」

「○○ちゃんは○○ちゃんやから」と言ってくれたんです。だから、(Pさんに向き直って)「お母さんとあなた(の関係性)は変わらへんと思う」と、とお母さんに言ってあげたいんだけど。あなたも自分で(お母さんとの関係は変わらないと)思い続けることが大事と思うよ。(FN200909、性同一性障害の子がいる女性)

本人さんに対する親参加者の語りは、自分の経験を踏まえたものとなる。常連のQさんは、Pさんの母親が娘の性的指向を受け止められると信じているようである。それはおそらくこの常連さん自身が、子どもが性同一性障害であることを受け容れ、考え方を変容させてきたからだろう。しかし、子どもが性同一性障害であることで悩んでいる別の常連さんは、Qさんとは意見が違うという。

母親《常連さん》R：親が一番身近でパニックになる。Pさんのお母さんも、友達から友達の子がそうだと聞いたら、理解を示すと思うよ。他人には興味関心は薄いから。子どもはアキレス腱って思うんです。弱い。「理解をしてたよ」っていうのはありえない。愛が深ければ。真正面で、直球はたいへんと思うよ。親は親同士じゃないと分からへん、当人も当人同士でしか分からないのがあるみたいに。親同士、間接的にね、突破口になると思うよ。(略)「こういう人(虹の会)につながってるよ」って、お母さんに伝えたらいいですよ。この二人((スタッフを指して))は心強いので。いっぱいいっぱい、いままで、話されてきて、プロですから。

((母親スタッフの二人は恐縮して首を振る))

母親《スタッフ》B：素人ですけど、仲間としてね。

父親《スタッフ》e：だから、あなた(Pさん)こーへんときに、お母さん来たらいいのよ。(FN200907)

Rさんやスタッフは P さんの母親に、虹の会へ参加することをしきりに勧めている。その根拠は、Rさん自身が虹の会にかかわることでえたもののなかにある。虹の会が開いた講演で彼女は親の一人として壇上に立ち、自己経験を語るまでになった。その時の彼女の発言が以下である。ここは、会場にいたゲイ男性が、カムアウトしても〝結果オーライ〟とならないと予想される親について相談したところである。

母親《常連さん》R：頭で分かっていても心では分からないというか、アトピー反応みたいに、受け容れなかったイコール拒絶ではないと思います。お勧めなのは、直球だと打ち返されてしまうかも分からないので、直球はやめて、作戦を立てたらいいです。あなたが虹の会に来て、親とまずはつながる。そこの親に相談をする。時期を見てるのも大事です。（略）ホームラン（で返）されたらだめなんで、変化球を投げてください。虹の会で作戦会議をしにいらしてください。（FN201011）

親参加者は、本人さんから実親をめぐる語りを聴き、かれらが親に対して抱く想いを経由して、自分の子どもを想像する。それと同時に親参加者は、本人さんが語る実親と親である自分を比較し、子どもの視点からは自分はどのように見えるのかと考えることができる。落ち込んでいた親参加者が、元気になっていく例に身近に接してきた親スタッフがこう述べている。

母親《スタッフ》B：メールでの相談は私が受けています。タイトルからして「助けてください」とかね（〈会場笑い〉）。携帯電話での相談は○◇（母親スタッフ名）さんがしています。年配の方はネットができない方もおられますので。直接電話をしてみると、ほんとうに千差万別です。大泣きされる方もいらっしゃいます。初めての（定例会への）参加から、二、三回と会を重ねるごとに、明るくなっていく方もいます。一人じゃないとだんだん思えるようになるのは、当事者も仲間に会うように、親も一緒。非常に元気になる。「少し落ち着いて子どものことを見られるようになった」と、メールでおっしゃってくれる方もいますし、来てくださる方は毎回、当事者の方からも「あのお母さん明るくなられましたね」と言われるくらいです。（FN201011）

親参加者が〝明るく〟なっていく、言いかえれば、エンパワーされる過程で重要な役割を果たすのが疑似親子関係なのである。

3項　実親子の新たな一歩――複数の視点から関係を捉え返す

本人さんたちは親へのカミングアウト後の葛藤に加え、日常生活で感じる可視性のジレンマを親参加者の存在を意識して語る。

《本人さん》ゲイｆ：私もいろんなことに対して偏見を持っている人、そういう人にはカミングアウトを見合わせます。この人となら人間関係を持ってきたい人には、言いたい。セクシュアリティは「プライベートなことなのか？」って違う。ヘテロの人は二〇歳も過ぎると、「彼氏はどうの彼女はどうの」と始まる。その中で話せないのは悲しいこと。ポジティブな経験をゲイの立場から「そういうことじゃない」と話すようにしています。日本のマスメディアでは、ゲイは奇人変人で笑う存在だけど、そうじゃない、ありのままの人間もいるということを伝えたい。母には二〇歳ちょっとで言ってしまって、自分はナイーブだったと思います。母の本当の気持ちも知らずに。直感的には、母は大事な存在だから、自分の大きなものを伝えたいと。長期的に関係を作りたいと、大事だと思っている人とは共感したいと思いました。大事な人にはカミングアウトしたい、そう思っているゲイやレズビアンも多いと思います。（FN201102）

可視性をめぐる問題経験は、ｏｔ会のようなセクシュアルマイノリティのＳＨＧで主要な話題となりえても（３章）、それ以外の日常生活で話される機会が少ない。親である初心者さんはここに来て初めて、自分の子どもと似た立場の人間の生きづらさ、親へのカミングアウトに込めた想いに、本人さんの語りのなかで触れることになる。自分の子どもに近いセクシュアルマイノリティの語りを対面的状況で聴くことは、自分の子と接する上で、親参加者に大きな影響を与えていく。

母親《スタッフ》Ｊ：「やっぱりかー」という気持ちは半分、「うんわかったー」と（カムアウトされたその場では子どもに）言いましたが、分からないことだらけで大変だったんです。子どもにとっては一番大事な家族に受け容れてもらいたいという気持ちがあるのを、いろんな子たちを見て思うようになりました。カミングアウトされたからといって、昨日の彼と今日の彼とは何も変わらないんです。（FN201102）

親参加者は、自分の子どもも、例えば〝一番大事な家族に受け容れてもらいたいという気持ち〟を持っているのかもしれないと考える。他方で子どもの立場である本人さんたちは、〝母の本当の気持ち〟を親参加者の本音語りを介して接する。疑似親子関係は、親参加者・子参加者双方の実親子の問題経験に近づく、貴重な迂回経路をつくるのである。

実の親子関係では互いに言えない親子それぞれの本音が、疑似親子関係の中に凝集される。本人さんは、理解のない親を責めたり、理解されないと予想できる親へのカミングアウトを諦める。親参加者は自分の子どもを傷つけずに、理解できない心境を語ることができる。実子の前のように取り繕う必要がないからこそ、親としての子どもに伝えたい想いや考えをここで吐露できると考えられる。

母親《常連さん》S：息子、あ、娘ってか（苦笑）うちの子どもがね、臨機応変にね、生きていってくれるんじゃないかと思ってね。性の問題をね、私的にね、対応するんだなと思ったんです。私も、親として、子どものことを一〇〇％バックアップ、分かりたいと思っているんです。でも、いちからじゅうまで分かる訳ではないのでね。私も、自分の親の気持ちが分かったのは、自分が親の年齢になってからでしたからね。…子どものこと、毎日ドリルを解いている感じですよ。

父親《スタッフ》b：俺は楽しいですよ。パズルを解いているようなね。毎日、ドリルの問題を解いているような感じ。（FN201003）

親参加者は子どものセクシュアリティを理解できない親が、必ずしも子どもを拒絶している訳ではないと強調する。親参加者が理解が無いと責められる親を擁護しようとするのは、子どもに見せる態度の裏にある複雑な葛藤（6章）を、身をもって知っているからだ。親参加者の意見は、本人さんにとって実親の代弁となって響く。親参加者の意見は必ずしも一枚岩ではないが、自分の親も悩んだり、泣いたりしながら、子どもを想っているかもしれないと本人さんは想像することができる。

親参加者、子参加者のそれぞれが、疑似親子の先に、自分の親、自分の子を見据えている。疑似親子の先に、聴かせたい子ども、聴かせたい親がいる。聴きたい子ども、聴きたい親がいる。実親子では感情的になってしまい、語り合いはなかなか難しい。疑似親子という間接性を介することで互いに語り／聴き合うことができ、参加者は実親子の関係性を別の視点から考えられるようになる。

4節　子どもの仲間とアライさん――明るい未来を描く

6章では、セクシュアルマイノリティとの出会いが、子どもの将来への親の不安を和らげると指摘した。本節では、親参加者が子参加者の友人関係を間近に見る中で何をえるのかを、疑似親子を取り巻く1）セクシュアルマイノリティ本人さんと、異性愛者の支援者2）アライさんとの関係に沿って論じる。

1項　子どもの仲間がもたらす安堵感

虹の会には、よくｏｔ会関係者が連れだって参加している。そういったとき、親スタッフはｏｔ会の本人さんに、会の活動を紹介するよう話しかける。

《本人さん》レズビアン：（ｏｔ会を）始めた時は、レズビアンのカップルだけを集めていたけど、窮屈になってきて。それは自分たちで壁をつくっていたからだけど、「いろんなセクシュアリティの人と話していこう」ということになって、ストレートの友達とか、その友達の友達とか、誰の友達やら分からん（笑）ような人が集まるようになって。気づいたのは、ストレートの人も自分らしさを出せるから来ているのかな。（FN200907）

虹の会の定例会でｏｔ会関係者は、セクシュアルマイノリティの友達がいないという本人さん、自分の子どもはセクシュアルマイノリティの友人が一人もいないという親参加者にｏｔ会に来ないかと声をかける。こうした経緯で、親参加者の子どもはｏｔ会のネットワークのなかで友達を作る。自分の子どもがｏｔ会に行くようになってずいぶんと明るくなったと親たちは喜び、ｏｔ会関係者に虹の会で出会うと、かれらに感謝の気持ちを表す。

母親《初心者さん》Ｆ：「仲間がいるのは、元気になるんだなって、娘を見て思います。○△さん（ｏｔ会メンバー）がやってる会にもお世話になって」と○△さんを見つめている。○△さんは会釈をする。（FN201007）

ｏｔ会にも出入りしていた私は、虹の会のスタッフや常連さんからｏｔ会の一員とみなされていたため、ｏｔ会メンバーと飲んだ翌日、虹の会定例会で常連さんのＴさんに〝昨夜はうちの子がどうもお世話になりました〟と挨拶されることもあった（FN201003）。以下では、Ｔさんが子どもの〝ＬＧＢＴ〟の仲間の大切さを感じるようになったと話している。

母親《常連さん》Ｔ：周りの友達にも言えないし、実の姉にも、この会に行くと言ったら「いつまでもＰＴＡみたいに、当事者でもないのに」と言われてしまいました。「いつまでも親がかりで…厳しくした方が良い」って言うんですけどね。うちの場合は、うちの子がＧＩＤ（注：Gender Identity Disorder、性同一性障害）で就職が大変で。世の中の人たちは、分かってくださらない。テレビで（登場するセクシュアルマイノリティを）見てるから（という理由で）友達なんかは、「分かるよ〜！」って言うんです。（略）うちの子は「こうなんで」とか言うと、何年たっても（友達は）「分かる分かる！」って。本人は手術もしないし、戸籍も変える気がない。「このままの自分でなんで生きていけないの？」って。（略）あの子の周りに一〇人くらい「分かってるよ」と言ってくれた子たちがいたんですが、（大学を）卒業してから、ばーっと別れたんです。いてくれるのは、いてくれるというのはおかしいですけど、数人、ＬＧＢＴのサークルの子たちでした。難しいなと、同じ年の友達、若い人はすっとストレートに入ってくれるみたいですが。（（笑みを浮かべながら））何を言ってるのか、分からなくなってきました。周りの友達、姉には言えない、ここで親として分かってもらえるので。（FN201107）

親は子どもを理解できないことに悩んでいるのに、友人はたやすく〝分かる〟と発言する。子どものことで悩んでいると、いつまでも子どもにかかりきりだと親戚には責められる。セクシュアルマイノリティの子どもを理解できず、家族として当事者となる親たちの苦悩はなかなか共有されない。虹の会は親が問題経験を語り／聴きあいながら、子どもの仲間となるＬＧＢＴの大切さを知る場となる。

ｏｔ会の他にもセクシュアルマイノリティ向けのＳＨＧは、関西圏にいくつか存在している。そうしたグループと接点を持った子どもが元気になってきたと、ある母親の参加者は語る。

娘が○◇（団体名）に行くようになって、元気が出てきたというか、生きる力が湧いてきたみたいです。それまでは、「長生きしたくない」とか、「大人になりたくない」って言ってたんです。それを見て、「あーこの子の元気の源はここなんだ」と、逆に言うと、そこがネックになってたんだなぁと。（FN20104）

私は虹の会で会ったゲイ男性に、ｏｔ会の集まりで再会したことがある。虹の会の定例会では緊張のあまり声が震えていた彼が、楽しそうに友人と話す様子に驚いた（FN201009）。虹の会に参加する同性カップルを見た父親は、自分の子どもにもパートナーができたら安心だし、受け容れてくれる人がいると子どもの〝自信〟にもなるのではと話した（FN200905）。自分の子が、これからどのような未来を送るのか不安となる親参加者にとって、虹の会で目にするセクシュアルマイノリティ同士の友情やパートナーシップは、明るい未来を示してくれる。

2項　アライさんの心強さ

親参加者や子参加者とは異なる立場として参加し、カミングアウトにまつわる問題経験を語らない人物は、虹の会では《アライさん》と呼ばれる。会の趣旨や、異性愛規範社会への異議申し立てに賛同する人物は、自ら〝アライ〟と名乗る。

《アライさん》男性g：僕は、アライさんというカテゴリーに入るかなと。○■さん（ゲイ男性の名前）には、「違う、Ally（英語発音）だ」と言われまして。中学時代の友達にゲイの子がいまして。僕自身は、たぶん、たぶんっていうか、ヘテロセクシュアルなんですけどね。（FN201003）

アライさんには、二つのパターンがある。まず、自身を〝ヘテロセクシュアル〟や〝ストレート〟（異性愛者）と表明したうえで、〝友達〟にセクシュアルマイノリティがいた、もしくは現在もそうした人との付き合いがあると語る人物である。かれらは、友人からのカミングアウトを契機にセクシュアルマイノリティの問題経験に気づき、友人が生きやすい社会作りにかかわろうとする。次の親世代のアライさんは、既に抱いていたなんらかの問題意識と、セクシュアルマイノリティや親が経験する問題経験に共通性を見いだし、共闘しようとしている。

《アライさん》女性U：不登校の子らのグループで、（虹の会に参加しているトランスジェンダーの子がいる常連さんの母親と）知り合いました。不登校と同じで、少数派の問題はあると思います。今日の午前中は、路上生活者の方々、◯◎（団体名）の全国交流会があって、そちらの方にも出てきました。いろんな形ですが、共通することがあると思います。（FN201007）

以下の子世代の〝ストレート〟の女性は、〝ホモネタ〟がでたときのエピソードを次のように話す。

《アライさん》女性V：「当事者ひとつ周りの人が言う」のが大切だと思う。友達には「三〇人に一人はそうらしいで」と話すようにしてるんですけど、飲み会の席なんかで「お前ゲイちゃうん？」発言にひるんでしまって、家に帰って落ち込んでしまうんです。（FN200907）

彼女は、飲み会に同席した人たちが〝お前ゲイちゃうん？〟と囃し立て、からかいあう発言が、ゲイであると自己認識している人物のカミングアウトを抑制し、そのことによって多くの〝ゲイ〟が不可視に追いやられるという問題経験を、セクシュアルマイノリティの友人を介して知っている。そこで、〝三〇人に一人はそうらしいで〟と言うことで、〝ゲイ〟が身近な存在だと周囲へ伝えようとしているが、〝ひるんでしまって〟言えなくなったのであった。このアライさんは〝ホモネタ〟を制止することができず、帰宅後〝落ち込んでしま〟っている。

親参加者、子参加者の直接の知り合いではないが、自分の子どもが引きこもりや不登校という人物も、会のホームページなどを通して参加し、親世代のアライさんになっていく。かれらの子はセクシュアリティの面ではマイノリティではないが、自分の子が社会の中で生きづらさを抱えている点、親子関係を本人さんに投影する点で、アライさんでありながらも虹の会では疑似親的役割を担う。以下の女性は、虹の会の講演で親へのカミングアウトに悩む本人さんに語りかけている。

《アライさん》女性W：親は子どもに対して「好きなようにしなさい」と言う一方で、子どもに支配とまではいわないまでも、自分で（子どもを）抱え込んでしまうところがある。子どもが決めたことにショックかもしれないですが、子どもが決めたことなので、一人の人格として親は受け容れざるをえない。息子が、自分は不登校なので、親はその決断を受け容れるしかない。（本人さんに向き合い）ほんとに親御さんに気を遣ってる、その想い遣る優しさは子どもを親が想う優しさが、それが逆に親が子を抱えてしまうことと似ているのかもしれません。親は大丈夫ですから。自分の問題として解決するから、と言いたいです。（FN201011）

社会を変えようとするアライさんは、親参加者に〝友人の方がすごい心強い〟〝とてもありがたい〟と評価される。

母親《スタッフ》B：スイスで同性婚が国民投票で成立しましたが、その前に討論会が開かれて当事者じゃない人たちが参加していました。当事者でも家族でもない人たちが参加したことに意味があるんですね。当事者問題として話されていない、マジョリティ同士が意見を戦わせていく。最初から友人が入っていたんです。（FN200907）

自分の子どもを理解してくれる人間がいるのは、親参加者にとって頼もしいことである。さらには、〝マジョリティ〟のアライさんのかかわりによって、虹の会が目標とする社会運動がより一層進むとして、アライさんには期待が向けられるのである。

3項　アライさんとの連携

セクシュアルマイノリティに否定的評価を下す異性愛者、つまり、〝ノンケ〟は快く捉えられていないが（3章）、セクシュアルマイノリティやその家族のために行動をする異性愛者は、アライとして好意的に受け止められる。虹の会で〝当事者〟〝家族〟の問題経験を社会に開く役割を大いに期待されるアライさんに、政治家がいる。本項では、スタッフが政治家を招いた定例会を事例に、非当事者であるアライさんの政治家が虹の会に加わることで生じる緊張関係と、その後の対処を分析する。

母親《スタッフ》C：お招きしたのは、私たちの運動がいろんなところに影響を及ぼせるようにと思って議員でも呼んだほうがいいかなと思いまして（略）この会の存在を知っていただいて、これからどんなふうに政治・行政に働きかけたらいいのか考えていければと思います。（FN201004）

〝性同一性障害者の子〟をもつ常連さんの母親は、参加した議員に〝専門家の方に来ていただくのは、外に開く一つの突破口になるんじゃないかな〟と言い、政治家に期待を寄せた（FN201004）。私がｏｔ会メンバーとともに参加した二〇一〇年の東京のパレードには国会議員も訪れており、セクシュアルマイノリティが政治家の「票」とみなされている雰囲気があった。しかしながら、虹の会に集まる参加者たちは、招かれた議員の選挙区から離れたところに住んでおり、議員の「選挙対策」としての効果は薄いように思われる。あるレズビアンの子参加者は、後にこの議員のことを〝アライさん〟と評しており、議員が政治家として持ち込む（かもしれない）目的とは別に、セクシュアルマイノリティの意見を知ろうとする議員は、アライさんと認識されている。

急いで付け加えなければならないのは、虹の会のアライさんには、カムアウトしていない当事者、すなわち、非当事者として振舞う人物は想定されていないことである。プライバシーが尊重されているとはいえ、定例会の自己紹介では、本人さんがセクシュアル・アイデンティティを明示するよう求められる虹の会固有の「モデル・ストーリー」（桜井 2003）がある。このような語りが求められるのは、親が〝他の当事者を知る、息子以外の当事者がたくさんいるんだと知って私は励まされ〟ることを、本人さんたちも心得ているからである（FN201003）。しかし、モデル・ストーリーは、カムアウトせずに社会運動に携わることを望む人物への障壁となりうる。

虹の会で意味されるアライさんは、当事者でも家族でもない非当事者である。そうした非当事者が、自分が身をもって実感していない問題経験に常に寄り添い続けるのは容易なことではない。それゆえ、問題経験を共有していないアライさんと、当該の問題経験からみずからを当事者と強く自覚する人物との間に、軋轢が生じる。

非当事者は、当事者から「あなたに私の気持ちがわかるはずがない」という強い非難にもさらされうる（本郷 2007: 44）。時にアライさんは、〝当事者がしゃべった方が聴く〟、社会は〝当事者に弱い〟として、〝当事者の方がどんどん行くのが一番〟と、〝当事者〟が〝カミングアウト〟して、社会運動を担うことの重要性を示唆する（以下の引用は全て FN201004 からのもの）。

《アライさん》政治家：カミングアウトするのは難しいのは確かですので、パイオニア、できる方がすると。

当事者や親から社会変革の担い手として期待されていた政治家が、〝当事者〟にむしろ発言力があると返している。

これに対して、カミングアウトを要請されたと感じた親参加者と、子参加者は反論する。まず、父親の語りを以下に提示する。

父親《スタッフ》ｅ：子どもが揺れると親も揺れる。親が揺れると子どもも揺れる。なかなか進まないんですよ。正直なこと言うと、議員さんになるんのは、子どもが同性愛者である人が議員になったらええねん。（会場に笑いがおこる））東京に○□（セクシュアルマイノリティの団体名）という団体があって、直接国に物を言えるやつが何人かおる。あなた方が上に言っていくようなことじゃないと、だめですわ。

レズビアンの子参加者は、政治家の発言に対して挙手して、涙を流し、声を震わせながら次のように訴えた。

《本人さん》レズビアン：当事者もがんばれって言いますが、（セクシュアルマイノリティで）集まって発散しますが、来週会社が変わるのかといえばそうでもない。生きる望みがあるかっていったらない。当事者だけで支え合うのでしんどいので。ただのＯＬが言ったところで変わらない。当事者だけつらい思いをしているんです。（略）自分に対するカミングアウトをして、親、行政、友達にも言えなくて、やっと仲間に出会ってカミングアウトができるようになって。どうやって生きたらいいのか、私だって分からないです。

次に、ゲイ男性は、〝同性愛者〟は〝しんどい〟状況にあることを、文献を引き合いに出しながら議員に向かってこう訴える。

《本人さん》ゲイh：最近、風間孝さんが出した『同性愛者と異性愛者[19]』という本を読みました。とてもいいことが書いてありました。認める、認めない、その構図について書いてあって。「同性愛者が認められるように」だと、常に同性愛者が認められようとする努力をすることになり、しんどいんですよ。認められたいから、勉強をがんばったり、社会に対してアピールしていかないとならない。それはすっごいしんどい（泣いていたレズビアンを見ながら）。認める側であるというのは、常に上から目線。同性愛者は見あげて認められるのはしんどいんです。

《アライさん》政治家：DV被害者の人たちも、何も言えなかった、でもいろんなグループが活動してDV防止法までできた訳ですから。しんどいときはしんどいんですから。みなさんの代表者になる必要はないんですから。

母親《スタッフ》B：議員の方には「何をしたいの？」とよく聞かれます。でも、私なんかは政治に何ができるのかはわからないので、提案するにしても、いつも思うんです。議員さんは何を言って欲しいんですかね。「具体的に言ってください」とは言いますが、何に優先順位をつけたらいいのか、私たちはよく分かりませんのでね。

さらに別のゲイ男性は〝LGBT当事者で、名前を出したくないという人が多いんですけど、どうしたらいいですか？〟と、〝名前を出さずに運動に参加する方法はないのかと議員に質問している。質問を受けた政治家は、〝このグループの名前で出せばいいですよ。このグループでみなさんの意見をまとめて〟と返答している。この場で調査者の私は、〝完全匿名〟で、定例会で毎回問題経験を書いてもらうのはどうかと提案をした。数ヶ月後の定例会に参加した折には、参加者にアンケートが配布されるようになっていた。

三部：具体的な要望を書いてもらうんです。完全匿名で、ですよ。（略）さきほど〇〇さん（父親スタッフ）がおっしゃったみたいに、これまで二〇〇人くらいの人がこの会に参加してきた訳ですよね。その人たちみんなに書いてもらったら、二〇〇人分のデータが集まる訳です。

父親《スタッフ》e：そやそや。こんなことやってんとそっちのほうがよっぽどええわ。

以上では、カムアウトしない／できない親子と、アライさん間の意見の違いが表面化している。虹の会は、子参加者、親参加者、非当事者とみられる友人参加者という異なる立場の参加者が集うため、違いに起因する緊張感も生起している。それが、解決できないほどの大きさとなったとき、虹の会の活動に支障をきたすだろう。ただ、本人さんだけ、親だけでは、問題経験の〝しんどさ〟に押しつぶされ、社会へと自らの経験を一般化するための方策まで手がまわらなくなる時もあるだろう。しかし、スティグマの負担を感じずに済むアライさんだからこそできる社会運動もある。セクシュアルマイノリティや家族の問題経験を知ろうとし、クレイム申し立てを志向するアライさんは、社会が必ずしも一枚岩にセクシュアルマイノリティを抑圧しているのではなく、味方もいるのだという希望を親子に示す。だからこそ、親子もアライさんに期待している。

アライさんの存在は時には、緊張関係を生み出すが、当事者だけに任せる運動の問題点にも光を当てる。上記のアンケートは「社会学者」である調査者が提案したものだが、その後、会独自でアンケート内容の考案、収集、活用を進めている。二〇一一年六月には、親スタッフたちは地方議員へのアンケート調査の準備もしていた。虹の会は、アライさんも巻き込み、多様で差異ある他者が集まることで生まれた知見を採用し、活動内容を修正・再構成しながら活動を続けている。

図1

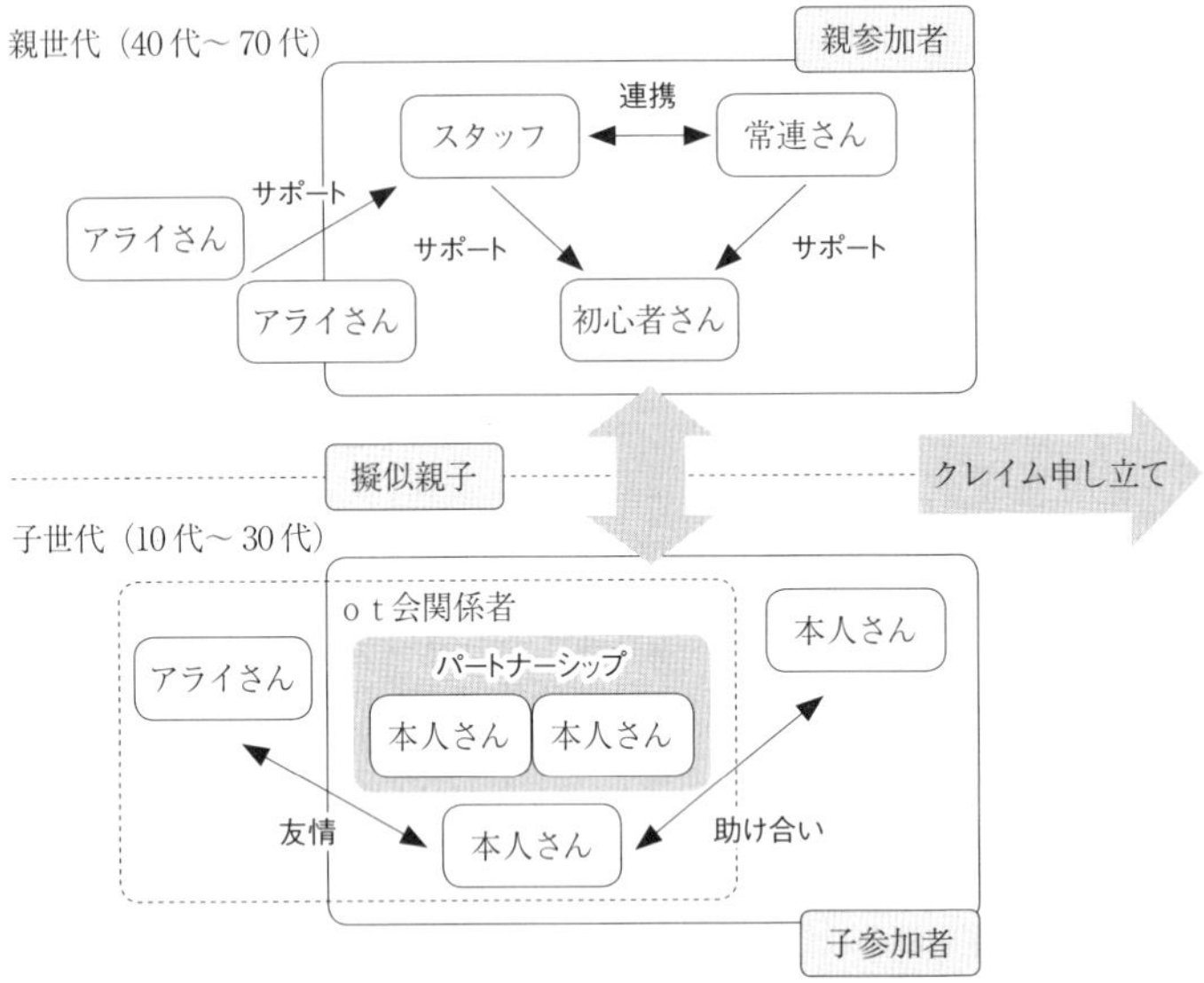

注

（19）風間孝・河口和也『同性愛と異性愛』（二〇一〇年、岩波書店）のことだと思われる。

小括

本章では虹の会の参与観察を通し、親参加者と子参加者の疑似親子関係が、参加者それぞれの実親子関係に間接的に働きかける面があると指摘した。虹の会における役割間の関係を示したのが図1である。

虹の会の中心は疑似的な親子関係である。実の親子が一緒に参加することはあるが、どちらかが照れくさそうにして、自由に語ることができない雰囲気を持ち込む。子参加者の実親は、会には来ない。このような親はカムアウトされて混乱のただ中にいるか、子どものカミングアウトをなかった事にしている。子どもと親は別人格と考えている親も、子どものセクシュアリティに悩んでいないので、会に来る必要性を感じていない。したがって、虹の会に参加するのは親としての問題経験を語り、他者に聴いて欲しいと強く願っている人たちである。つまり、会に参加する親参加者も子参加者も、本当は聴いてほしい重要な他者である実の子、実の親に、それぞれの問題経験を語れない。しかし、だからこそ、疑似親子が果たす役割は大きい。

本人さんの存在によって、親参加者は自己が他者の目――例えば自分の子ども――にどのように映っていたのかを知る。親参加者は他の親参加者や本人さんの語りを聴きながら、少し離れた地点から自己を捉え、自分と子どもとの関係を冷静に捉えられるようになる。初心者さんは常連さんの見地から、混乱する自分や子どもを客観視する。常連さんは、初心者さんに過去の自分を重ね合わせる。このように親参加者は複数の視点から、親としての自分はどうだったのか／どうであるのかを考えることができる。

親子関係に問題を抱えさせられる点では、親も異性愛規範社会での問題経験に苦しむ当事者である。スティグマを付与される人物と、その周囲の縁者のスティグマ者は、差別をめぐって時に利害関係に巻き込まれてしまう。実の親子では、感情的になり話し合いが続かず、異性愛規範から抜け出せない親の一言が子どもを傷つけてしまうかもしれない。しかし、そもそも、すべての親子が互いを理解しようとする訳でもないし、親子だからこそ理解しなければいけないという訳でもない。虹の会は実親子関係では知りえないそれぞれの経験、つまり、親子それぞれが、縁者のスティグマとスティグマに苦しんでいる内実を、参加者に伝えるのである。

スティグマを付与される人の周囲が、自己への縁者のスティグマを避けようとして行う印象操作――〝ホモ〟〝レズ〟をからかうことで自分を〝普通〟の人間として自己呈示する、親が子どもを〝治そう〟とする――が繰り返されることで、スティグマはどこまでもその触手を伸ばしていく。しかし、人々が紡ぎ出す関係性には、それを留める力がある。同性愛嫌悪発言に対抗する異性愛者のアライさん、カムアウトする立場に置かれる親子に配慮しながら活動をする虹の会、そして、互いの問題経験を知り、寄り添おうとする疑似親子関係に、スティグマが消える、一瞬だが確かな契機を見いだすことができる。

　親の初心者さんの多くは、定例会への参加を重ねるなかで、明るく生き生きとした表情をするようになり、他の参加者を笑わせるようになる。かれらがエンパワーされるのは、虹の会で親が望む理想の社会、つまり、性的指向や性自認で人が差別されない空間がそこに開かれているからだ。

終章　差異ある他者とどう生きるか

これまで、ＬＧＢやカムアウトされた親へのインタビュー、ｏｔ会、虹の会といったセルフヘルプグループ（SHG）の実践を分析してきた。本書は家族にまでスティグマが付与される社会のなかで、セクシュアルマイノリティと親が支援者の協力のもとで、自らの問題経験に向き合い、クレイム申し立てを含めた様々なスティグマに対処する実践を描いた。最後となる章では内容を振り返りながら、本研究の意義と残された課題を確認したい。

本書は、ＬＧＢと異性愛者の親子の問題経験を、個人的に解決すべき親子問題とみなす――お互いを理解しあうべき、理解できなければ縁を切るといったような――社会のまなざしへの違和感から出発した。親子の生きづらさは日本社会から付与されるスティグマに起因しているのではないかと見立てた私は、かれらがどのようにスティグマに対処しているのかを、かれらの主観的経験からアプローチしようと思い立ったのだった。

1章では、ＬＧＢと家族に関する先行研究をレビューしながら、ＬＧＢと異性愛者の親を対置しない研究視座の必要性を述べた。その上で、同じ家族を生きる者として、ＬＧＢと異性愛者の親を捉える本書の方向性を明確にした。同じ家族を生きているはずの親子だが、家族という場は異性愛規範が強く、同性愛は不可視化されている。そこで、注目したのはカミングアウトである。カムアウトする側／される側を含めた相互行為としてカミングアウトを再定位した上で、カミングアウトの生起する文脈、すなわち、家族という場を考えれば、親子のカミングアウトを考察する際には、スティグマの視点が重要となると論じた。

　2章は、本書の核となるLGBと異性愛者の親の語りがどのような調査、どのような人たちを通してえられたのかを紹介した。

　以上のⅠ部で、本書の理論と調査方法を枠付けた後、Ⅱ部では子どもの立場から、LGBが経験するスティグマと、それへの対処方法の析出を試みた。スティグマが付与される人物が、時にパッシングを放棄する（Goffman 1963＝2003）友人、そして、家族を順に検討した。3章では友達への／からのカミングアウトを取り上げ、LGBへの保障制度もないが同性愛を罰する法のない日本で、LGBたちがどのように友人との関係性を築いているのかを、LGBへのインタビューとｏｔ会への参与観察から考察した。インタビューからは、カミングアウト後の異性愛者からの反応に不快感や身の危険を覚えたLGBが、異性愛者を《ノンケ》と呼び、かれらと距離をとる姿を考察した。他方で異性愛者も参加する、セクシュアルマイノリティ向けに作られたセルフヘルプグループｏｔ会では、異性愛者が支援者の《アライさん》となって、セクシュアルマイノリティの友達とともに生きやすい社会作りへと向かう姿を見せていた。

　4章では、舞台を親子の生きる家族へと移し、LGBが親に承認要求を抱いていること、家族の代替不可能性が強まっていく様子を、パートナーや親との病院での面会という生と死を通して析出した。親からの理解がLGBの生活のしやすさに直結する一方で、親は他者からの眼を意識して、子どもの性的指向を〝治す〟よう迫ったり、カムアウトをして欲しくない素振りをしていた。制度的保障がないため、親を介してLGBに利益がもたらされる現状では、親の理解を望めないLGBは弱い立場に置かれてしまう。一方で、LGBは縁者のスティグマが及ぶ親の立場性にも配慮している。縁者のスティグマゆえに両義的になる親には、理解を求めるべきではないと悟るLGBもいたのだった。

Ⅲ部以降は、子どもから承認要求を寄せられる親の視点から、5章で子どもからのカミングアウトの受け止め方、6章ではその後の親の変容について論じた。受け止め方を論じた5章では、親としての次のステージ――隠居したり、孫育てに参加する――への移行のきっかけとして、子どもの結婚を位置づけていた親は、認知的不協和によるショックが大きいが、一方で〝普通〟とは違う自己を語る親はショックを受けにくいという親の多様性を示した。分岐点となるのは、親が異性愛の規範となる「正しいセクシュアリティ」（竹村 2002）から、どれほど距離があると感じているかであった。

6章では、子どもの性的指向を理解しようとするがゆえの親の葛藤を析出した。家族では子どもの性は忌避されやすい。そこに、同性愛嫌悪が重なり、異性愛者である親は子どものセクシュアリティを考えては違和感を抱くという袋小路にはまっていた。理解できたと語るケースと、やはり理解はできないと語る二つのパターンが析出されたが、いずれも子どもとの関係を絶つのではなく親子それぞれにとって適切な距離の取り方をしていたのである。親はセクシュアルマイノリティに関連した書籍、映画、ニュースを通して、自分の子どもと類似した人物への経験に接近する。こうした「テクストの調査」（Plummer 1995 = 1998）や、セクシュアルマイノリティとの出会いを通して親は認識を変え、子どもとの関係性を再構築すると同時に、「LGBの子のいる親」という自己認識を抱くようになる。周囲の何気ない「ホモネタ」へ敏感になったり、親族から我が子への結婚プレッシャーを感じ、縁者のスティグマ者として親はカムアウトする立場へと推移していた。

7章では、自分の子からカムアウトされた親をサポートする虹の会の実践を取り上げた。虹の会は、混乱のただ中にいる親の《初心者さん》を手助けする、親の《スタッフ》と《常連さん》とともに、子どもとして参加するセクシュアルマイノリティの《本人さん》と、友人の立場で参加する異性愛者の《アライさん》が集っていた。親参加者と子参加者の間で生じる、あたかも親子のような「疑似親子」関係を軸に、虹の会の語り合いは展開する。本当は語り／聴きたい実親子を想定しながら、親参加者と子参加者それぞれが自分や親・子の経験を相対化し客観視する場を、多様な役割間の相互行為が作り上げていた。当事者は日々の問題経験に向き合いながら、虹の会の活動にかかわっている。親スタッフであっても、子どものことを考えると容易にカムアウトできない。そうした状況にいる家族としての当事者、セクシュアルマイノリティの当事者に、社会の変革を期待するのは時に荷が重すぎる。他方、友人の立場にいる人は、縁者のスティグマによる影響を家族ほど受けないためフットワークが軽い。疑似親子を応援する非当事者である親世代のアライさん、子世代のアライさんが、カムアウトする立場に追いやられる親子の問題経験を、社会へとつなぐ役割を担っていた。

本書は、先行研究では対置されがちだった親子双方の視点、そして親・子・支援者など複数の人々の視点の交差を試みた。最後に、複数の視点を交差した上で、本研究の成果と課題を論じたい。

1節　カムアウトする親子からみる家族——親と子の視点の交差

親と子、双方の問題経験の中心を成すのは、お互いへの理解だった。4章で親へ理解して欲しいから／されないと怖いからカムアウトする／しないという語りからみえたのは、性的指向と同性パートナーとの生活双方への承認を求めるＬＧＢの姿である。私たちが産まれ落ちる場である家族は、第一次社会化の舞台であり、唯一無二のものとして私たちに意識されやすい（Berger and Luckman 1966 = 2003）。特に、問題経験を家族の内部に抱え込んでいる場合（井口 2007）[1]や、家族外からの支援や理解などの社会的資源が見込めない場合は、家族はその構成員にとって特別視されやすくなり、互いを理解できるかどうかが葛藤を生み出しやすくなるだろう。性的指向を隠すことに心を砕き、「透明人間」（小倉 2006）となるＬＧＢにとって、自分を産み出してくれた親が、この社会に存在している自己の感覚を保障する、唯一絶対の存在として迫ってくるのではないだろうか。同性間パートナーシップへの制度的保障の乏しい日本においては、ＬＧＢは家族からやすやすと自由になれない。家族から自由になれない時、相互理解が社会的資源のなさを乗り越える力となりうる。しかし、果たして、相互理解は可能なのだろうか。

奥村隆が自己と他者の関係から論じるように、お互いが本当に理解しているのかどうかは、根源的には判定不可能である（奥村 1998）。カミングアウト以前から仲が良かった家族は、相互理解が成立したという実感をもてる信頼関係を、既に構築している。だが、本書から明らかになったのは、そのようなタイプの家族だけでなく、さまざまな家族がそれまでの家族の有り様にあわせて、カミングアウトを受け止め、スティグマへの対処をしていたということである。

理解不可能性に気づいたＬＧＢは、親からの理解を絶対視するのをやめていた。子どもを理解しようとしながらも、親はどこかで子どもの性的指向や生きづらさを、理解できないと気づいている。親自身も同性愛を産み育てた原因として責められたり、友人からの何気ない一言で自分の子どもが傷つけられていると感じたり、結婚話をやり過ごせない立場になってゆく。本当は理解できているとはいえないにもかかわらず、子どもの前で良い親を演じ本音を出せない親は、自分のことではないから話せない、という自制がかかる縁者のスティグマを前に口をつぐんでしまう。こうした親の孤独や疎外感を、虹の会は受け止めていた。

理解がなくとも継続する親子の姿は、カムアウトする親子が抱える葛藤への一つの解決策である。だがしかし、理解とうまく向き合える人たちばかりではない。親子の間には常に、子どもが親からの理解を求め、親がそれに応えるという非対称性は存在している。子どもの視点から５章で論じたように、物理的・経済的に親からの自立が難しい人たちを考えれば（介護・介助を受けている人、さまざまな理由から親と同居状態にある人）、親を経由しないLGBへの制度保障はやはり求められる。

私が子どもの支援にかかわっている人から聞いた話では、親へのカミングアウト後に実家を追い出され上京し、男性相手の性的サービスに従事しながら、生計を立てている男の子たちがいるという。義務教育も終えていない場合は、他で働く当ても知識もなく、寮付きの職場がかれらの生活の基盤となる。私の調査に協力してくれたのは、二〇代から三〇代であり、インタビュー時にはある程度親から自立している人たちである。親の学歴も高い。セクシュアルマイノリティのなかの格差は、今後取り上げていかなければならない課題である。

注

（1）井口高志は、認知症となった人を介護する家族介護者が、「自分が唯一の、適切な介護者である」という代替不可能な存在として、自己を規定することによって、困難を抱え込みやすいと指摘している（井口 2007: 162）。

2節　ジェンダーからみるカミングアウト――父と母の視点の交差

LGBたちが承認を強く求める親の性別は、女性であった。つまり、母親にかれらは理解して欲しいと語っていたのである。母親は、自他ともに同性愛の原因として意識されやすい。父親の原因説の不在と、母親の自責の念は表裏をなしている。子どもを理解できない自分を責め、同性愛にスティグマを付与する社会のなかで、同性愛の原因となる〝悪い〟ことを自分の身体や家庭環境に求める母親たちの思考方法には、ジェンダーの力学が色濃く刻印されているのである。

女性への「偏り」は、虹の会の参加者層にもみられる。熱心に虹の会に参加する《常連さん》には母親が多く、父親の常連さんは妻との参加であり、親スタッフを除き、父親が一人で来ることはほぼない。働く役割を求められる男性は、週末に参加する時間を割くことができないのかもしれない。性別役割分業規範が父親と子どもとの間に一定の距離を生じさせるために、人に相談する必要性を感じないことから、父親は虹の会へと足を運ばないのかもしれない。〝男親〟は理解が難しいとみなされることがある虹の会では、父親たちは責められたように感じ、自分の体験を話にくいかもしれない。虹の会は母親たちが語りやすい土壌を確かに提供しているが、父親たちはどうだろうか。虹の会の父親スタッフは、母親の多い定例会は肩身が狭いので、たまに会える別の父親スタッフと〝遊ぶ〟のを楽しみにしていると語っていた。ここに、父親のＳＨＧへの参加動機が母親とは異なる可能性が示唆されている。

本書は母親がジェンダーとセクシュアリティ双方の規範のなかで、縁者のスティグマに悩みそれへと対処する姿を析出したが、父親の語りは不足しており、今後の課題として残された。

3節　虹の会とｏｔ会を比較して――セルフヘルプグループにおける同質性と差異

従来、セルフヘルプグループは同質の経験が前提とみなされてきた。同じような経験をした者同士が安心して語り合える、それがＳＨＧの魅力でもある。本書が分析したｏｔ会と、虹の会は、同質性を担保しながらも、参加者に明らかな違いも認められる。セクシュアルマイノリティの参加を想定したｏｔ会には異性愛者の友人が、親への支援、つまり、家族当事者を目的として設立された虹の会にはセクシュアルマイノリティ当事者と、非当事者の異性愛者も参加していた。ここではＳＨＧにおける同質性と差異について整理し、問題経験を抱えていない人物がグループにかかわることで何が起こるのかを考えてみたい。

　参加者資格をレズビアンに絞ってスタートしたｏｔ会は、セクシュアルマイノリティの〝シェルター〟の役割を期待されていた。しかし、主催者曰くだんだんと〝愚痴大会〟のようになったので、いろいろな人にも参加を呼びかけるようにしたという。ここにある、同質性をめぐる問題とはなんだろうか。ｏｔ会は、「普通」化しているセクシュアリティを、《ノンケ》と名付けて問題化する。ノンケへの批判の共有は、セクシュアルマイノリティが抱える生きづらさの原因はかれらのセクシュアリティにあるのではなく、他者との関係性の中で生じる——つまりスティグマに起因する——ものとして確認するのを可能とする。日常生活で経験している違和感は自分のせいではない、社会の側の問題であるという気づきは、参加者を励ますだろう。しかし、性別二元論と異性愛を前提とする異性愛規範社会からの疎外感は、必ずしも同じ形で全員が共有している訳ではない。3章ではその例として、《おネエ》言葉についていけないゲイ男性と、過去に異性愛者自認だったセクシュアルマイノリティ女性が定例会で抱く違和感を取り上げた。同質性がある種の語りやすさをもたらすと同時に、語りえぬものを残すことに注意しなくてはならない。

　では、同質的空間に異質な人物が加わった結果、どのような科学反応がおこっていたか。ｏｔ会にはさまざまなセクシュアルマイノリティが集っている。「ホモネタ《ママ》」「レズネタ《ママ》」で笑いを取る会社の上司のように、ここで話題となる異性愛者は、差別者側に配置され、そこに固定化されている。だが、ｏｔ会に参加する異性愛者は自らの生きづらさを会で吐露し、セクシュアルマイノリティの友達をどうやったら傷つけないで済むのか、その上でかれらとどのように友人関係を作ったらいいのか悩んでいる。性自認や性的指向にスティグマが付与されないｏｔ会だからこそ、〈マイノリティ〉〈マジョリティ〉を超える対話の可能性が紡ぎ出されていたのである。

　ｏｔ会でのセクシュアルマイノリティと異性愛者の交流を通して明らかとなったのは、スティグマで傷ついた人はさらなる傷を恐れて、異性愛者との関係を築くことに気後れしているということであった。あるレズビアンの女性は、どうせ傷つくから異性愛者との対話を諦めてきたと自覚的に語っていた。スティグマは人が他者を信頼する力を奪ってしまう。日本でセクシュアルマイノリティが不可視化している理由の一端に、人を信じる力の剝奪があるのではないか。当事者だけで集まる場を尊重しながらも、セクシュアルマイノリティの周囲の人間を巻き込みながら、互いの信頼関係を涵養する場も必要であろう。

様々な参加者が集う虹の会は、差異ある他者が共生する社会の縮図である。スティグマと縁者のスティグマがもたらす生きづらさを、社会全体で低減する実践の可能性がここにあるのではないだろうか。虹の会で尊重されているのは、とりわけ、どこでも話すことが叶わない親参加者である。虹の会は参加者へのエンパワメントに加えて、外部社会へとクレイム申立活動を行っている。かれらの実践は、他の様々な問題経験を抱える親子に適用可能な技法が多数含まれている。

要となるのは、多様な参加者の存在を意識した上で、互いに批判的にならないように設けられたルールの尊重であり、相互理解を強いないスタイルである。会で中心となるのは「疑似親子」であり、それを軸とした「子ども」「親」「友達」という役割間の相互行為であった。こうした役割を、虹の会の外部社会でも私たちは担っている。私たちは誰かの子どもであり、誰かの親であり、誰かの友達として社会を生きている。誰もがどれかに当てはまり、無関係な人はそこには誰もいない。問題経験を抱えている当事者と接するとき、その人は誰かの子どもであり、誰かの親であり、誰かの友達である。という視点を持つことができれば、スティグマの波及効果や〈マイノリティ〉〈マジョリティ〉の対立も緩和されるのではないだろうか。ｏｔ会と虹の会に共通するのは、参加者へのエンパワメントという伝統的なＳＨＧの性質に加え、非当事者が介在することで当事者だけに問題解決を強いない人々のつながりのあり方である。都市部にできたＳＨＧという点で、本書の知見の適用範囲は慎重に見極めなければならない。それでもなお、両グループの実践はＬＧＢと異性愛者の親の問題経験を、当事者が自力で解決するように促す社会的なまなざしに、一つの対抗策を示していると思われる。

近年、日本の家族研究の文脈のなかでも、同性カップルやパートナーシップが多様化する家族の一類型や家族を超えるなにかとして言及されることがある（上野 1991; 1994; 牟田 2009）。こうした「家族多様化論」の知見が前提とするのは、規範的家族を相対化する多様な家族の変革力である。(2) そうした視点からすれば、親の理解や愛情の大きさを語るセクシュアルマイノリティや、家族を大切にするために子どもを理解しようとし、さらに理解できずに悩む親は、伝統的価値観に「囚われ」ていて「保守的」とみなされてしまうかもしれない。(3) しかし、縁者のスティグマがＬＧＢと親にもたらす影響の大きさを踏まえると、「保守か革新」の枠組では、かれらの経験を把握するどころか、大切ななにかを取りこぼしてしまうだろう。親子がお互いに理解したからといって、ＬＧＢ家族が生きていく上で直面する問題は簡単には解決しない。家族は互いを必ず理解しなければならない、という訳でもない。ＬＧＢと異性愛者の親が抱える問題経験をかれら個人が解決すべきだとする限り、われわれはセクシュアルマイノリティや家族の抱える社会問題を把握することも、その解決策を考えることもできないだろう。ＬＧＢや親たちが家族愛を語る様子が、周りからみて保守的もしくは革新的に見えようとも、それは個人的な資質だけによるものではない。社会学は、かれらをそのように方向づける社会のあり方（野辺 2011）の解明を課題とすべきである。

本書は、ＬＧＢと異性愛者の親というセクシュアリティに差異ある親子がカムアウトする立場に置かれながらも、かれらをとりまく友人たちとともに生きる姿を析出した。冒頭で紹介した社会的まなざしを内包した言葉の数々は、何気ない、悪意のないものである。だからこそ、本書を読んでくれた人たちと、私はもう一度一緒に考えたい。私たちは、差異ある他者とともにどう生きていけるだろうか。「気持ち悪い」から切り離すのか、理解できないから関係性を断つのか、理解できなければ友人や家族関係を続けられないのか。これから私も考え続けたい。マイノリティと無関係な人は、誰もいない（坂本 2005）のだから。

注

（2）久保田裕之は、家族多様化論は家族から自由になれる個人を前提としていると批判する。「誰にでも家族を自由に選択・解消することが可能になるならば、とりわけ家族の中で弱い立場にある人の生存・生活の基盤を掘り崩してしまう。逆に、自由に家族を選択・解消することができるのは、子どもや高齢者・障害者や病者などの依存者に責任を持たなくてもよい一部の人と、それを補って余りある資源を持つ一部の人だけだろう。」（久保田 2009: 86）。

（3）セクシュアルマイノリティの子育てなど「選び取る家族」をめぐって、その「家族」が規範的異性愛への同化なのか、挑戦なのかという議論が続けられてきた（Oswald, Kuvalanka, Blume and Berkawitz 2009）。

あとがき

この本は、二〇一一年度にお茶の水女子大学大学院人間文化創成科学研究科に提出した博士学位論文を、大幅に加筆修正したものです。現代日本に生きるセクシュアルマイノリティと親の経験のほんの一部を切り取ったにすぎませんが、これをきっかけにかれらを少しでも身近に感じていただければ幸いです。

謝辞では感謝の気持ちを伝えたいので、社会科学系の学術書でありますが、最後はほんの少しの間、私の「です・ます」調のつぶやきにお付き合いください。

完成まで多くの方々にお世話になりました。なによりもまず、本研究のために貴重な時間を割き、時につらい経験を語ってくださいましたインタビュー協力者の方々、調査者としての「私」を受け入れてくれた「虹の会」「ｏｔ会」関係者のみなさんにとても感謝しています。プライバシーの関係上ここでお名前を挙げることはできませんが、本のための書き直しの最中、何度もみなさんのお顔が頭に浮かびました。

博士学位論文を書き終えるまでの間に、たくさんの方のお力添えがありました。大学院生として六年を過ごしたお茶の水女子大学は、ジェンダーとセクシュアリティに関する研究を遂行するには、最適の環境でした。修士課程より指導をしてくださった坂本佳鶴恵先生は、私の研究テーマには意義があると励ましてくれました。「こんな研究なんて」と拗ねがちの私にとって、先生の言葉は研究を進める上でのエネルギーとなりました。藤崎宏子先生には博士学位論文の主査として、丁寧にご指導を受けました。先生が博士学位論文の提出を迷っていた私のお尻を叩いてくださったので、私はとにかく書き進めることができました。副査の舘かおる先生、平岡公一先生、棚橋訓先生、杉野勇先生は、私の拙い原稿を何度も読んでいただき、鋭く的確なコメントをくださいました。どうもありがとうございました。

学外の研究者の方々にも、たいへんお世話になりました。本郷正武さん（和歌山県立医科大学）は、審査途中の原稿に有益なコメントを、James Welkerさん（神奈川大学）は、博士学位論文の外国語要旨のネイティヴチェックをしてくださいました。

研究が思ったように進まない時、悩みを抱えた時、お茶の水女子大学の先輩方を頼ることができた私は、本当に恵まれていました。守如子さん（関西大学）には大学院入学以来、様々な面でお世話になってきました。中村英代さん（日本大学）は、いつも私を励まし、私の愚痴に付き合ってくださいました。安藤藍さん含め、お茶の水女子大学大学院生は、「ご飯食べに行こう」と言ってそのまま飲み会になるのがほとんどの私の誘いを断らず、よく付き合ってくれました。

博士学位論文から本への改稿には、二年を要しました。その間、坂本佳鶴恵先生、藤崎宏子先生の大学院ゼミ、他研究会などの場で、草稿を発表する機会をいただきました。研究仲間の杉浦郁子さん（和光大学）、新ヶ江章友さん（名古屋市立大学）、森山至貴さん（日本学術振興会特別研究員）、金田智之さんは、まだまだ分量の多かった私の原稿を読み、たくさんのご意見をくださいました。松井由香さん（お茶の水女子大学大学院生）には、出版前の草稿を通して読んでもらいました。皆さんの手助けなしには、改稿はできなかったと思います。改めて感謝いたします。

この本には、正直満足のいかないところもあります。多くの人に読んでもらうために、先行研究のレビューをかなり減らしました。一方で、もっと最新の研究を入れたいという欲にもかられました。でも、そんなことをしていると、出版がさらに延びてしまいます。私に預けられた貴重な言葉を社会に届けるため、出版を決意しました。

私の背中を後押ししてくれたのは、故竹村和子先生のご遺志で設立された「二〇一三年度竹村和子フェミニズム基金」からの助成です。天国の竹村先生にも、これでやっとご報告ができます[1]。本の要となった調査の経費は、日本学術振興会特別研究員（DC2、二〇〇九年度・二〇一〇年度）任期中の文部科学省科学研究費補助金、リサーチアシスタント（二〇一一年度）として勤務しましたお茶の水女子大学グローバルCOE「格差センシティブな人間発達科学の創成」プログラムの公募研究・協働研究からえられました。こうした助成制度を作られたほとんどの方と直接お会いする機会もありませんでしたが、私のような若手の研究者を援助する制度を整えてくださったことに感謝いたします。

最後になりましたが、御茶の水書房の橋本盛作さん、橋本育さんは、博士論文を書き終えて完全燃焼していた私に、再びやる気の火をつけてくださいました。お茶の水女子大学で助手をされている門脇ひろみさんは、この本を素敵なデザインで包み込んでくれました。大学院での研究の集大成、しめとして「お茶漬け本」を世に出すことができ、私はとても嬉しいです。物を書くという行為は、一人では成し遂げられないということを強く感じています。

いつも遠くで見守ってくれている、両親に感謝しています。

私にお付き合いしてくださったみなさま、どうもありがとうございました。

注

（1）竹村先生との思い出を、「認定NPO法人ウィメンズアクションネットワーク（WAN）」のサイトに書かせていただきました。「竹村先生とピザとワイン」（http://wan.or.jp/book/?p=7163 二〇一四年二月二八日閲覧）

初出一覧

本書の各章は、以下の既発表論文をもとに大幅に加筆修正したものである。

はじめに　書き下ろし

1章　「同性愛（者）を排除する定位家族」再考——非異性愛者へのインタビュー調査から」『家族研究年報』34号、二〇〇九年、pp.73–90.

2章　書き下ろし

3章　「セクシュアリティをめぐる〈マイノリティ／マジョリティ〉の〈転位〉と〈融解〉——当事者の会における対面的相互行為から」『年報社会学論集』26号、二〇一三年、pp.99–110.

4章　「〈かぞく〉に何を求めるのか——血縁家族、選びとる家族、ゲイ・コミュニティ」『解放社会学研究』24号、二〇一〇年、pp.35–55.

5章　「『家族』からの離れがたさ——セクシュアルマイノリティの『病院での面会』から」『支援』3号、二〇一三年、pp.104–17.
「『悲嘆の過程』の批判的検討——『ゲイの息子』を持つ親の『語り』と『縁者によるスティグマ』概念をもとに」『論叢クィア』、2号、二〇〇九年、pp.71–93.
「『正しいセクシュアリティ』論からみるカムアウトされた母親の経験」『ジェンダー研究』17号、二〇一四年、pp.69–74.

6章　右に同じ

7章　「非当事者のかかわりがセルフヘルプ・グループにもたらすもの——セクシュアルマイノリティと家族のための会への質的調査をもとに」『PROCEEDINGS』20号、二〇一二年、pp.31–40.

終章　書き下ろし

資料1‐1　LGBへの質問項目

（1）パートナー

・これまでにパートナーがいましたか。
・もっとも長い交際期間はどれくらいですか。
・パートナーと同居をしたことはありますか。
・同居をしたことがある場合、どのような形で入居しましたか。

以下、パートナーがいる人の場合の質問。
・現在のパートナーとの交際期間はどれくらいですか。
・パートナーの親・きょうだいは、二人がカップルであることを知っていますか。
・（知っている場合）何がきっかけでしたか。
・（知っている場合）相手はどのような反応でしたか。
・（知っている場合）知っていてもらって良かったことはありますか。
・（知っている場合）知られて困ったことはありますか。
・（知らない場合）なぜ伝えていないのですか。
以上の項目は、現在パートナーのいない人には過去のパートナーに関して質問している。

（2）親・きょうだい・親戚
・親御さんはあなたのセクシュアリティを知っていますか。
・（カミングアウトしている場合）何がきっかけでしたか。
・（知っている場合）相手はどのような反応でしたか。
・（知っている場合）知ってもらって良かったことはありますか。
・（知っている場合）知られて困ったことはありますか。
・（知らない場合）なぜ伝えていないのですか。
・（定位家族の）構成メンバーを教えてください。
以上の項目は、きょうだい・親戚についても質問している。

（3）レズビアン・ゲイコミュニティ
・あなたにとっての「コミュニティ」とは具体的には何を指しますか。
・それはあなたにとってはどのような役割を果たしていますか。
（4）交友関係
・友人にはどのようなセクシュアリティの人が多いですか。
・ヘテロセクシュアルの人とはどのように付き合っていますか。
（5）主観的家族の範囲
・「家族」のメンバーをあげてくださいと言われたら、誰までをあげますか。
・どうして○○（パートナー、親、セクシュアルマイノリティの友達など）を含むのですか。

・どうして○○を含まないのですか。
・その「家族」はあなたにとってはどのような役割を話していますか。
（6）差別された経験
・これまでにご自身のセクシュアリティを理由に、不快な思いをされたことはありますか。
・（ある場合）具体的に教えていただけますか。
（7）将来について
・これからどのように暮らしていきたいですか。
・なにか不安がありますか。
・そうした不安を解消するために、どのような制度があったらいいと思いますか。
・子育てをしてみたいと思いますか。

資料1-2　親への質問項目

（1）カミングアウトされた経験
・どのようにお子さんから伝えられましたか。
・お子さんは具体的にはどのような言葉を使われましたか。
・それはいつのことですか。
・その場に他の人はいましたか。

・あなたはどのように答えましたか。
・あなたはどのように感じましたか。
・あなたはなぜそのように感じたのですか。
・お子さんはどのような様子でしたか。
・ご自分の子どもが〇〇（子どものセクシュアリティ）であるということで、親として一番考えたことはなんですか。
・自分の子どもではない人から、カムアウトされた場合とはどう違いますか。

（2）家族

・誰か他に知っている人はいますか。
・（「はい」の場合）その人はどのような形で知ったのでしょうか。
・（「いいえ」の場合）その人はなぜ知らないままなのでしょうか。

（3）家族以外

・ご家族以外の方で、お子さんのセクシュアリティについて知っている人はいますか。
・ご家族以外の方に、お子さんのセクシュアリティについて話すことはありますか。
・（ある場合）あなたはどのような人に話しますか。
・（ある場合）あなたはどのような場で話しますか。

（4）主観的家族の範囲

・「家族」のメンバーをあげてくださいと言われたら、誰までをあげますか。
・どうして〇〇を含むのですか。

・どうして○○を含まないのですか。
・その「家族」はあなたにとってはどのような役割を話していますか。
（5）同居・別居
・お子さんとは現在同居ですか、別居ですか。
・（別居の場合）どのような時に会いますか。
・（別居の場合）お子さんは一人暮らしですか。誰かと同居していますか。
（6）子どものパートナー
・お子さんにパートナーはいますか。
・どれくらいの間交際しているかご存知ですか。
・お子さんのパートナーとお会いしたことはありますか。
・（ある場合）どのような時に会いますか。
・（ある場合）パートナーに対して何を考えますか。
・（ある場合）パートナーの親御さんに会ったことはありますか。
・（ある場合）親御さんに対して何を考えますか。
・（ある場合）どのような時に会いますか。
・（ない場合）会ってみたいと思いますか。
（7）セクシュアルマイノリティ
・セクシュアルマイノリティの人達と会ったことがありますか。
・（ある場合）いつ、どこで会いましたか。

・（ある場合）かれらに会って何を考えましたか。
・（ない場合）会ってみたいと思いますか。
（8）将来について
・同性カップル向けの社会保障制度があったらよいと思いますか。
・（はいの場合）どのような制度があったらよいと思いますか。
・（はいの場合）なぜそれがよいと思うのですか。
・（いいえの場合）なぜそのように思うのですか。
・お子さんにはどのように生きていって欲しいですか。
・お子さんがどのように生きていったら安心ですか。
（9）もし伝えられていなければ、あなたの生活はどのようなものになったと想像しますか。

資料2-1　依頼書1

《インタビュー調査　ご協力のお願い》～ご家族、ＬＧＢＴ当事者の方へ～

私は大学院の学生で、セクシュアリティとジェンダーの社会学を専攻しています。特に、ＬＧＢＴ（レズビアン、ゲイ、バイセクシュアル、トランスジェンダー）と家族について関心があります。ＬＧＢＴのご家族の方にはカミング・アウトされた経験を、ＬＧＢＴ当事者の方にはご家族へのカミング・アウトの経験をうかがうインタビュー調査を進めています。そこで、現在、インタビューにご協力いただける方を探しております。双方の立場へインタビューをするのは、カミング・アウトをする側とされる側という視点から、「家族」というものを考えたいからです。

インタビュー形式になりますが、自由な形でご自分の体験や、現在ご家族について考えていることをお話いただければと思います。インタビューは録音されますが、研究以外の目的で使用されることはありません。お話を聞かせていただいた方のお名前が公表されることもありません。インタビューデータを論文等で使用する場合は、事前に連絡をいたします（ご希望の方はご自分のインタビュー記録をさしあげます）。

ご協力いただける方は、下記までご連絡くだされればと思います（ハンドルネームでも結構です）。お気づきの点なども、あわせてご連絡ください。また、他にお話を聞かせてくださる方がいらっしゃいましたら、ご紹介いただけると幸いです。

三部　倫子　さんべ　みちこ
お茶の水女子大学大学院人間文化研究科発達社会科学専攻応用社会学コース
E-mail：○○○○@edu.cc.ocha.ac.jp
電話／FAX：　○○-○○○○-○○○○

資料2-2　依頼書2

インタビュー調査　ご協力のお願い
――「レズビアン」「ゲイ」「バイセクシュアル」の親御さんへ――

私は博士課程の大学院生で、社会学を専攻しています。特に、性的マイノリティと「家族」について関心があります。日本学術振興会特別研究員でもあり、本研究は文部科学省科学研究費補助金による助成を受けております。

今回は、お子さんから「レズビアン」「ゲイ」「バイセクシュアル」であると伝えられた方や、思いもかけず知ってしまった親御さんのお話をお聞きしたいと思っています。これまで日本では、性的マイノリティを持つ親御さんの経験についてほとんど研究されていません。親御さんが息子・娘さんが性的マイノリティであると知ってから、どのような気持ちをもたれたのか、どのような経験をしてきたのか知りたいと思っています。

インタビュー形式でこちらから質問を用意しますが、自由な形で、お子さまが性的マイノリティであると知ったときのお気持ち、お子さまに対して思ったこと、他のご家族との関係、現在のお子さまについて考えていることなどをお話いただければと思います。ときには、話しにくいことがあるかもしれません。無理のない範囲でお話ください。お辛くなった場合、インタビューを途中でやめることも出来ます。途中で辞退されても何も心配されることはありませんので、遠慮なさらずにおっしゃってください。

次の通りプライヴァシーは厳重に管理され、ご協力いただいた方のお名前が外に洩れたり、どなたかわかる形で公表することは決してありません。インタビューはＩＣレコーダーに録音されますが、研究以外の目的で使用されることはありません。音声データは、暗号付きのファイル形態でDVD‐Rに保存し、鍵のかかる保存庫に保管します。文字おこしの際は、お名前はすべて匿名にし、インタビューから三年を目処に音声データは破棄いたします。文字おこしはプライバシーの管理が厳重な専門の業者に委託しますが、心配なことがありましたらお伝えください。なお、文字おこしが終わりましたらご連絡差し上げますので、原稿にお目を通していただき、使用を控えて欲しい箇所などがありましたら、おっしゃってください。ご相談いたします。なお、インタビューに協力してくださる方には同意書へのサインをお願いしておりますが、必ずしも本名で記入する必要はございません。本調査は「お茶の水女子大学グローバルCOE研究倫理委員会」の認定を受けています。

何かお気づきの点がありましたら、下記までご連絡ください。

また、他にお話を聞かせてくださる方がいらっしゃいましたら、ご紹介いただけると、幸いです。

三部　倫子（さんべ　みちこ）
お茶の水女子大学大学院人間文化創成科学研究科人間発達科学専攻社会学・社会政策領域
博士後期課程
日本学術振興会特別研究員
E-mail: ○○○@edu.cc.ocha.ac.jp、携帯：○○○-○○○○-○○○○

文　献

赤川学、一九九九年、『セクシュアリティの歴史社会学』勁草書房。

Altman, Dennis, 1971[1993], *Homosexual: Oppression and Liberation*, New York: New York University Press. ＝ 2010, 岡島克樹・河口和也・風間孝訳『ゲイアイデンティティ――抑圧と解放』岩波書店。

―――― 2001, *Global Sex*, Chicago: The University of Chicago Press. ＝ 2005, 河口和也・風間孝・岡島克樹訳『グローバル・セックス』岩波書店。

浅野智彦、二〇〇一年、『自己への物語論的接近――家族療法から社会学へ』勁草書房。

蘭由岐子、二〇〇六年、『「病の経験」を聞き取る――ハンセン病者のライフヒストリー［第二版］』皓星社。

綾部六郎、二〇〇七年、「親密圏のノルム化――批判的社会理論は人々の親密な関係のあり方と法との関係について何が言えるのか？」仲正昌樹編『叢書・アレテイア８――批判的社会理論の現在』御茶の水書房：二七七－三〇一頁。

Ben-Ari, Adital, 1995, "The Discovery That an Offspring is Gay: Parents', Gay Men's, and Lesbians' Perspectives," *Journal of Homosexuality*, 30: 89-112.

Berger, Peter. L., and Luckmann, Thomas, 1966, *The Social Construction of Reality: A Treatise in the Sociology of Knowledge*, New York: Charles E. Tuttle Co. Inc. ＝ 2003, 山口節郎訳『［新版］現実の社会的構成――知識社会学論考』新曜社。

Boyd, Nan A., 2008, "Who is the Subject? Queer Theory Meets Oral History," *Journal of the History of Sexuality*, 17（2）: 177-89.

Chauncey, George, 2004, *Why Marriage?: The History Shaping Today's Debate over Gay Equality*, New York: Basic Books. ＝ 2006, 上杉富之・村上隆則訳『同性婚――ゲイの権利をめぐるアメリカ現代史』明石書店。

Collins, Leslie E., and Zimmerman, Nathalia, 1983, "Homosexual and Bisexual Issues," Woody, Jane D. and Woody, Robert H., ed., *Sexual Issues in Family Therapy*, Rockville, Md.: Aspen System Corp.

Conrad, Peter and Schneider, Joseph W., foreword by Gusfield, Joseph R., 1992, *Deviance and Medicalization: from Badness to Sickness: with a New Afterword by the Authors* ［*Expanded edition*］, Philadelphia: Temple University Press. ＝ 2003, 杉田聡・近藤正英訳『逸脱と医療――悪から病いへ』ミネルヴァ書房。

D'Augelli, Anthony, R., Hershberger, Scott, L., and Pilkington, Neil, W., 1998, "Lesbian, Gay and Bisexual Youths and Their Families: Disclosure of Sexual Orientation and Its Consequences," *American Journal of Orthopsychiatry*, 68: 361-71.

D'Augelli, Anthony, R., Grossman, Arnold H. and Starks, Michael T., 2005, "Parents' Awareness of Lesbian, Gay, and Bisexual Youths' Sexual Orientation," *Journal of Marriage and the Family*, 67（2）: 474-82.

デーケン アルフォンス、二〇〇〇年［一九八四年］、「悲嘆のプロセス――苦しみを通しての人格成長」曽野綾子・デーケン アルフォンス『生と死を考える〈生と死を考えるセミナー第1集〉［新版］』春秋：六三―九三頁。

D'Emilio, John, 1983 "Capitalism and Gay Identity", Snitow, Ann, Thompson, Sharon and Stansell, Christine, ed., *Powers of Desire: The Politics of Sexuality,* New York: Monthly Review Press: 100-13. = 1997, 風間孝訳「資本主義とゲイ・アイデンティティ」『現代思想』二五―二七：一四五―五八頁。

DeVine, Jack L., 1984 "A Systemic Inspection of Affectional Preference Orientation and the Family of Origin," Schoenberg, Robert, and Goldberg, Richard, with Shore, David ed., *Homosexuality and Social Work,* New York: The Haworth Press: 9-17.

Festinger, Leon, 1957, *A Theory of Cognitive Dissonance,* Evanston: Row, Peterson and Company. = 1965, 末永俊郎監訳『認知的不協和の理論――社会心理学序説』誠信書房。

Fine, Michelle, Weis, Lois, Wessen, Susan and Wong, Loonmun, 2000 "For Whom? Qualitative Research, Representations and Social Responsibilities," Denzin, Norman K., and Lincoln, Yvonna S., ed., *Handbook of Qualitative Research: Second Edition,* Thousand Oaks: Sage: 107-32. = 2006, 平山満義監訳「誰のために――質的研究における表象／代弁と社会的責任」『質的研究ハンドブック一巻――質的研究のパラダイムと眺望』北大路書房：八七―一一四頁。

Foucault, Michael, 1976, *La Volonté de Savoire: Volume 1 de Histoire de la Sexualité,* Paris: Éditions Gallimard. = 1986, 渡辺守章訳『性の歴史I――知への意志』新潮社。

古川誠、一九九六年、「同性愛の比較社会学――レズビアン／ゲイ・スタディーズの展開と男色概念」上野千鶴子ほか編『岩波講座現代社会学第10巻――セクシュアリティの社会学』岩波書店：一一三―一三〇頁。

――― 一九九七年、「近代日本の同性愛認識の変遷――男色文化から『変態性欲』への転落まで」『女子教育もんだい』七〇：三一―六頁。

伏見憲明、一九九一年、『プライベート・ゲイ・ライフ』学陽書房。

Gamson, Joshua, 2000, "Sexualities, Queer Theory and Qualitative Research," Denzin, Norman K., and Lincoln, Yvonna S. ed., *Handbook of Qualitative Research: Second Edition,* Thousand Oaks: Sage: 347-65. = 2006, 平山満義監訳「セクシュアリティ、クィア理論と質的研究」『質的研究ハンドブック1巻――質的研究のパラダイムと眺望』北大路書房：二九五―三一〇頁。

Goffman, Erving, 1963, *Stigma: Notes on the Management of Spoiled Identity,* Englewood Cliffs, N.J.: Prentice-Hall, Inc. = 2003, 石黒毅訳『スティグマの社会学――烙印を押されたアイデンティティ』せりか書房。

――1961, *Encounters: Two Studies in the Sociology of Interaction*, New York: The Bobbs-Merrill Company, Inc. = 1985, 佐藤毅・折橋徹彦訳『出会い――相互行為の社会学』誠信書房。

Halperin, David M., 1995, *Saint Foucault: Towards a Gay Hagiography*, New York: Oxford University Press. = 1997, 村山敏勝訳『聖フーコー――ゲイの聖人伝に向けて』太田出版。

はるな愛、二〇〇九年、『素晴らしき、この人生』講談社。

日高庸晴・木村博和・市川誠一、二〇〇七年、「ゲイ・バイセクシュアル男性の健康レポート二」厚生労働省エイズ対策研究事業「男性同性間のＨＩＶ感染対策とその評価に関する研究」成果報告、http://www.j-msm.com/report/report02/index.html（二〇一四年二月二七日閲覧）。

Holstein, James A. and Gubrium, Jaber F., 1995, *The Active Interview*, Thousand Oaks, California: Sage Publications. = 2004, 山田富秋・兼子一・倉石一郎・矢原隆行訳『アクティヴ・インタビュー――相互行為としての社会調査』せりか書房。

本郷正武、二〇〇七年、『ＨＩＶ／ＡＩＤＳをめぐる集合行為の社会学』ミネルヴァ書房。

――二〇一一年、「『良心的支持者』としての社会運動参加――薬害ＨＩＶ感染被害者が非当事者として振る舞う利点とその問題状況」『社会学評論』六二（一）：六九―八四頁。

堀江有里、二〇〇四年、「レズビアンの不可視性――日本基督教団を事例として」『解放社会学研究』一八：三九―六〇頁。

――二〇〇六年、『「レズビアン」という生き方――キリスト教の異性愛主義を問う』新教出版社。

――二〇〇七年、「性的少数者の身体と国家の承認」『解放社会学研究』二一：四三―六一頁。

――二〇一一年、「『反婚』思想／実践の可能生――〈断絶〉の時代に〈つながり〉を求めて」『論叢クィア』四：五〇―八六頁。

井口高志、二〇〇七年、『認知症家族介護を生きる――新しい認知症ケア時代の臨床社会学』東信堂。

稲葉雅紀、一九九四年、「日本の精神医学は同性愛をどのように扱ってきたか」『社会臨床雑誌』二（二）：三四―四二頁。

稲葉雅紀、Kimmel, Douglas C.、一九九五、「精神疾患単位としての同性愛――歴史的展望」『季刊精神科診断学』六（二）：一五七―七〇頁。

伊野真一、二〇〇五年、「脱アイデンティティの政治」上野千鶴子編『脱アイデンティティ』勁草書房：四三―七六頁。

石田仁編著、二〇〇八年、『性同一性障害――ジェンダー・医療・特例法』御茶の水書房。

石川准、一九九五年、「障害児の親と新しい『親性』の誕生」井上真理子・大村英昭編『ファミリズムの再発見』世界思想社：二五―五九頁。

石川大我、二〇〇二年、『僕の彼氏はどこにいる?』講談社。

石川良子、二〇一二年、「ライフストーリー研究における調査者の経験の自己言及的記述の意義――インタビューの対話性に着目し

て」『年報社会学論集』二五：一－一二頁。

石丸径一郎、二〇〇八年、『同性愛者における他者からの拒絶と受容――ダイアリー法と質問紙によるマルチメソッド・アプローチ』ミネルヴァ書房。

伊藤真美子、二〇一〇年、『ゲイでええやん。――カミングアウトは息子からの生きるメッセージ』東京シューレ出版。

伊藤悟、一九九六年、『同性愛の基礎知識』あゆみ出版。

和泉広恵、二〇〇六年、『里親とは何か――家族する時代の社会学』勁草書房。

Ji, Peter, Du Bois, Steve N. and Finnessy, Patrick, 2009 “An Academic Course That Teaches Heterosexual Students to be Allies to LGBT Communities: A Qualitative Analysis,” *Journal of Gay and Lesbian Social Services* 21（4）: 402-29.

金田智之、二〇〇三年、「『カミングアウト』の選択性をめぐる問題について」『社会学論考』二四：六一－八一頁。

河口和也、二〇〇二年、「カミング・アウト」井上輝子ほか編『岩波女性学辞典』岩波書店：八二－三頁。

――、二〇〇三年a、『クィア・スタディーズ』岩波書店。

――、二〇〇三b、「『不自然な』同性愛」『解放社会学研究』一七：五九－八六頁。

風間孝、二〇〇二年a、「カミングアウトのポリティクス」『社会学評論』五三（三）：三四八－六四頁。

――、二〇〇二年b、「（男性）同性愛者を抹消する暴力――ゲイ・バッシングと同性愛寛容論」好井裕明・山田富秋編『実践のフィールドワーク』せりか書房：九七－一二〇頁。

――、二〇〇三年、「同性婚のポリティクス」『家族社会学研究』一四（二）：三二－四二頁。

――、二〇一三年、「寛容というホモフォビア」『言葉が生まれる、言葉を生む――カルチュラル・タイフーン2012 in 広島ジェンダーフェミニズム篇』ひろしま女性学研究所：一〇〇－一五頁。

風間孝・河口和也、二〇一〇年、『同性愛と異性愛』岩波書店。

木村智子、二〇一二年、『セクシュアリティの多様性――セクシュアルマジョリティによる気づきを通して』大阪大学人間科学部二〇一一年度卒業論文。

Khor, Diana and Kamano, Saori, 2013, “Negotiating Heteronormativity in the Heterosexual Mother-Lesbian Daughter Relationship,” コーダイアナ・釜野さおり「レズビアンの娘と異性愛の母親との関係における異性愛規範性の交渉」特集レズビアン・ゲイ・トランスジェンダーと『家族』」『家族社会学研究』二五（二）：一二四－三四頁。

Kitsuse, John I., and Spector, Malcolm B., 1977, *Constructioning Social Problems*, Menlo Park, California: Cunning Publishing Company. = 1990, 村上直之・中河伸俊・鮎川潤・森俊太訳『社会問題の構築――ラベリング理論をこえて』マルジュ社。

Kong, Travis S. K., Mahoney, Dan, and Plummer, Ken, 2001, “Queering the Interview”, Gubrium, Jaber F. and Holstein, James A., ed., *Handbook of*

Interview Research: Context and Method, Thousand Oaks, London & New Delhi: Sage: 239-56.

厚生労働省、二〇〇七年a、『終末期医療の決定プロセスに関するガイドライン』、http://www.mhlw.go.jp/shingi/2007/05/s0521-11.html（二〇一四年二月二七日閲覧）。

――― 二〇〇七年b、『終末期医療の決定プロセスに関するガイドライン解説編』、http://www.mhlw.go.jp/shingi/2007/05/dl/s0521-11b.pdf（二〇一四年二月二七日閲覧）。

――― 二〇〇六年、『里親の認定等に関する省令』、http://law.e-gov.go.jp/haishi/H14F19001000115.html（二〇一四年二月二七日閲覧）。

Kübler-Ross, Elizabeth, 1969, *On Death and Dying,* New York: Macmillan. ＝ 1998, 鈴木晶訳『死ぬ瞬間――死とその過程について［完全新訳改訂版］』読売新聞東京本社。

久保田裕之、二〇〇九年、「「家族多様化」論再考――家族概念の分節化を通じて」『家族社会学研究』二一（一）：七八－九〇頁。

草柳千早、二〇〇四年、『「曖昧な生きづらさ」と社会――クレイム申し立ての社会学』世界思想社。

Le Vay, Simon 1996, *Queer Science: The Use and Abuse of Research into Homosexuality,* Cambridge Massachusetts: MIT PRESS. ＝ 2002, 伏見憲明監修・玉野真路・岡田太郎訳『クィアサイエンス――同性愛をめぐる科学言説の変遷』勁草書房。

前川直哉、二〇一〇年、「大正期における男性『同性愛』概念の受容過程――雑誌『変態性欲』の読者投稿欄から」『解放社会学研究』二四：一四－三四頁。

松村竜也、一九九八年、「聴くこと／語ること――『私』と『私たち』をとりまく政治のなかで」動くゲイとレズビアンの会編『実践するセクシュアリティ』動くゲイとレズビアンの会：一六二－七九頁。

Mendus, Susan, 1989, *Toleration and the Limits of Liberalism,* New York: Macmillan Press. =1997, 谷本光男・北尾宏之・平石隆敏訳『寛容と自由主義の限界』ナカニシヤ出版。

Mezey, Nancy J. 2013, “How Lesbians and Gay Men Decide to Become Parents or Remain Childfree,” Goldberg, Abbie E. and Allen, Katherine R. eds. 2012, *LGBT-Parent Families: Innovation in Research and Implication for Practice,* Springer Science+Businness Media New York: 59-70.

宮地尚子、二〇〇七年、『環状島＝トラウマの地政学』みすず書房。

宮内洋・好井裕明編著、二〇一〇年、『〈当事者〉をめぐる社会学――調査での出会いを通じて』北大路書房。

森山至貴、二〇一二年、『「ゲイコミュニティ」の社会学』勁草書房。

Murray, Heather, 2010, *Not in This Family: Gays and the Meaning of Kinship in Postwar North America,* Philadelphia: University of Pennsylvania Press.

牟田和恵編、二〇〇九年、『家族を超える社会学――新たな生の基盤を求めて』新曜社。

永井義男、二〇〇八年、『江戸の下半身事情』祥伝社。

永易至文編、二〇〇二年、『にじ』一（三）、にじ書房。

――――二〇〇三年a、『にじ』一（四）、にじ書房。

――――二〇〇三年b、『にじ』二（七）、にじ書房。

中村英代、二〇一一年、『摂食障害の語り――〈回復〉の臨床社会学』新曜社。

中西正司・上野千鶴子、二〇〇三年、『当事者主権』岩波書店。

NHK「ハートをつなごう」編、二〇一〇年、『LGBT BOOK』太田出版。

西倉実季、二〇〇九年、『顔にあざのある女性たち――「問題経験の語り」の社会学』生活書院。

野辺陽子、二〇〇九年、「養子縁組した子どもの問題経験と対処戦略――養子の実践と血縁親子関係に関する一考察」『家庭教育研究所紀要』三一：八八―九七頁。

――――二〇一一年、「実親の存在をめぐる養子のアイデンティティ管理」『年報社会学論集』二四：一六八―七〇頁。

野口裕二、二〇〇五年、『ナラティヴの臨床社会学』勁草書房。

落合恵美子、一九八九年、『近代家族とフェミニズム』勁草書房。

小倉康嗣、二〇〇六年、『高齢化社会と日本人の生き方――岐路に立つ現代中年のライフストーリー』慶応義塾大学出版会。

岡野八代、二〇〇七年、「女から生まれる――『家族』からの解放／『ファミリー』の解放」『F-GENSジャーナル』七、March：五〇―七頁。

岡知史、一九八八年、「セルフ・ヘルプ・グループの働きと活動の意味」『看護技術』三四（一五）：一一―六頁。

奥村隆、一九九八年、『他者といる技法――コミュニケーションの社会学』日本評論社。

大江千束、二〇〇三年、「レズビアンが親の介護をするとき――暮らしのなかのレズビアン・ビジビリティ」永易至文編『にじ』一（四）：一八―二三頁。

Oswald, Ramona S., Kuvalanka, Katherine A., Blume, Libby B., and Berkowitz, Dana, 2009, "Queering 'The Family'," Lloyd, Sally A., Few, April L., and Allen, Katherine R. ed., *Handbook of Feminist Family Studies*, Los Angeles: Sage: 43-55.

尾辻かな子、二〇〇五年、『カミングアウト――自分らしさを見つける旅』講談社。

Plummer, Ken, 1995, *Telling Sexual Stories: Power, Change, and Social Worlds*, London & New York: Routledge. ＝1998, 桜井厚・好井裕明・小林多寿子訳『セクシュアル・ストーリーの時代』新曜社。

Robinson, Bryan E., Walters, Lynda H., and Skeen, Patsy, 1989, "Response of Parents to Learning That Their Child is Homosexual and Concern over AIDS: a National Study," *Journal of Homosexuality*, 18 (2/1): 59-80.

Ryoji・砂川秀樹、二〇〇七年、『カミングアウト・レターズ――子どもと親、生徒と教師の往復書簡』太郎次郎社エディタス。

齋藤直子、二〇〇七年、『被差別部落出身をめぐる婚姻忌避に関する社会学的研究』奈良女子大学大学院博士学位論文。

坂本佳鶴恵、二〇〇五年、『アイデンティティの権力』新曜社。

桜井厚、二〇〇三年、『インタビューの社会学――ライフストーリーの聞き方』せりか書房。

三部倫子、二〇〇八年、『カミングアウトから見る「家族」――ゲイ・バイセクシュアル男性の「生まれた家族」の語りから』、平成一九年度お茶の水女子大学大学院人間文化研究科発達社会科学専攻修士学位論文。

――二〇一一年a、「非当事者のかかわりがセルフヘルプ・グループにもたらすもの――セクシュアルマイノリティと家族のための会への質的調査をもとに」『PROCEEDINGS』お茶の水女子大学グローバルCOEプログラム「格差センシティブな人間発達科学の創成」二〇：三一-四〇頁。

――二〇一一年b、『レズビアン・ゲイ・バイセクシュアル「家族」の質的研究――可視性をめぐるジレンマと親子の相互行為』平成二三年度お茶の水女子大学大学院人間文化創成科学研究科人間発達科学専攻博士学位論文。

佐藤郁哉、二〇〇六年、『フィールドワーク［増補版］』新曜社。

――二〇〇八年、『質的データ分析法――原理・方法・実践』新曜社。

志田哲之、二〇〇九年、「同性婚批判」関修・志田哲之編『挑発するセクシュアリティ――法・社会・思想へのアプローチ』新泉社：一三三-六七頁。

清水雄大、二〇〇八年、「同性婚反対論への反駁の試み――『戦略的同性婚要求』の立場から」『Gender & Sexuality』三：九五-一二〇頁。

新ヶ江章友、二〇一三年、『日本の「ゲイ」とエイズ――コミュニティ・国家・アイデンティティ』青弓社。

Shippy, Andrew R., Cantor, Marjorie H. and Brennan, Mark, 2004, "Social Networks of Aging Gay Men," *The Journal of Men's Studies*, 13 (1) : 107-20.

Smart, Carol, 2007, "Same Sex Couples and Marriage: Negotiating Relational Landscapes with Families and Friends," *The Sociological Review*, 55 (4) : 671-86.

Stormmen, Erick F., 1989a, ""You're a What?" Family Member's Reaction to the Disclosure of Homosexuality," *Journal of Homosexuality*, 18 (1/2) : 37-58.

――1989b, "Hidden Branches and Growing Pains: Homosexuality and the Family Tree," *Marriage and Family Review*, 14 (3/4) : 9-34.

杉浦郁子、二〇〇五年、「一般雑誌における『レズビアン』の表象――戦後から1971年まで」『現代風俗学研究』一一：一-一二頁。

――二〇〇九年、『日本のレズビアン・コミュニティ――口述の運動史』冊子。

――二〇一三年、「『性同一性障害』概念は親子関係にどんな経験をもたらすか――性別違和感をめぐる経験の多様化と概念の変容に着目して」「特集レズビアン・ゲイ・トランスジェンダーと『家族』」『家族社会学研究』二五（二）：一四八‐六〇頁。

杉浦郁子・野宮亜紀・大江千束編著、二〇〇七年、『パートナーシップ・生活と制度』緑風出版。

杉浦郁子・釜野さおり・柳原良江、二〇〇八年、「女性カップルの生活実態に関する調査分析――法的保障ニーズを探るために」『日本＝性研究会議会報』二〇（一）：三〇‐五四頁。

関水徹平、二〇一一年、「『引きこもり』問題と『当事者』――『当事者論』の再検討から」『年報社会学論集』二四：一〇九‐一二〇頁。

竹村和子、二〇〇二年、『愛について』岩波書店。

利谷信義、二〇一〇年、『家族の法〔第三版〕』有斐閣。

土屋葉、一九九九年、「全身性障害者の語る『家族』」『家族社会学研究』一一：五九‐六九頁。

――二〇〇二年、『障害者家族を生きる』勁草書房。

――二〇〇三年、「〈障害をもつ子どもの父親〉であること――母親が語る／子どもが語る／父親が語る」桜井厚編『ライフストーリーとジェンダー』せりか書房：一一九‐四〇頁。

柘植あずみ、二〇一二年、『生殖技術――不妊治療と再生医療は社会に何をもたらすか』みすず書房。

鶴田幸恵、二〇〇八年、「正当な当事者とは誰か――『性同一性障害』であるための基準」『社会学評論』五九（一）：一三三‐五〇頁。

上野千鶴子、一九九一年、「ファミリィ・アイデンティティのゆくえ――新しい家族幻想」上野千鶴子ほか編『変貌する家族1――家族の社会史』岩波書店：一‐三八頁。

――一九九四年、『近代家族の成立と終焉』岩波書店。

――一九九七年、「セックス／ジェンダー／セクシュアリティの三位一体神学の解体のあとで」『現代思想』二五（六）：八八‐九三頁。

――二〇一一年、『ケアの社会学――当事者主権の福祉社会へ』太田出版。

Valenti, Maria and Campbell, Rebecca, 2009, "Working with Youth on LGBT Issues: Why Gay-Straight Alliance Advisors Become Involved", *Journal of Community Psychology*, 37（2）: 228-48.

Valentine, Gill, Skelton, Tracey and Butler, Ruth, 2003, "Coming Out and Outcomes: Negotiating Lesbian and Gay Identities with, and in, the Family," *Environment and Planning D: Society and Space*, 21（4）: 479-99.

ヴィンセント・キース・風間孝・河口和也、一九九七年、『ゲイ・スタディーズ』青土社。

Weber, Max, 1992, "Soziologische Grundbegriffe," *Wirtschaft und Gesellschaft*, Tübingen : J. C. B. Mohr.＝1972, 清水幾太郎訳『社会学の根本概念』岩波書店。

Weeks, Jeffery, Heaphy, Brian, and Donovan, Catherine, 2001, *Same Sex Intimacies: Families of Choice and Other Life Experiments*, London & New York: Routledge.
Weeks, Jeffery, 2007, *The World We Have Won: The Making of Erotic and Intimate Life*, London & New York: Routledge.
Weston, Kath, 1997[1991], *Families We Choose: Lesbians, Gays, Kinship [Revised Edition]*, New York: Columbia University Press.
要田洋江、一九八六年、「『とまどい』と『抗議』——障害児受容過程にみる親たち」『解放社会学研究』一：八–二四頁。

ＤＶＤ資料

〝共生社会をつくる〟セクシュアル・マイノリティ全国支援ネットワーク制作、二〇一〇年、『セクシュアルマイノリティ理解のために～子どもたちの学校生活とこころを守る～』。
Queer and Woman's Resourse Center（通称ＱＷＲＣ《クォーク》）制作、二〇一〇年、『高校生向け人権講座セクシュアルマイノリティ入門』。

シリーズ〈国際ジェンダー研究〉別巻③
「性／別」撹乱
―台湾における性政治
何春蕤 著
舘かおる他 編訳
A5判・三〇〇頁
価格 三八〇〇円

性同一性障害
―ジェンダー・医療・特例法
石田仁 編著
A5判・三〇〇頁
価格 二八〇〇円

シリーズ〈国際ジェンダー研究〉①
国際フェミニズムと中国
タニ・E・バーロウ 著
四六変・二〇〇頁
価格 一五〇〇円

シリーズ〈国際ジェンダー研究〉②
グローバル化とジェンダー表象
ヴェラ・マッキー 著
四六変・二〇八頁
価格 一五〇〇円

シリーズ〈国際ジェンダー研究〉③
フェミニズムで探る軍事化と国際政治
シンシア・エンロー 著
四六変・二二〇頁
価格 一五〇〇円

シリーズ〈国際ジェンダー研究〉別巻①
中国映画のジェンダー・ポリティクス
―ポスト冷戦時代の文化政治
戴錦華 著
宮尾正樹 監訳／舘かおる 編
A5判・二一六頁
価格 二四〇〇円

シリーズ〈国際ジェンダー研究〉別巻②
フィリピンにおける女性の人権尊重とジェンダー平等
キャロリン・ソブリチャ 著
舘かおる他 編訳
A5判・二五四頁
価格 三〇〇〇円

韓国の軍事文化とジェンダー
権仁淑 著
四六判・三四〇頁
価格 二八〇〇円

現代中国の移住家事労働者
―農村－都市関係と再生産労働のジェンダー・ポリティクス―
大橋史恵 著
A5判・三二〇頁
価格 七八〇〇円

在日朝鮮人女性による「下位の対抗的な公共圏」の形成
―大阪の夜間中学を核とした運動
徐阿貴 著
A5判・二九六頁
価格 五四〇〇円

御茶の水書房
（価格は税抜き）

著者紹介

三部倫子（さんべ・みちこ）

1981年　北海道生まれ。

お茶の水女子大学人間文化創成科学研究科博士後期課程修了、博士（社会科学）。

日本学術振興会特別研究員、お茶の水女子大学大学院人間文化創成科学研究科リサーチフェローを経て、現在、お茶の水女子大学講師（研究機関研究員）、明治学院大学・流通経済大学ほか非常勤講師、専門社会調査士。

専門は、社会学、家族社会学、ジェンダー／セクシュアリティ研究、社会調査法。


主要論文に、「『悲嘆の過程』の批判的検討――『ゲイの息子』を持つ親の『語り』と『縁者によるスティグマ』概念をもとに」（『論叢クィア』2号、2009年）、

「『家族』からの離れがたさ――セクシュアルマイノリティの『病院での面会』から」（『支援』3号、2013年）、

「セクシュアリティをめぐる＜マイノリティ／マジョリティ＞の＜転位＞と＜融解＞――当事者の会における対面的相互行為から」（『年報社会学論集』26号、2013年）など。

Parents and Children Who Come Out:
A Sociology of
Homosexuality and Families

カムアウトする親子《おやこ》――同性愛《どうせいあい》と家族《かぞく》の社会学《しゃかいがく》――

2014年6月15日　第1版第1刷発行

著　者――三部倫子

発行者――橋本盛作

発行所――株式会社 御茶の水書房
〒113-0033 東京都文京区本郷5-30-20
電話 03-5684-0751

装　幀――門脇ひろみ

Printed in Japan

組版・印刷／製本――株式会社タスプ

ISBN978-4-275-01075-9 C3036

人名索引

A

Altman, Dennis　12, 43

B

Ben-Ari, Adital　16
Berger, Peter and Luckman, Thomas　246
Boyd, Nan　16

C

Chauncey, George　6, 7
Collins, Leslie and Zimmerman, Nathalia　16
Conrad, Peter and Schneider, Joseph　41, 113, 149

D

D'Augelli, Anthony　16
D'Emilio, John　7
DeVine, Jack　16

F

Festinger, Leon　112
Fine, Michelle, Weis, Lois, Wessen, Susan and Wong, Loonmun　27
Foucault, Michael　155

G

Gamson, Joshua　34
Goffman, Erving　17-18, 45-46, 48, 187-188

H

Halperin, David　19
Holstein, James and Gubrium, Jaber　22, 25

J

Ji, Peter, Du Bois, Steve and Finnessy, Patrick　47

K

Khor, Diana and Kamano, Saori　136
Kimmel, Douglas　45
Kitsuse, John and Spector, Malcom　23, 41, 204
Kong, Travis, Mahoney, Dan and Plummer, Ken　25
Kübler-Ross, Elizabeth　16

L

LeVay, Simon　124

M

Mendus, Susan　42
Mezey, Nancy　9
Murray, Heather　16

O

Oswald, Ramona, Kuvalanka, Katherine Blume, Libby and Berkowitz, Dana 253

P

Plummer, Ken　14-15, 166

R

Ryoji　15
Robinson, Bryan, Walters, Lynda and Skeen, Patsy　16

S

Shippy, Andrew, Cantor, Marjorie and Brennan, Mark　8
Smart, Carol　8
Stormmen, Erick　16

V

Valenti, Maria and Campbell, Rebecca　47
Valentine, Gill, Skelton, Tracey and Butler, Ruth　9

W

Weber, Max　161-162
Weeks, Jeffery　7
Weston, Kath　7

あ

赤川学　45
浅野智彦　33
綾部六郎　10
蘭由岐子　25
井口高志　156, 246, 248
石川准　124
石川大我　178-179
石川良子　25
石坂わたる　178
石田仁　44
石丸径一郎　15, 53
和泉広恵　179
市川誠一　15
伊藤悟　122
伊藤真美子　15
稲葉雅紀　45
伊野真一　122
ヴィンセント・キース　14, 23, 26, 122
上野千鶴子　24, 46, 138, 149, 252
大江千束　9, 11
岡知史　49, 198
岡野八代　13
奥村隆　247
小倉千加子　138, 149
小倉康嗣　5, 25, 68
落合恵美子　9-10
尾辻かな子　11, 178

か

風間孝　6, 9, 14, 23, 26, 42-43, 122, 238
金田智之　19
釜野さおり　11, 78
上川あや　178
神谷美恵子　142, 149
河口和也　14, 23, 26, 122
木村智子　47
木村博和　15
草柳千早　iii, 24

久保田裕之　253

さ

齋藤直子　194
坂本佳鶴恵　17, 253
桜井厚　25, 212
佐藤郁哉　25, 29
三部倫子　ii, 28, 47
志田哲之　10
清水雄大　10
新ヶ江章友　12
杉浦郁子　9, 11, 45, 78, 99
砂川秀樹　15
関水徹平　24

た

竹村和子　7, 135, 150
柘植あずみ　124
土屋葉　124
鶴田幸恵　29
デーケン・アルフォンス　16
利谷信義　179

な

永井義男　178
中西正司・上野千鶴子　24
中村英代　28
永易至文　11, 78
西倉実季　25
野口裕二　19
野辺陽子　124, 252
野宮亜紀　9, 11

は

はるな愛　169, 179
日高庸晴　15
伏見憲明　11
古川誠　45
堀江有里　10, 14, 26
本郷正武　47

ま

前川直哉　45
松村竜也　14
宮内洋　23
宮地尚子　23, 27, 38
牟田和恵　252
森山至貴　12

や

柳原良江　11, 78
要田洋江　124
好井裕明　23

事項索引

A

AIDS　12
ally　47

C

Civil Partnership Act　12

D

DSM　42, 44
DV防止法　13

F

FN　xv
FtM　vi

G

Gay-Straight Alliance　47

H

HIV　12
HIV／AIDS　12

I

IDAHO　63
INT　xv

L

LGB　i, vi
LGBT　vi
LGBTQI　vi
LGBの子育て　7, 98, 173-174
LGBの不可視性　13, 17-18, 45, 51-53, 109
LGBへのインタビュー　21-23, 36

M

MAXQDA10　29, 30
MtF　vi

N

NHK　126, 148

O

ot会　22, 48-51, 202, 229-231
ot会定例会　54

P

PFLAG　16

Q

QWRC　vii, 13

S

SHG　49, 198

あ

アイダホ（IDAHO）　56, 63
アイデンティティの流動性　31-34
アクティヴィズム　12
アクティヴインタビュー　22
アセクシュアル　vi
あっちの世界　53
跡継ぎ　114-115, 172
アライさん　47, 65, 198, 202, 232-239

い

異性愛　vi
異性愛家族　5
異性愛家族からの承認　83
異性愛規範　vii, 9
異性愛規範社会　v, 241
異性愛規範的家族　118
異性愛者　v, 46-47
異性愛者の親へのインタビュー　21, 34-35, 37
異性愛の定位家族　7-8
逸脱化の定義　41
いのちの電話　197-198
医療化　41
医療機関　78-83
印象操作　17, 45, 188, 241
インターセックス（半陰陽・性分化疾患）　vi
インタビュー調査　21-22

う

生れ付き説　120

え

映画祭　170, 176
エスニックマイノリティ　9
選び取る家族　7-8, 11
縁者のスティグマ　18, 187-188, 192-196, 206
縁者のスティグマ者　iii, 193
エンパワー　226, 242
エンパワメント　251

お

岡山大学　209, 217
おネエ言葉　33, 57, 62
親参加者　198, 201-202
親スタッフ　215
親の両義性　91-93
親へのカミングアウト　15

か

可視性をめぐるジレンマ　53
家族が一致団結　156-158
家族多様化論　252-253
家族当事者　24
家族としての当事者　25
家族としてのニーズ　24
家族の代替不可能性　75-76
家族の定義　iv-v
語り／聴き合う　229
カテゴリー　211-212
カミングアウト　11, 13-17, 52
カミングアウト・ストーリー　15, 166
カミングアウトの相互行為性　14-15
カムアウトする親子　ii, 246, 252
環境説　120
慣習的異性愛者　46, 60
寛容する／される　42-43

き

疑似親子　202, 218-222, 227-229, 240, 245, 251
疑似体験　59-60, 63
偽装結婚　18, 52
期待の崩壊　113-118
規範　10
規範的異性愛　135, 189
キリスト教徒　143

緊急時連絡先カード　11
近代家族　9-10

く

クウェスチョナー　vi, 37
QWRC（クォーク）　13
グランドルール　200-201
クレイム申し立て　23, 204-205
クローゼット　14

け

ゲイ　vi
ゲイアクティヴィズム　122
ゲイ解放運動　8, 10, 12, 15, 23
ゲイ・コミュニティ　6
経済的自立　7
継承性　116
ゲイ・スタディーズ　23
芸能人　109, 165
ゲイバー　50, 170, 177
ゲイ・レズビアンアイデンティティ　7
ゲイ・レズビアンバー　7
結婚　216, 222
結婚話　191-192
研究者の自己　26-27

こ

公正証書　11
厚生労働省　77-78
肛門性交　108
子参加者　201-202
こっちの世界　53
子どもの性　155
コミュニティ　7, 12, 176

さ

再生産　118, 135-136
里親制度　179
参与観察　21

し

ジェンダー　10, 16, 135-138, 248-249
ジェンダー規範　123-124
志向intention　122
嗜好preference　122
自己認識　181
自己の語り　33, 128
自己を呈示　179
事情通、わけしり　46
実親子　228
支配的なナラティブ　15
資本主義とゲイ・レズビアンアイデンティティ　7
市民的パートナーシップ法　6, 8
社会運動　47
社会変革力　10
終末期医療の決定プロセスに関するガイドライン　77-78
受容　43
障がい者　144-146
常人　17, 45
冗談　211
承認　87, 99
承認要求　75
常連さん　198, 202, 215-217
初心者さん　198, 202, 208-211
事例—コードマトリックス分析　29
シングルマザー　125-129, 144
新宿二丁目　189
親戚　184, 213
親戚へのカミングアウト　184-187
身体の性　v
シンパ　139, 149

す

スタッフ　198, 199-200, 202, 215-216
スティグマ　13, 17, 195
ストーリー　14
ストレート　vi

すべてを理解されることの不可能性　98

せ

性自認　v
成人同士の養子縁組　11
性的指向　v
性的嗜好　43, 45
性的な事柄がタブー視　153
性同一性障害　vi, 99
性同一性障害者　13
性同一性障害者の性別の取扱いの特例に関する法律　13
性のカテゴリー　24
性表現　v
性別適合手術　80
性別二元論　v, vi
性別二元論ではない「バイセクシュアル」　31
性別分業　10
性別役割分業　118, 135, 189
性別役割分業規範　10, 125
セクシュアリティ　v
セクシュアル・アイデンティティ　212, 236
セクシュアルマイノリティ　v
セクシュアルマイノリティによる著書　163
世間　143
世間体　129, 130, 213
説明責任の負担　53
セルフヘルプグループ　iii, 49, 198, 249

そ

相互理解　247

た

代替不可能　90
対面的状況　227
対面的相互行為　48
対面的な出会い　171
対話　58-59
他者を信頼する力　251
正しいセクシュアリティ　135-136, 141, 245
多様化する家族　252
男色　163-164
男女で異なる性の二重基準　135

ち

父親と子どもの間接性　131-134
父親としての役割　131
父親へのカムアウト　74
父親の入院　87-88
父親役割　134
調査者の立ち位置　25
調査主体と客体の区別　26
調査地における研究者の立場　27
長男　187, 222

つ

罪　144, 149

て

出会い　48, 175
定位家族　5, 6
定例会　22, 200
テクストの調査　166
転位　60, 63

と

同化　10
同化圧力　62
同居　72
当事者　23-28
当事者研究　25
当事者としてのニーズ　24
同質性　61, 201
同性愛嫌悪　14, 130, 189
同性愛嫌悪発言　192-193

同性愛を治す　同性愛が治る　84-86, 96, 111-112, 122, 186, 241
同性婚　10
同類　46
ドメスティック・バイオレンス（DV） 130
トランスジェンダー　vi

に

ニーズ　24
虹の会　22, 48, 105, 194, 198
虹の会の活動　200-201
虹の会の設立経緯　199
二世帯住宅　187
認知的不協和　112-113, 124, 136

の

ノンケ　46-47, 53, 55, 58, 62, 250

は

パートナー　30
パートナーシップ　9
パートナーの紹介　91
配偶者へ説明する責任　190
バイセクシュアル　vi, 31-33, 61-62
パッシング　17-18, 24, 45, 52
母親原因説　110, 118-124
母親の負担　99
母親へのカムアウト　73
パレード　170-171, 235
パンセクシュアル　31-33
ハンセン病　142

ひ

悲嘆の過程　16
非当事者　27, 236
人への相談　166-169
病院での手術の同意や説明　78
病院での面会　7, 79
病院へ緊急搬送　11
病理化　41, 113

ふ

不可視化　51, 68
普通　128, 147, 172
普通じゃない　127-130, 147
部落　142
部落民　182

へ

ヘテロセクシュアル　vi

ほ

母子家庭　61
ホモ　51, 55, 57, 63
ホモネタ　233
ホモレズ　55, 62
本当の自分　70-72
本人さん　198, 200, 202
本音　212-214

む

息子の結婚　113-116
娘の結婚　117-118
無徴化　46

も

モデル・ストーリー　212, 236
物語　14, 19, 123
モノガマス　10
問題経験　iii, 24

ゆ

融解　61, 64
友人参加者　202
ユーモア　172-174, 210
雪だるま式サンプリング　34

よ

養子縁組　179

り

理解　69-74, 152-154, 161-162, 241
理解への自己規定　156, 159, 162
離婚　125, 129, 204
倫理的配慮　28

れ

レズ　63, 71
レズビアン　vi
レズビアン・ゲイスタディーズ　6
レズビアン・ゲイ・バイセクシュアル　vi
レズビアンバー　170